中国历史知识小丛书

〈真实的〉
纪晓岚

ZHONGGUO LISHI ZHISHI
XIAO CONGSHU

李忠智
冯佐哲 ◎著

以史为骨，以实为肌，以事为络
名家著作，还历史原貌

中国社会科学出版社

图书在版编目（CIP）数据

真实的纪晓岚/冯佐哲著.—北京：中国社会科学出版社
2014.1修订重印
　ISBN 978-7-5004-6752-6

　Ⅰ.真…　Ⅱ.①冯…　Ⅲ.纪晓岚（1724～1805）—传记
Ⅳ.K825.4

　中国版本图书馆CIP数据核字（2008）第012896号

出 版 人	赵剑英
责任编辑	丁宝灵
责任校对	范丽雯
责任印制	王　超

出版发行	中国社会科学出版社
社　　址	北京鼓楼西大街甲158号（邮编 100720）
网　　址	http://www.csspw.cn
	中文域名：中国社科网　010-64070619
发 行 部	010-84083685
门 市 部	010-84029450
经　　销	新华书店及其他书店

印刷装订	北京市兆成印刷有限责任公司
版　　次	2013年4月第2版
印　　次	2014年1月第3次印刷

开　　本	710×1000　1/16
印　　张	15.5
插　　页	2
字　　数	213千字
定　　价	29.80元

前言

　　纪晓岚是一个极具特色的历史人物。他在正史里受推崇，在野史里也风光；他荣登高位，且文传后世；他学术渊传，又诙谐多智；他是皇帝身边的宠臣，又是百姓心中的偶像。如此诸多不同的性格集于一身，古今中外绝无仅有。可是在近几十年的中国历史教科书里，这位历史人物好像被遗忘了似的，沉默了一个时期。当世纪之交，纪晓岚忽然在书刊里和荧屏上频频露面的时候，人们感觉到些许陌生，些许新奇。他那多彩的性格让人们眼花缭乱。但是种种随心所欲的戏说、演绎，把这个人物弄得扑朔迷离，真假莫辨。于是很多人想知道，历史上的纪晓岚到底是怎样一个人物？

　　事实上，纪晓岚是清朝乾嘉时期纲纪群书，统领学界的大学者，是立身醇谨的清廉朝臣，是乾隆盛世的创建者、既得利益者和大力维护者。他创作的诗赋作品和他修撰的《四库全书总目》，体现了一种盛世文化的精神。他著述的《阅微草堂笔记》，不但文笔精练，也别具丰富的思想内涵。

　　纪晓岚（1724—1805年），名昀，字晓岚，一字春帆，晚号石云，又号观弈道人、孤石老人。人称茶星、纪河间，卒谥文达，故又称纪文达公。其字晓岚，最为世人所熟知。雍正二年（1724年）六月十五日，生于直隶河间府献县崔庄。卒于嘉庆十年（1805年）二月十四日，享年八十二岁。卒后魂归故里，葬于崔庄南六里之北村。按新的行政区划，他的出生地和墓葬地如今都属河北省沧州市的沧县。

　　纪氏的曾祖辈在明末动乱时期，曾深受清军掳掠之害。清军入主中原，书香门第的纪氏家族顺应历史潮流，走上为新朝廷服务的道路。满族以强劲的武力征服了中原，而中原悠久的文化又逐渐同化了满族。满族统治者遵循中华传统儒学，建立起新的统治体系，结束了明朝末年的混乱局面，促进了社会的稳定和发展。追求秩序和稳定正是儒学的要旨。纪晓岚认为："明季之乱，极矣。圣朝（即指清朝——笔者注）荡涤洪炉，拯民水火。"（《如是我闻》卷二"族祖黄图公言"）纪晓岚登科入仕。他与乾隆皇帝之间形成一种微妙的契合。纪晓岚可以在悠长深远的儒学里酣畅地遨游，皇帝则可以用他这样的文学侍从来标榜文治。这种契合促成了千古文化伟业《四库全书》的编纂。

《四库全书》在乾隆帝主持下开编。纪晓岚作为总纂官，夙兴夜寐，殚精竭虑，生死书丛。《四库全书》包罗宏富，浩瀚广博，成为我国古代文化遗产的总汇，它的编成为乾隆朝显赫的武功文治增加了一大亮点。纪晓岚主撰《四库全书总目》，对一万余种图书作了介绍和评论，"凡六经传注之得失，诸史记载之异同，子集之支分派别，罔不决奥提纲，溯源彻委"（阮元《纪文达公遗集序》）。撰定《四库总目》，使纪晓岚的学识和才华得到了充分的发挥和显示，奠定了他在学术界以至文化史上至高无上的学者地位。

毋庸讳言，编纂《四库全书》同时也具有负面效应。例如，朝廷利用编书之机，查禁、销毁了一大批所谓"悖逆、违碍"的书籍，并对一些书中的文字进行了抽挖、删除和篡改。不过，那也是历代封建王朝惯用的伎俩。乾隆皇帝这样做，主要是为了巩固他的统治。毁书之责，是不能都算到纪晓岚身上的。

由于纪晓岚对《四库全书》出力最大，也得益最多；殊被恩荣，屡得升迁。他由翰苑跻身内阁，两署兵府，三典南宫，五掌乌台。晚年以礼部尚书、协办大学士，加太子少保，备受荣崇。

作为内廷词人，纪晓岚常以诗赋来为皇帝歌功颂德，颇有以才媚上之嫌，但他也为盛世时代摇旗呐喊，有些诗篇写得格调高雅，大气磅礴。他申明"诗本性情者也，人生而有志，志发而为言，言出而成歌咏，协乎声律。其大者和其声以鸣国家之盛；次亦足抒愤写怀。举日星河岳、草秀珍舒、鸟啼花放，有触乎情，即可以宕其性灵"（《冰瓯草序》）。

纪晓岚不愧是盛世的名臣，在他遭受人生挫折，被贬谪戍期间，仍以积极乐观的态度，满腔热情地赞美祖国边疆的壮丽风光和繁荣景象，细致入微地描述边疆人民丰富多彩的生产、生活和文化活动，从而颂扬朝廷平定新疆实现祖国统一的繁盛局面。他在赦还归途中写的那组《乌鲁木齐杂诗》，并无郁轖愁苦之音，而有春容浑脱之趣。成为记录清朝盛期开发新疆的历史画卷。

纪晓岚精熟中国文化精神，了解世事民情，又谙悉官场内幕。他到晚年已经看出盛世掩盖下的种种危机，对民族社稷的命运产生难以吐露的复杂感受，在校勘《四库全书》之暇，以忧国忧民的苦心孤诣，用随笔体著述了《阅微草堂笔记》，托狐鬼以抒己见，借诙谐而言世事，在记述地方风情、典章古物、医巫星占、趣闻轶事以及狐精鬼怪的故事中，把劝诫之言、箴规之意寄寓其中。他在乾隆年间法纪最严的时代，敢于指责社会上的某些弊端，完全是出于维护社会长治久安的一种责任感和良知。

一个位高权重的官员，一个知识渊博的学者，容易被人敬畏和尊重，却不易为人喜爱，而纪晓岚这样一位高居庙堂的两朝枢要，博通古今的学界宗师，却有着纯真可亲的平民性格和丰富多彩的情感趣味。他不摆官架子，没有富贵气，更没有文人的迂腐。他曾在一个等子盒上刻有"未能免俗"的铭言，在为陆锡熊遗像题诗中承认："羡君雅调清到骨，笑我俗病医难全。"纪晓岚所说的"俗"，实际上是一种纯朴平实的处世态度。他出身乡间，自幼聪明好学，性格活泼机智，又特别调皮淘气。他常和大人接口对句，并敢戏弄塾师。入仕前后，他年轻气盛，以飞扬的才气驰骋士林，诗文唱和从不欲落人之后。他还常以滑稽戏谑游戏宦场，有时用刻薄的语言侮慢同伴。他的同学陆青来说："晓岚易喜易怒，其浅处在此，其真处亦在此也。"经历西戍的挫折之后，纪晓岚的性格变得深沉冷静，不再逞强好胜，但仍保持诙谐乐观的本性。在编纂《四库全书》的紧张气氛中，他还用滑稽风趣的诗联来调节气氛。

正是这种纯真的性格，平民化的情趣，使他不但受到士林的尊重，也得到百姓的喜爱。他身后赞誉颇多，人气一直居高不下，从他辞世至今，二百多年来戏说不断。清人笔记和民国初期的一些书籍里记有大量有关纪晓岚的逸闻趣事，民间更流传着许多有关他的生动传说、佳话。由于纪晓岚雅俗兼备，历来文人墨客或民间百姓，常有人把自己的意志编成美丽的故事附会在这位古人

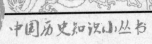

身上，以致纪晓岚的形象在口头传说和文学创作中被异化，使他的面貌显得有些扑朔迷离，捉摸不定。

纪晓岚去世二百余年后，中国历史又重现盛世局面。人们回观历史，发现这颗盛世的文化之星，仍在历史的苍穹熠熠生辉。纪晓岚身上所体现的维护国家统一，促进社会安定，永葆积极乐观，推动文化繁荣的盛世文化精神，在构建和谐的人际关系，促进社会稳定发展中，仍有借鉴作用。总之，纪晓岚是一位应当肯定，值得研究的历史人物。有鉴于此，笔者参考了丰富的历史资料和今人的有关著述，把主人公放到特定的历史环境之中，从他的故里文脉，家族源流，社会环境以及生平履迹，诗文内涵等各个方面，全方位地梳理出他政治立场、思想性格的形成和发展脉络。本书不敢夸耀文采，但下笔有据，唯求实事，以期基本符合历史本来面貌，努力将一个真实的全面的纪晓岚展现给读者。

目录 CONTENTS

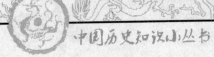

一　出世传奇　天资聪慧

崔尔庄，原名崔庄，是华北平原上的一座小镇，位于河北省沧州市正西二十多公里处，今属沧县所辖。这里是纪晓岚的出生地。

清朝雍正二年（1724年），崔庄属直隶河间府献县。村里有一家富户，户主名叫纪天申。纪天申子孙满堂，有3个儿子：容舒、容雅、容恂；当时他已有了三个孙子：容舒的儿子纪晫，容雅的儿子纪昭、纪易。家中尚有诸多女眷，再加上奴婢、杂役，可谓人丁兴旺。纪家是一处大宅门，朝南的门楼高大宽敞。宅内有好几进庭院，房屋鳞次栉比，还有几座小楼散布其间，颇有些不同凡响的气派。

传说这年六月的一天，在纪家住了多年的一位"仙人"突然告辞，主人询问缘由，"仙人"说，"兵部尚书"就要来了，我得走了。纪家不明白是怎么回事，时隔不久，纪晓岚就降生了。

这个带有神奇色彩的传说，记载在清朝文人方士淦所著的《蔗余随笔》里。当我们今天感叹种种戏说的时候，岂不知对他的戏说好像是与生俱来的。

比方士淦更早的记载是朱珪写在《纪文达墓志铭》里的一段话："先是郡为九河入海故道，天雨则汪洋成巨浸，水中夜夜有光怪。公王父（即'祖父'——笔者注）梦见光入楼中，已而公生，光遂隐，人以为公实此灵物化身也。"文中已透露纪晓岚为"灵怪转世"。朱珪是何许人？他是嘉庆帝的老师，并与纪晓岚为同年考中举人，同朝为官又是相知的朋友。纪晓岚临终前是朱珪的副手，当时朱任大学士，纪是协办大学士。其后，清代文人的笔

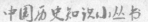

记里又有不少类似的记载。

纪晓岚的门人梁章钜在《归田琐记》里，把"纪文达师"的出生写得更为神奇，先说他这位座师是"火精转世"，并说那火精为女身，火精出现时，村民们敲打着铜器驱赶，见火光中隐隐约约有一赤身女子。有一天，火精进入纪家内室，众人正在议论纷纷，传出了小公子出生的消息。小孩子一生下来耳垂上就有穿痕，像是戴过耳环，两只小脚又白又尖，如同缠过足似的，于是人们沸沸扬扬的传开了，说这孩子是"火精转世"。

梁章钜是嘉庆七年（1802年）壬戌科进士，那场会试的正考官就是纪晓岚，而且，纪晓岚也是梁章钜祖父、父亲与叔父的老师。有了这层关系，梁章钜自然也就有机会见到纪晓岚，因而他写得活灵活现，说老师的耳痕至老犹宛然可见，那双小脚也不避人，常脱下袜子让人看。《归田琐记》里又说纪晓岚是个猴精，家中几案上常摆些榛、栗、梨、枣之类杂食，随手抓着吃。还说他是蟒精，因为纪宅附近地里有大蟒，自从纪晓岚出生后，那蟒就不见了。在张培仁《妙香室丛话》中亦有相同的记载。在纪氏故乡，还有纪晓岚是金鸡下凡的传说。当然这都是一些附会、传说而已，不足为信。

纪晓岚自称"河北庸流，燕南下士"，此虽谦词，却反映出他出身的平凡。他虽然出生在世家大族，但跟朝堂里有些高官重臣相比，他既非贵族后代，又非官宦世家，只不过是个耕读之家出身，比较起来还是显得有些微贱。围绕他出生时的种种传说，无非是用来证明，后来创建了惊世文功的这位大学问家，是有根源，有来历的，生来就与众不同。其实，他呱呱坠地的第一声啼哭，和别的婴儿不会有什么两样。人生的或社会的任何一个大事件发生之后，如果着意去搜寻其前兆，总能附会出一些蛛丝马迹。这样会使得纪晓岚本来平凡的出身，显得有些不平凡起来。

纪晓岚的生辰是农历六月十五日午时。那年，祖父纪天申六十岁，父亲纪容舒三十九岁，大哥纪晫十九岁。纪晫是纪容舒与原配夫人安氏所生，安夫人已于康熙五十四年（1715年）二十九岁上去世，继配张夫人未及生育又过早病亡。纪晓岚的生母是父亲的第三位夫人，是第二位夫人的亲妹妹。她在二十九岁上生下了这个不平凡的儿子。

按照纪氏家族辈分，纪晓岚排在第十四世，属"日"字辈，故取名昀，字晓岚。后来，他的字比名更为世人所熟知。按家庭里的大排行，纪晓岚是老四，也就是说，他是爷爷的第四个孙子。所以府中上下都叫他四少爷，又称四官。

崔庄纪氏，不仅是富庶之家，更是书香门第。小纪昀天资聪慧，活泼机灵，虽然很调皮，却十分招人喜爱。在这样一个大家庭里，长辈们整天读书习字，吟诗作对，纪晓岚耳濡目染，很小就熏染上了文雅之气。一天，他到三叔容雅屋里去玩。三婶正盘膝坐在炕上做女红，小纪昀歪头盯着婶婶腿下露出的小脚。叔叔看着好笑，有意试试小侄子的文才，顺口吟道：

　　　　三寸金莲瘦，

纪晓岚小眼一眨，随口对上一句：

　　　　一双绣鞋轻。

婶婶佯装嗔怒："你这小崽子也跟着你叔捉弄我！"叔叔帮着侄子说：

　　　　谁还没有脚？

纪晓岚接口对上：

　　　　何必动无名！

机智巧妙的答对博得了大人的欢心。纪容雅本应是纪晓岚的二叔，但按大排行，纪晓岚的叔伯爷爷家还有一位比容雅年长的叔叔叫纪符，所以容雅也就成了三叔。

崔庄西边的景城村，是纪氏祖居地。景城村北土岗上有一座建于明朝的

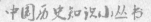

真武庙。庙里有一位道士，因特别喜欢下象棋，人们都叫他棋道士。棋道士棋艺很"臭"，棋风又差，光想赢，不想输，如果眼看自己要输了，就动手跟人家抢夺棋子。有一天，纪晓岚跟着一位堂兄到庙里去玩，棋道士打量着纪晓岚头上那两只高耸的小抓髻，也想卖弄一下文才，笑着戏谑道：

牛头有幸生龙角，

纪晓岚心中暗笑，顺口回敬说：

狗嘴何曾吐象牙！

自作聪明的棋道士吃了个大窝脖，尝到了小孩子的厉害。

有一年，河间知府造访崔庄纪府。知府进村时，纪晓岚正跟小伙伴们在街边玩皮球，偏巧球飞进官轿里去了，衙役们大声呵斥，孩子们吓得四散躲避，唯独纪四官，不但不逃，居然还挺身上前拦住轿子要球。知府见这孩子机灵可爱，便探出头来，逗他说："我出一联，如果你能对得上，就把球还你。"纪晓岚点了点头。知府扫视了一下躲在路边惊恐张望的孩子们，顿时有了上联：

童子六七人，惟汝狡。

纪晓岚不假思索地随口应道：

太守二千石，独公……

最后一字却迟不出口。知府讶然问道："最后一个字是什么，你为什么不说？"纪晓岚笑眯眯地回答："大人如果把球还给我，那个字就是'廉'，不给，那字便是'贪'！"

太守是汉代官职，俸禄为每年两千石粮食，所以又把太守称二千石。清朝已经没有太守之职，由于知府与太守属同一级别，常常以太守代称知府。此语一出，知府立即为他的聪明狡黠和应对从容所惊服，连声赞叹这个小娃娃日后必将出人头地，球自然也就回到了纪晓岚手中。

如今在纪晓岚的故乡，许许多多有关他聪明机智的故事，仍在民间文学中流传。还有一个故事说，纪晓岚和一群小伙伴一块弹玻璃球，球蹦进大马车的旋子里。旋子是安在车辕子前头的小铁管，管长半尺多，管孔直径不足一寸，管口冲上，是用来系绳套和插鞭杆的。球掉进旋子里掏不出来，大家急得团团转。纪晓岚不慌不忙地说，看我的。他找来一根小木棍，抓起一把细沙土，一边往旋子孔里注沙土，一边用小木棍拨动玻璃球，球渐渐地浮了上来。

纪晓岚读书一目数行，过目不忘。崔庄有个书铺，纪晓岚常去看书。开初，掌柜的还热情地向他推荐各种书籍，谁知他每次来了只管翻看就是不买。后来才知道，这孩子看一遍就把内容记在脑子里，不用买了。从那时起，掌柜的再也不让他随便看书了。

聪明机智之外，纪晓岚还有一种特异功能。他在四五岁时可以在夜间视物，七八岁后这种功能渐渐消退。

这件事明明白白地写在《阅微草堂笔记》里。是真是假不好断定，反正纪晓岚很小的时候，就已经是名传乡里的神童了。

二　族脉悠远　文渊溯源

史书记载纪晓岚为献县人，他自己撰文题字又署河间纪昀，今天我们又可以说他的故里是沧县或沧州，这些并不矛盾，因为由于行政区划沿革，历史上献县属于河间府；而如今的崔庄已划归河北沧县，而献县、河间、沧县都属沧州市所辖。自称北地伧父的纪晓岚，又常常说他系出江南。确实，他是南方移民的后裔，他的族脉之根在江南。

明朝永乐年间，纪晓岚的先祖自江南上元县（今南京市江宁区）随着移民大潮北迁献县。那次移民，缘于一场战争。那是发生在明朝建文年间的靖难之役。明洪武三十一年（1398年）五月，太祖朱元璋病逝，皇太孙朱允炆继位，翌年改元建文，史称建文帝。建文帝接受近臣的建议，谋划削藩。驻藩北平（今北京）的燕王朱棣，是朱元璋的第四子，聪明睿智，素有谋略，又胆魄过人。在朝廷准备对燕王下手的时候，燕王先发制人，杀死了朝廷派来的命官，麾军南下，以诛杀建文帝身边奸臣为名，号称"靖难"之师。朝廷派大军北伐。一场旷日持久的拉锯战，在北平和京城（今南京）之间展开。靖难之役打了将近四年，以朱棣攻进南京，推翻建文帝统治，登上皇帝宝座而告结束。

靖难之役中一些惨烈的战斗大都在今天的北起北京，南至山东济南，西到河北藁城、正定，东到沧州之间的地域展开。战争使这一带人民的生命财产遭到残酷的摧残与巨大损失。据明嘉靖《河间府志》记载：靖难之役"斩刈尤甚，民之生于斯者，十无二三焉。"有的地方整个县都没了人烟。又据清咸丰《献县志》记载："明建文之间，南北兵争，邑人无复存，志莫考矣。永乐二年迁近省人实畿辅，而献县始有民。"再据民国《沧县志大事记》记载："建文元年，靖难兵起，三年之中，纵横河北数千里，杀戮几无孑遗，为前所未有之奇劫。"由此可知，经过那场战争浩劫，整个河间府，包括沧州一带的村庄绝大部分都被荡平、毁灭了。

燕王打到南京登极称帝，次年改元永乐。永乐元年（1403年）一月，改北平布政司为北京，设留守及行部官，改北平为顺天府。永乐二年（1404年），开始实施移民政策，连续下诏先后迁南直隶（南京附近）、苏州等十郡，浙江等九省富民以及山西富民充实北京地区。

在那个移民潮中，纪晓岚的先祖纪椒坡自江南上元县启程，拖家带口，逶迤北行。《景城纪氏家谱》载："明永乐二年，迁江南大姓实畿辅。始祖椒坡公自上元徙献县之景城。"此处所谓畿辅，是指今北京、天津及河北省大部分地区。

对于纪椒坡的这次长途迁徙，流传着一个神奇的故事。说是椒坡公出行之前，曾请高人指点前程。那位高人经过占卜告诉他，须遇见"车上树"、"牛上房"才可以落脚定居。牛怎能上房？车更无法上树，这简直是不可能出现的事情。可是面对渺茫无稽吉凶未卜的北迁之路，纪椒坡似乎别无选择，只得听天由命，按占卜所指去寻找落脚的目标。

经过漫长的艰难跋涉，纪椒坡一家走到北方平原的一个村庄。奇迹出现了：一头小牛犊顺着土堆登上矮房啃草。这不是"牛上房"了吗？北方的房子是土筑的，房顶上抹着厚厚的泥土，夏秋之季，上面长满青草。纪椒坡又看见这家院子里一位农妇把一架纺车挂在枣树上。纺车也是车呀！"车上树"、"牛上房"的场景竟然奇迹般地出现了！惊喜之际，纪椒坡一家就在这里安顿下来。这个村子就是景城。

"牛上房"、"车上树"的故事只是一个传说，纪椒坡在景城落户，从大的方向来说是由朝廷统一安排的，具体选择景城这个村庄，可能有纪椒坡独特的观察。

景城如今是沧县崔尔庄镇辖下的一个行政村。村子虽小，却有着悠久的历史。两千多年前的西汉，这里是一座县城。景城县在历史上存在了一千二百多年。纪椒坡到来之时，一定还有很多遗迹显示着曾经的繁华和庄严。纪晓岚晚年在《阅微草堂笔记》里这样描绘他家这处祖居地：古城遗址依稀可辨。偶尔能在天蒙蒙亮时望见烟雾之中显现出一座城的影子，楼堞宛然，好像海市蜃楼一样。

选择一方兴旺之地居住，指望后来日子能过得好一些，当然是纪椒坡的心愿。由纪晓岚亲手续修的《景城纪氏家谱》里透露出这样一个细节，椒坡公选择的居住地和所注的户籍不一致。户籍是献县安民里，而景城属宣化里。安民里在西距景城八十多里的留福庄。安民里又叫安民屯，是专门为移民设置的。《家谱》写道：椒坡公属于外来客户，"故注籍于安民里，厥后定居景城而已。注之籍不复改，遂子孙沿之至今也。"

景城，初置县时名景成。据《汉书》记载，景成县置于汉高帝时期，先属渤海郡，后为河间国属地，曾一度是景成侯国。隋朝开皇十八年（598年），将"成"改为"城"，归属河间郡。宋熙宁六年（1073年），景城县废，后人只能在历史书里见到它的名字。隋唐五代的著名人物刘炫、刘武周、王晙、冯道等人都是景城县人。

今沧州一带属于黄河入海的九河故道，河渠纵横。《禹贡》载，黄河"至于大陆，又北播为九河，同为逆河入于海"。大陆，即大陆泽，在今河北省隆尧、巨鹿、任县之间。再往下游进入河间境，分为九河东流入海。

九河的名称和位置其说不一。按《尔雅》所列九河为：鬲津、钩盘、絜、简、胡苏、覆釜、马颊、太史、徒骇。实际上，九河是对黄河下游分支的泛称，不止九条河流。乾隆《河间府志》所载康熙皇帝《御制九河故道》称，九河分支在河间府境内，入海处在今天津之直沽。九河入海故道不出沧州、景州（今衡水市景县）二三百里间。文章指出："河间古郡称名已久，其所以谓之河间，以其在九河之间也。"如今在河间以及沧州地区各县仍有不少九河故道的遗迹。

西汉景帝前元二年（公元前155）三月，皇子刘德被封为河间王，来到河间国都乐城（遗址在今献县河城街村）。史称刘德"修学好古，实事求是"，他在封国广搜典籍，振复儒学，使河间一带成了经学研习传播的一个中心区域。

刘德广泛向民间收集各种典籍。每得一本好书，令人抄写一份送给书主，而将真本留下，并赐给献书者金帛，于是四面八方有学问的人不远千里，纷纷前来献书。有的人将祖上几代留传下来的书都献了出来，以致河间国收集的书籍与朝廷所收书籍的数量不相上下。

刘德在封国内修建了一座规模宏大的日华宫。日华宫内设二十余处馆舍，专以招待四方饱学之士。齐、鲁、燕、赵等地的儒者数百人聚集于此，夜以继日地梳理、校勘收来的儒家典籍。刘德召集的儒士中，不乏对儒家经典研究颇深的大学者。毛苌和贯公就是其中的佼佼者。

毛苌，赵人，一说河间人。他先从鲁国毛亨学习《诗训故传》，后被立为河间国博士。毛苌讲的《诗》，由孔子的学生子夏经曾申、李克、孟仲子、根牟子、荀卿、毛亨相沿传来，最合古意。贯公先从贾谊学《左传》，后被立为河间国博士。其所传《左传》相递传延，直至西汉末年的刘歆。

刘德曾经进京进献所整理的典籍，并在三雍宫与汉武帝以及朝廷文臣对策。他的才华得到大臣们的赞佩，但却受到皇帝的猜忌。刘德对儒学研究的成果，在当朝没得到应有的重视，对后世却产生了深远的影响，在中国文化史上占有重要地位。西汉讲传《诗经》的鲁人申培公、齐人辕固生、燕人韩婴都是朝廷经学博士。称齐、鲁、韩三家诗，为今文经学派。毛苌所传之诗称为《毛诗》，属古文学派。后来三家诗陆续失传。倒是未被立为学官的毛苌所传古文《诗经》流传下来。东汉时，著名经学家马融遍注古文经，使古文经学压倒了今文经学。马融的弟子郑玄融会今古经学，又注群经，成为东汉最著名的经学大师。郑玄为《毛诗》作笺，促成了它的流行。宋代大儒朱熹说："毛诗之义，最得其精。"

刘德死后谥号"献"，故史称河间献王。金朝完颜天德三年（1151年），将献王封国故地改为献州。明洪武九年（1376年）降献州为献县，从此献王的业绩被融入地名之中，延续至今。

献王陵坐落在今献县城东三公里的八册屯村北，占地四万多平方米，封土高约十五米，蔚为壮观。陵上高树参差，荒草迷离，气象萧森。据志书载，献王陵自汉至明，屹然享祀不废。明嘉靖年间又修建献王祠于陵上，祠

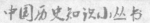

中供有刘德及毛公、贯公神位。献王祠1946年才毁弃。历代文人对献王陵多有吟咏，唐代诗人张继《河间献王墓》诗曰：

汉家宗室独称贤，遗事闲中见旧编；

偶过河间寻往迹，却怜荒冢带寒烟；

频求千古书连帙，独对三雍策几篇；

雅乐对兴人已逝，雄歌依旧大风传。

乾隆《献县志》称："秦火而后，文学之风实自吾邑开之。"自西汉以后，河间、渤海一带诗风盛行不绝。隋朝渤海南皮人李铉，从李周仁受毛诗，著有《毛诗义疏》。景城人刘炫受诗于刘轨思，著有《毛诗述义》、《注诗序》、《毛诗谱》等诗论多种。到了五代，又有景城人冯道组织刻印《九经》。清朝献县人纪昭著有《毛诗广义》等等。纪晓岚有感于家乡诗风之盛，曾在《过景城忆刘光伯》诗中写下这样两句话：

谁知冯道里，曾似郑公乡。

"郑公乡"典出《后汉书·郑玄传》，是说孔融做北海相时，因敬重经学家郑玄，告知高密县，专门在郑玄的故里立一乡，取名郑公乡。

深厚的文化积淀熏染着有文化意识的士人。从江南北迁的纪氏家族，正是在这种诗风文韵的文化场中，逐渐形成书香门第，迸发出炫人的异彩。

纪晓岚故里地名图

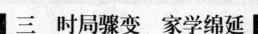

三 时局骤变 家学绵延

文明胜地，滋育贤者。迁来河间、沧州一带的移民，很快崛起了几个显赫的大家族。有明一代，这里出了不少名垂青史的文臣武将，如：一代廉吏王翱，抗倭英雄刘焘等。纪氏于景城落户之后，自然以务农为主，间或经营些小生意，家境逐渐殷实起来，随着经济条件的充裕，逐渐由耕入读，到了明朝末年，纪氏已跻身望族之列，出了不少读书人，开始属意科举，以图仕进。纪晓岚的高祖纪坤就是一位代表人物。

纪坤（1570—1642年），字厚斋，后辈尊称厚斋公，属景城纪氏第十世。他富才华、有大志，是纪氏家族向官场进取的第一人。可惜他生不逢时，壮志难酬。

明朝后期，皇帝大多懦弱无能，朝廷朋党纷争，宦官专权，政治腐败得无法收拾。后金崛起于辽东，义军蜂拥于中原，明王朝腹背受敌，内外交困。面对天下忧患，一介布衣纪坤，慷慨有经世之志，喜与豪侠之人交游，指点江山，谈兵论剑。

当时的社会风气是道学发展到了至尊的地位，那些自以为聪明机灵的人，便潜心研究陆九渊和王守仁的心学，以此来攀援时风；而那些纯朴宽厚的人，又一心去攻读经典，以求仕禄功名。以至于很多读书人成了不懂世事的书呆子。纪坤有一位沧州朋友刘羽冲，就是一位迂腐的读书人。他性情孤僻，特别崇拜古代制度，他不明白有些书本知识往往是不切实际的。他们的另一位好友董天士为刘羽冲画了一张像，取名《秋林读书图》。纪坤在画上题了一首诗调侃：

> 端坐秋树根，块然无与伍。
>
> 不知读何书，但见须眉古。
>
> 只愁手所持，或是井田谱。

井田谱是记载井田制的书。井田制是我国上古时期的一种土地制度。井田制以九百亩为一里，以井字形界限划为九区，中间一区为公田，四周八家为私田，同养公田。诗句活灵活现地描绘出一个食古不化的书呆子形象。

有一次，刘羽冲得到一本古兵书，他很用功地读了一两年，自称可以带十万兵了。不久，土匪打过来了，他带上自己训练的乡兵迎战，结果全队覆没，自己也差点做了俘虏。后来他又得了一本古代的水利书，读了一两年，说可以使千里之地水利大兴，出产丰富。他还绘成图样，去游说州官。好事的州官就叫他在自己的村里搞试验。结果沟渠修成了，大水顺着沟渠灌了进来，村子几乎全被淹没。从此他抑郁不乐，常常一个人在庭院里来回溜达，并自言自语："古人岂欺我哉！古人岂欺我哉！"一天到晚千百遍地念叨这一句话，不久就死去了。

纪坤注重学以致用的实学，怀着满腔报国热情，发奋读书，试图发挥才能，报效国家。他站在朝廷的立场上，密切关注着天下大事。

万历四十四年（1616年），辽东的女真族在赫图阿拉建立后金国，随即对明朝开战。到了天启元年（1621年），后金国攻占了整个辽东，形成了对内地严重的威胁。纪坤怀着强烈的报效朝廷的心绪关注时局。他在一首诗中写道：

> 红镫绿酒近三更，饮到微酣故态生。
>
> 赖是黄鹂相唤住，不然拍案又论兵。

他还作《塞下曲》二首：

> 关前衰草冷烟迷，关内骅骝十万蹄。
> 且喜年来边塞近，红闺不用梦辽西。
>
> 铁甲年年卧戍楼，将军未老鬓先秋。
> 防边奇计谁能识，量尽寒沙夜唱筹。

第一首反用唐金昌绪《春怨》诗句，描述敌人步步进逼的形势。第二首用"量沙"典故讲边境战事的艰难。典出《南史檀道济传》。南北朝时期的宋国将军檀道济北伐魏国，一连打了三十多个胜仗，军至历城（今济南），因粮草供应不上而撤军。有投降魏军的人说出了宋军粮草已尽的内情，于是魏军尾追而来，宋军士卒忧惧。檀道济安排军士连夜用斗量沙土，并大声唱筹报数，还在现场撒下一些粮米。等到天明，魏军查看宋营留下的痕迹，以为宋军粮草还很充足，不敢再追赶，檀道济得以全军而还。后以"量沙"成为安定军心，迷惑敌人的典故。

天启五年（1625年）十一月，经略辽东军事的东阁大学士兼兵部尚书孙承宗，罢职回老家直隶保定府高阳县。纪坤作《闻孙阁部罢归》诗一首：

> 岌岌宁前戍，朝朝起战云。
> 如何大丞相，翻作故将军。
> 国尚多清议，权乃属圣君。
> 庙堂宁左计，或恐是传闻。

面对后金国攻破辽阳、广宁（今辽宁省北宁市）的严峻形势，孙承宗于天启二年（1622年）八月，自请督理山海关军务。赴关之日，天启皇帝亲赐尚方宝剑和坐蟒，阁臣们送至崇文门外。孙在关四年，修关固防，练兵屯田，收复了部分失地，使辽东保持了三年多的安宁。后来孙承宗因事得罪了宦官魏忠贤，屡遭阉党攻击。天启五年（1625年）九月，孙的部下打了一场败仗，迫于奸臣们的责难，孙承宗上疏请退，被准回籍。纪坤对此深表忧虑和不解。

天启时期，以魏忠贤为首的阉党专权，祸害天下，这是朝廷的内忧。崇祯即位后，立即将魏忠贤等人治罪。第二年（1629年）正月，大学士韩爌等人奉敕编成《阉党逆案》一卷。书中将魏忠贤逆党中的人物分别首犯、从犯拟出等次，每名之下各列罪状。纪坤听说出了这本书，马上去寻找，准备抄写下来，虽未找到，还是兴奋地赋诗记述这一事件：

> 此局终当有，宁期在此时。
> 丹书何用见，名姓世原知。

意思是说，善恶终有报，没想到来得这么快，用不着看那书，世人也都知道谁是祸国殃民的奸党。

当时以李自成、张献忠为首的各地农民起义军蜂拥而起。纪坤站在朝廷的立场上，忧心忡忡，在《所闻》诗中他写道：

> 出门复入门，忧心日草草。
> 何时黄巾平，骨肉得相保。
> 治乱相倚伏，此理信穹昊。
> 河清会有期，恨我生太早。
> 侧闻阃外事，功罪日纷扰。
> 恩怨亦人情，吾敢怪诸老。
> 且愿缓报施，稍待风尘扫。

纪坤的忧虑挽救不了明朝的衰亡。他连自己的命运也无法把握。严酷的现实消磨着他的上进心，一次次的科场挫折终于使他心灰意冷："十年求仕进，发白志不成。青云谅无分，决意谋归耕。"纪坤晚年归隐乡里，在自家门口写上"花王阁"几个大字。他觉得自己虽然进行了不懈的努力，却于事无补，就像花中之王牡丹一样，华而不实。他将平生感遇，托之于诗，亲手编成六卷，还没来得及付印，就接连遇到战乱。崇祯十五年（1642年）纪坤在忧患中死去。不久，他的家庭又遭受了一场重大灾难。

先是农民起义军在河南势力大张，造成京畿震惊。纪坤带领全家移居河间府城避难。他有《闻河南流寇将窥畿辅移家郡城》记其事：

> 惨淡阴风万木号，黑云低压古城壕。
>
> 全家避乱禅心扰，满市浇愁酒价高。
>
> 燕雀处堂聊旦夕，龙蛇起陆更弓刀。
>
> 传闻玉帐河魁将，正倩儒生讲六韬。

到了河间，虽然没有遇到"流寇"骚扰，却遭到了清兵的祸害，全家几遭灭顶之灾。

那个将窥畿辅的所谓流寇李自成军，于崇祯十四至十五年（1641—1642年），在河南大地驰骋征战，连破官军，又转战湖广，向西北迂回。但是京畿之地并不清静，此时清军也屡屡入关进行抢掠。

崇祯皇帝即位之后，也想振兴朝政，挽救危亡，比如他纠治阉党就曾给日益衰败的朝廷带来一丝希望。但他刚愎自用，对臣下多有猜忌，动辄下狱杀戮，以致很多像袁崇焕那样的爱国将领惨遭杀害。到了明朝末期，文臣武将或被杀戮或被放逐，已经很难抗拒清军的进攻了。

崇祯八年（1635年），后金国改号为清，改女真为满洲族，势力愈加强大，加紧了对明朝的攻击，至崇祯十五年（1642年），清军已四五次突进长城，深入内地进行大规模的掳掠。满族开化较晚，当时他们的军队把掳掠汉地人口、牲畜作为获得奴隶和财富的来源。这年十月，清将阿巴泰自黄崖口进入长城，先在蓟州打败明朝白腾蛟的军队，然后攻克河间、景州，长驱直入山东兖州，分兵抢掠莱州、登州、莒州、沂州，向南直至海州。大兵所到之处，肆意掳掠，明军望风披靡。次年四月，清军自山东退兵，经过京畿，明大学士周延儒在通州督师，竟不敢出战。阿巴泰军大摇大摆地带着战利品回到盛京（今沈阳）。清军此次入掠，破三府十八州六十七县，杀死明宗室鲁王和大批各级官吏，掳去三十六万余人和三十二万多头牲畜。

就在崇祯十五年（1642年）八月清军攻略河间之前，纪坤病死。纪坤有三个弟弟，五个儿子。三子同仁早于纪坤病亡。三个弟弟纪坊、纪培、纪增以及长子景德、次子景星，侄子景辰（纪坊之子），都在这次清军入掠时遇害。两个小儿子纪灝、纪钰流落在乱兵之中。十一岁的纪钰被一个叫宋曼珠的人救下。十四岁的纪灝被清军裹挟到了山东。在章丘，纪灝乘夜逃离清军营地，天亮后正怅然无所依，忽然遇见曾经在纪家做过佣工的崔庄人李守敬。这位同乡一边讨饭，一边护送纪灝回家。半路上纪灝走不动了，李守敬捡了一辆破独轮车，把纪灝推回到景城。

纪晓岚晚年在《阅微草堂笔记》里提起这段历史感叹："崇祯壬午兵燹，余家不绝如线。"

家遭兵祸，纪坤那些诗大多被毁弃。到了清顺治年间，纪坤的夫人在地窖的破书箱里找到一捆残稿。诗稿字迹潦草难以辨认，纪钰找流寓献县的学者五公山人王余佑帮忙，整理出一百多首诗，取名《花王阁剩稿》，藏在家中。

纪氏家族遭难两年之后，崇祯十七年（1644年）春，李自成率领起义军打进北京城。崇祯皇帝在煤山(又名"景山"）自尽。紧接着，清军在多尔衮的统帅下进关，是年他的侄儿爱新觉罗·福临，在他的呵护下，坐上了北京的金銮宝殿。皇历换成了"大清顺治元年"。

世情变化得如此急剧，对于新朝廷是抗拒还是顺从，纪氏和许多大家族一样都面临新的抉择。

清朝定鼎北京，一方面向西、向南对李自成和南明反抗势力用兵，一方面对京畿地区实行安抚政策。清朝当权者采纳汉臣的建议，尊孔崇儒，沿用明朝的典章制度，继续以科举取士，笼络汉族知识分子，努力争取明朝旧臣和知识阶层的支持，以稳定统治。清军一进北京就发布文告宣布：殡葬崇祯皇帝，任用来归的明朝官吏。原明朝顺天巡抚宋权对下属说，我们国灭君亡，无所归附，现在谁能替我们的故主报仇，谁就是我们的新主子。他归顺清朝，仍任原职留任。

清顺治帝在原明朝京师国子监北监设立太学，广收生徒。汉族知识分子科举入仕的路子还是畅通的。

离乱后的纪灏、纪钰兄弟二人，回到老家景城不久就迁往景城东三里的崔庄居住。从此有了崔庄纪氏，而且这一支很快兴盛起来。社会稍一安定，纪氏兄弟就继承父亲的遗愿，继续读书治学。按张鹏翮所撰纪钰墓志铭中的说法："荡析初平，便勤铅椠；烽烟稍定，还理丹黄"。铅椠、丹黄都是文具，铅是铅粉笔，椠是用来写字的木板。丹黄是朱砂和雌黄两种颜料，圈点文章用朱砂，涂抹用雌黄。

纪灏，字光吉，长成后经兵部核议任陕西镇番卫守备，做了为新朝效力的武官。后世族人尊称这位先祖为光吉公或镇番公。纪钰先是考取了博士生员，又于顺治九年（1652年）进入国子监太学就读。纪钰，字润生，后世尊称润生公。他入太学的资格可能是捐来的。乾隆《献县志》称他"以例贡入太学"，例贡就是按例捐纳的贡生，岁贡才是逐级选送进太学的。张鹏翮的《纪公润生墓志铭》则记载他"岁贡入北监"。不管是捐的还是选的，反正纪钰进国子监学习确是事实。并且他还见到过皇上。在顺治帝亲临太学聆听诸生讲解《中庸》时，纪钰当着皇帝的面讲解了一番。

按说在国子监学成后可以授以小官或参加乡试，但纪钰却没有做官。因为母亲年老生病，退学回家。这可能是一个托词，实际上原因是复杂的。当时清朝在全国的统治还不稳固，宫廷内部互相倾轧，满汉朝臣彼此争斗。纪钰还没有摸透这个新朝廷的脾气。自然也就心有余悸，不敢贸然涉足其间。于是他回乡着力整治家务，树立名望，教子读书，等待时机。

纪钰自京城归来，发现本族一个侄子败家破产，把千亩良田卖给了外姓人。纪钰出资帮他把田赎回，使那一支子孙赖以生存。此举使纪钰在家族中树立起崇高的威望。

康熙三十五年（1696年），家乡闹饥荒。纪钰捐米二百斛煮粥赈济，救活了不少灾民。当时有欠纪家债务的百余家贫户无力偿还，纪钰便翻检出价值一千四百金的债券，召集欠债户当众焚烧，宣布免除债务。

顺治末年，南明势力彻底消亡。到了康熙后期，朝廷平三藩、收台湾、征西域、驱沙俄、定蒙古、抚西藏，武功显赫；崇儒重道，倡导学术，编辑群书，重用文士，整饬吏治，开拓疆域，文治武功皆属辉煌，国家进入盛世时期。随着国家的统一，社会的安定，经济文化的发展，参与国家经济文化建设，符合历史发展潮流。纪氏家族顺应时势，诚心拥护新的朝廷。

纪钰生有两子，长子天澄又迁回景城居住。次子天申跟随父亲居崔庄。纪天申（1665—1732年），字宠予，持家有方，田产富足，又富而好义，好善乐施。他家的庄田西有献县厂里，东有沧州人字汪。跨延一百余里。

康熙五十二年（1713年），康熙帝六十大寿。朝廷开恩科乡试。纪天申的长子纪容舒邀集几位同乡好友赴京应试。他不但高榜得中，还在京城目睹了"千叟宴"的盛况，领略了国家的繁荣昌盛，更激发了他的报国情怀和振兴家族的决心。

纪容舒是一位颇有造诣的学者。他刻苦攻读，博闻强识，才思敏捷，又精于考证。他所著的《唐韵考》推寻考校，很有条理；《〈玉台新咏〉考异》，参考诸书，聚合各本，引证颇为完备，考辨详细全面。他还著有《杜律疏》一书，对杜甫律诗字字句句都作了详细的诠释。在他身上，显然流贯着献县"实事求是"的地域性学术传统风格，同时他还是一位洞明世事的智者。纪容舒中举之后，屡赴会试，未能进士登科。他把希望寄托在下一代身上。他在候选部署员外郎时，结识了时任刑部主事的四川遂宁名士张鹏翮。康熙五十五年(1716年)七月纪钰病逝。纪容舒请张鹏翮为亡故的祖父撰写墓志铭。用意在于教育后代，继承祖上文德，如志文中所期待的那样："乃祖蠖屈，厥孙鹏搏"。

蠖即尺蠖，是一种昆虫，又名步曲，俗称弓腰虫。它向前爬行必先弯曲身子，故《易经》有言："尺蠖之屈，以求伸也。"张鹏翮这句话的意思是，纪氏祖上像尺蠖那样屈身，是为了他们的子孙能如鲲鹏振翼，搏击长空。

改朝换代八十年来，社会出现了安定和繁荣。纪氏家境殷富，学风浓郁，到了纪晓岚这一代，成才的一应条件基本具备。纪晓岚是棵好苗子，自然也就成了父亲重点培养的对象。

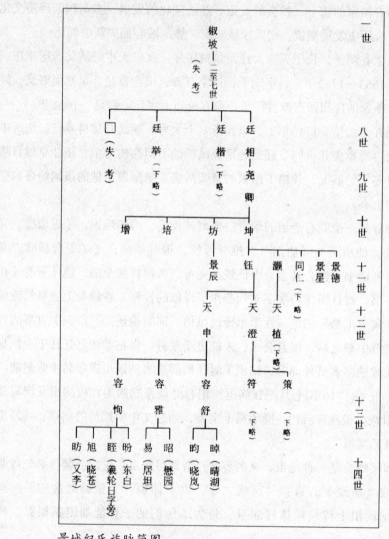

景城纪氏族脉简图

四　家教师传　苦读应考

纪晓岚四岁入学。那时年龄以虚岁计，纪晓岚生于雍正二年六月，半年以后进入雍正三年，即为两岁。一般大户人家延聘西宾教习子弟，多于正月十六日开馆。按此推算，纪晓岚入学时实际年龄只有两岁半，应属早期教育。

纪晓岚的开蒙教师是及孺爱。及孺爱，名慈，直隶交河县（今河北泊头市）人，雍正年间的岁贡生，曾任隆平县训导。民国《交河县志》称他"博古好学，世事从未问闻，恃己待人，光明坦白，群推士林楷模"。此人博古好学，光明坦白，粹然有古君子之风。他跟纪家是亲戚。他笃信程朱理学。他教授纪晓岚时间不长，仅授以识字句读而已。

其后，纪容舒为儿子延请的老师多是有个性的名士。如南皮许南金、东光李若龙、富阳董邦达等。纪晓岚从他们身上不仅仅学习文化知识，更重要的是学到了认识社会的方法和处世为人的道理。

许南金，直隶南皮县许庄人，出身贫寒，三岁丧父，八岁失母，由叔父养大。他自幼发奋读书，雍正元年（1723年）中举，之后三试春闱不第，于是放弃仕途，设帐课徒，慨然以振名教、维风化为念。许南金不事浮嚣，淡而弥永。光绪《南皮县志》称出其门者多通儒，其中最著名的数河间纪晓岚和南皮张受长。许南金有一股神鬼不怕的凛然正气。他半夜里借用鬼眼的炬光读书，如厕时把鬼头做烛台并用手纸揩鬼嘴的故事，被纪晓岚栩栩如生地写进《阅微草堂笔记》里。中国科学院（今中国社会科学院前身）文学研究所1961年编辑出版的《不怕鬼的故事》收录了《南皮许南金的故事》。

　　纪晓岚说他的老师不怕鬼，自然是借鬼狐以说世事。在许南金的家乡，至今流传着他冲撞县太爷的传说。据说有一年，一个新上任的县令坐轿出行，一帮衙役在官轿前鸣锣开道，吆五喝六，狐假虎威。许南金正骑驴行走，听到身后锣声当当，喧嚣阵阵，回头一看，是官轿汹汹而来。他把缰绳一抖，毛驴靠边缓行。他稳坐驴背，不紧不慢，不慌不忙。众衙役说他轻慢县太爷，拿他下狱。

　　欺下者往往惧上，许南金以其人之道还治其人之身。他稳坐监牢，神情自若，并不告饶。狱卒给他出主意，让他托人使银子，并自告奋勇愿帮他传信。许南金只是不理。狱卒反倒急了："快找人说说出去吧，我可不愿替你买棺材去！"许南金这才开口说道："那就麻烦你给张道儿捎个信，让他来收尸好了。"许南金所说的张道儿，是他的弟子张受长。此人雍正四年（1726年）进士，做过知县、知州，当时正在直隶省任按察副使、兵备道，人呼张道台，许先生戏称他张道儿。狱卒一听，吓得屎尿直流，赶紧报告知县大人。不大工夫县令来到牢房，又是赔礼道歉，又是大骂奴才们有眼无珠。许老先生说："这儿不错，又吃又喝的，比外边的百姓强多了，我就不走了。"县令急得直扇自己的嘴巴，说："老爷子，别再骂我了，我用轿子送你老回家去吧！"

　　最后，许南金还是骑上小毛驴回到许庄。说到底还是他"检点生平，无不可对鬼魅者"。恶人尚且不怕，还怕什么鬼怪！

　　许南金同情被害妇女的故事，让纪晓岚牢记终生。那是康熙五十四年（1715年）夏天，许南金路过阜城县(今属河北衡水市）的漫河，走累了坐在树荫下休息，打了个盹。恍惚间见一女子施礼相拜："奴家是黄保宁之妻汤氏，四十年前在这里遭到抢劫，虽然拼死抗拒，仍然失身，并被刀刺而死。尽管官府捕杀了凶手，可是因我清白被玷污，竟不予旌表。阎王念我一腔贞烈，让我留居此地，管理像我这样遭害姐妹的亡魂。您想，像我这样一个外地来讨饭的弱女子，突然遭遇三个壮男人把我绑在树上，我除了咒骂以求速死，还能有什么法子呢？那些负责旌表的官员，动不动拿贞节来责备我们，真是太冤枉了。奴家看您像个有道的儒师，请替我们申诉冤情。"醒来之后，许南金四处打听，没有人知道这件事，正是因为没有旌表，而被人遗忘了。到了纪晓岚晚年，终于为这类妇女讨了个说法，了却了恩师的一桩心愿。

许南金的墓碑至今仍矗立在南皮许庄许氏墓地。碑文末尾附有受业门人名单，纪晓岚和他的堂兄纪易名字列在其中。在四十七人中，纪晓岚位居第四十一名。从序位上看，纪晓岚应属许南金最后一批学生。南皮许庄距献县崔庄一百多里。纪容舒送年幼的子侄涉远到有名望的教师门下读书，自有一番良苦用心。

李若龙被纪晓岚称作一生得力的老师。他是直隶东光县（今河北省东光县）李庄人，字又聃，雍正十三年（1735年）举人，著有《又聃诗草》。光绪《东光县志》称他"文词精粹，诗类香山"。

据东光《李氏家谱》记载，李若龙的父亲李佳，是康熙癸巳恩科武举人，而纪晓岚的父亲纪容舒恰是那年的文举人。纪、李两家既是乡谊又是亲戚。李若龙中举后，在准备参加会试期间兼做纪晓岚的塾师。李若龙反对道家的空谈，喜欢用谈狐说怪譬喻世事。

李若龙讲过一个深明礼义的狐仙的故事。说东光某一家住有狐仙。有一天小狐们扔砖瓦，打破了主人家的盆罐。那家人就破口大骂。到了夜里，那家主人听见有人敲窗户跟他说话："您睡了吗？我有话要跟您说，邻里乡党一块儿住着，小孩子们互相磕磕碰碰的事是常有的，遇到这种事，能原谅就原谅，不能原谅可以告诉大人，其父兄自会处置，何必恶语相加，伤了和气。再说，我们这些狐仙出入无踪无影，往来难以猜测。你们闻见不及，提防不到，您想，跟我们作对，有你们的好吗？"主人听了，连忙披衣起身赔礼道歉。从此他约束家人，言行谨慎，人狐之间相安无事。李若龙由此感叹："每遇到某些家庭或邻里发生争斗，我常常想起那家的狐狸啊！"

投师董邦达是纪晓岚随父进京之后的事。董邦达，浙江富阳人，出身清贫，雍正十一年（1733年）进士。任过左都御史、工部尚书、礼部尚书等职。卒后谥"文恪"。他在翰林院任编修时还在自家的斯与堂招收生徒。纪晓岚十五岁那年，到董邦达门下求学。

董邦达为官清廉，书画俱佳，且极重人品，他常说"砺人品而建功名，乃真功名；有功名而不失人品，乃真人品"。纪晓岚在受业董邦达期间，结识了一大批才华横溢的文士，增长了见识，学到了不少处世做人的道理。雍正十二年（1733年），纪容舒被选为户部员外郎到北京任职，十一岁的纪晓岚随父进京。不久，纪晓岚被父亲送到董邦达的斯与堂就学。

乾隆四年（1739年），东光李若龙进京准备应会试，纪容舒又把他请进家中做纪晓岚的辅导教师。

纪晓岚能够成才，良好的家教也是重要的因素。

纪晓岚出生的第二年，河间、沧州一带发生了灾荒。那年六月，沧州大雨，连续四十多天不见晴日，平地里水深三尺，形成大灾。纪家在沧州卫河以东有一处庄田，邻近大浪淀，地势低洼。村前有两条河，左右斜流如人字，所以村名就叫人字汪（今沧县银子旺村）。大雨连绵，人字汪成了重灾区。年逾六旬的祖父纪天申，跋涉百里前去赈灾。

纪天申捐出六千石粮食，煮粥赈济人字汪及附近灾民。村中有个柴禾垛，已经积存多年，据说有了仙气。平时谁家有病有灾，就到柴禾垛前焚香祷告，颇有灵验。这一天，煮粥的柴禾供不上了，想用那垛柴禾，又没人敢动它，怕惊动大仙，于是纪天申亲自到柴禾垛前祷告说："您既然是有灵验的仙家，一定是通情达理乐意荫护众生的，如今，几千人饿着肚子，不赶紧救济就会有人饿死，您能不动恻隐之心吗？请您暂且腾出这柴禾垛，我会给您安排好去处，可以请您去住粮仓，我想您是不会拒绝的。"祷告完毕，纪天申即刻指挥村民抱柴煮粥，待把柴禾搬尽，垛底下现出一条秃尾巴大蛇。纪天申赶紧让人把它用大簸箕抬到仓库里放掉，那条大蛇一会就不见了。这件事被纪晓岚晚年写进了《阅微草堂笔记》里。这对于纪晓岚为官仁厚爱民显然是有影响的。

父亲纪容舒为调教纪晓岚倾注了很大的心血。他除了为儿子选择有学有识的教师外，还经常以自己的学识和阅历对儿子进行人情常理和社会知识教育。他说："子弟读书之余，亦当使略知家事、略知世事，而后可以治家，可以涉世。"

明崇祯十五年（1642年）河间兵乱期间，两位先人因不通世事而断送性命的旧事，常被纪容舒作为深刻的教训讲给儿子听：

当时，城里人都知道大兵就要杀过来了，全家人准备回老家避难。你那两个曾伯祖景星公和景辰公在门口收拾行李。这时，邻居一位老叟指着门神发牢骚："如果今天有像唐朝这两位武将尉迟敬德和秦琼那样，也不至于国家败落到这种地步。"你那两位曾伯祖当时都是年轻的秀才，听了这话停下手中的活跟人家争辩起来，说："你老人家说得不对，这门神是神荼、郁垒，根本不是尉迟敬德和秦琼。"那老叟不服气，回屋里找出《西游记》翻到第十回《二将军宫门镇鬼 唐太宗地府还魂》作为证据。你那两位曾伯祖自恃读的书多，说那《西游记》是街谈巷议的末流小说，不足为凭，于是又进屋翻检出东方朔的《神异记》等书，寻找凭据继续跟老人辩论。本来天色已经很晚了，他们又翻书，又争论，一来二去天黑了下来，城门关闭了，第二天再想走，已经来不及了。大兵围困了河间，很快攻破城池，冲进来大肆杀戮。不但你那两位曾伯祖成了刀下之鬼，还连累了全家。

讲到这里，纪容舒说："死生呼吸，间不容发之时，尚考证古书之真伪，岂非唯知读书不预外事之故哉！"

有一天，纪容舒在家门口和一个衣着褴褛的人交谈，喊过纪晓岚兄弟们过来给那人行礼。他向子侄们引见说："这个人就是宋曼珠的曾孙，好久没有他家的音信了，不想今天见到他了。明朝末年闹兵乱，你们的曾祖润生公才十一岁，流落在乱军之中，多亏宋曼珠的救助才得以生存下来。"随后纪容舒把那人留下，为他妥善安排了生计。他告诫孩子们要懂得知恩图报。

师传也罢，家教也好，无不是为了让孩子好好学习，奔向那辉煌的金榜题名。然而，这又是一条坎坷而狭窄的道路，多少士人在这条道路上碰得头破血流，以至心灰意冷。其情形正如纪晓岚所说："自数岁受书，孰不期奋身功名耶？一挫于有司，愤矣，再挫，疑矣。数挫以后，悔而谢去者不知凡几。"即使像纪晓岚这样的神童，也难以在科举路途上一帆风顺，坦畅无阻。

科举考试，制度严格，程序繁杂：县试、府试、岁试、院试、科试，层层过关；乡试、会试、殿试，奋力冲刺。科举制度，尽管窒息了许多英杰俊彦，但它毕竟是平民走向上层社会的一条通道。千百年来，读书士子在这条狭窄的道路上拼搏不息。一旦走上这条艰难之路，就得铆足劲，绷紧弦，全力打拼，来不得半点疏忽和松懈。

涉足科举首先要取得生员（即"秀才"）资格，考取生员的第一关是县试，县试必须在原籍参考。考前要填写姓名、籍贯、年龄和三代履历，还要有本县的一名廪生出具担保，证明户籍。纪晓岚虽然已经住进北京，还得回献县参加县试。乾隆五年（1740年），他回故乡参加童子试，一路斩关夺隘，顺利通过了县试、府试，又于河间院试中摘取了桂冠。

纪晓岚在少年时期就表现出了超常的天赋与才华。他在蒙学时期就能读书过目不忘，才思敏捷，聪慧好学。不仅《三字经》、《百家姓》、《千字文》之类的启蒙读物倒背如流，就是《四书》、《五经》等儒学经典也烂熟于心。他涉猎广泛，天文历算、地理方志、文词诗赋、百家杂说、医经药书，以及笔记小说等，无不浏览殆遍，触类旁通。他博闻强识，能文、能诗赋，并擅长联句。据说，纪晓岚在应童子试时，主考官想考其才思，曾出联句："十岁顽童，岂有登科大志？"纪晓岚听罢觉得有轻视他的意思，于是便顺口答道："三年经历，料无报国雄心。"考官不觉为之一惊，抬头一看门上贴着的门神，便又出一联："门上将军，两脚未曾著地。"纪晓岚随口应对："朝中宰相，一手可以托天。"这时考官又看到考场对面有一座七层宝塔，便再出一联："宝塔六七层，四面东西南北。"只见纪晓岚摇摇脑袋，对答道："宪书十二月，一年春夏秋冬。"此时考官对于纪晓岚的机敏与才华十分赞赏，认为这个孩子是个好苗子，日后必定是个人才。

乾隆九年（1744年），直隶学政赵大鲸到河间主持科试。纪晓岚时年二十一岁。他那卓越的才华得到赵学政的青睐，被选为第一名，成了府学里的一名廪膳生员，享受朝廷补贴的"廪饩银"。然而，在其后的例行院试中，他考了一个四等，重重地跌了个跟头。

那是在赵大鲸离任之后，接任直隶学政吕炽在对生员的岁试中发现纪晓岚成绩低下，列为四等。对这件事民国《献县志》里作了记载，说他"文不入格，列四等"。袁枚《随园诗话》中附有乾嘉之际无名氏的批语云："（纪晓岚）少年纨绔，无恶不作，尝考四等，为乃父所逐出。"

按当时"六等黜陟法"规定，生员考四等，原为廪生的免挨板子，但要"停饩"，限读书半年再行补考。幸亏纪晓岚已是廪生，不然就要被打屁股了。

纪晓岚成绩下降事出有因。他天性活泼滑稽，常常以戏弄人为乐。正如他自己所承认的"余少好嘲弄"。直到今天，在他家乡一带还流传着许多他捉弄人的故事。

有一则故事说，纪晓岚访亲途中，在一座小庙里歇息。和尚们得知他就是远近闻名的神童纪晓岚，要他给庙门写副对联，于是他挥笔写下：

日落香残，要把凡心扫掉。

炉边火尽，须将意马拴牢。

后来一位学究打此经过，看着庙门上这副对联发笑。和尚细问根由，才知上了大当。原来那对联是一副字谜联，谜底是"秃驴"二字。

更有甚者，他竟然敢用对联侮骂老师。有一天他带上一只捉来的小鸟上学。上课前，他把小鸟放进院里一个墙洞里，外面用一块砖头虚掩上。下了课掏出来接着玩。这个小秘密被先生发现了。先生姓石，下课后，石先生悄悄跟在纪晓岚身后来到墙洞跟前。纪晓岚正要掏鸟，石先生抢先一步，把那块砖头用力往里一推，只听吱的一声，小鸟一命呜呼。石先生怒视纪晓岚，给他出了一个上联。声言如果对不出下联，就让他尝尝戒尺的厉害。上联是：

细羽佳禽砖后死，

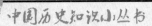

纪晓岚灵机一动，对出一句令石先生火冒三丈又无可奈何的下联：

粗毛野兽石先生。

民间传说中，学童时期的纪晓岚还做过一件更为恶劣的事。有位先生为了如厕方便，在茅坑前埋一根木桩以便起身时扳扶。纪晓岚用小锯把木桩根部锯至将断，而后用土掩饰痕迹。待先生出恭后用力一扳木桩，木桩折断，先生跌坐在茅坑上。

北方人把调皮的孩子叫做"捣蛋"、"掉猴"、"坏"、"嘎"。电影《小兵张嘎》里那个上房堵烟囱的"小嘎子"就属于这一类孩子。纪晓岚的"坏"是出了名的，这也许就是《随园诗话》批语中所谓的"少年纨绔，无恶不作"吧。他这种好捉弄人的习性直到做了官仍有所保持。跟同僚逗个乐，拿太监开开涮，也是常有的事。

"业精于勤，荒于嬉"，取得科试头名之后，纪晓岚有点飘飘然了，活泼的天性稍一放纵，就会影响学习成绩。这次被列为四等，大失颜面，一向严厉的父亲能不大发雷霆？不只父亲，母亲对儿子的管束也是从没放松过。对于儿时督之甚严的学习生活，《阅微草堂笔记》中有零星披露。《滦阳续录》卷四里有这样一段记述：

雍正十二年，我才十一岁。元宵夜我偶尔买了一点玩物。我家的老仆施祥向我母亲张太夫人禀告说："四官今日游灯市，买了好多杂物。花钱倒不足惜，可是先生明天就开馆上课了，不知少爷到时是顾玩耍呢？还是顾读书呢？"太夫人对施祥很是赞成，说："你说得很对。"随即把我买来的东西没收锁进箱子里了。

紧严的管束是中国传统童蒙教育的特色，它虽然戕害儿童自然活泼的天性，但却能为日后就学的登堂入室打好坚实的基础。

据说，纪晓岚考试失败之后，有人给他家送了一副对联：

立天立地门户，数一数二人家。

联语乍看不错，细品则暗含讽刺挖苦之意，因为纪家祖上有人当过粮食市上的经纪人，粮食交易须用斗量，经纪人见数正是"数一数二"，此乃明褒暗贬的双关语。纪晓岚看了非常生气，便在自家的门上写了一副这样的对联：

县考难，府考难，院考更难，几多时中得秀才？
乡试易，会试易，殿试更易，一下子陪伴君王！

其后，纪晓岚知辱思进，敛性苦读，积蓄学力，准备向科场冲刺。天资聪颖的神童，一旦认真起来，情景就大不一样了。

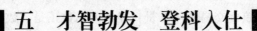

五 才智勃发 登科入仕

乾隆十二年（1747年）岁在丁卯，是大比之年。纪晓岚和堂兄纪懋园（昭）同赴秋闱。直隶省不设乡试考场，直隶考生都去顺天贡院应试。顺天贡院设在京城东单牌楼东面观象台附近（今建国门内，中国社会科学院所在地）。八月的京师秋高气爽，阳光明艳。近千名生员聚集京城，可谓精英燕聚，俊彦云集。考生们个个摩拳擦掌，跃跃欲试，都想挤进通向仕途的这道重要的门槛。顺天虽然是全国最大的考场，中举名额也只有百余名，准考人数和中式人数是八十比一，竞争十分激烈。

八月初八日，考生们鱼贯进入高悬墨字大匾的贡院大门，去接受连续几天封闭式的严格考试。

本届顺天乡试主考官是阿克敦和刘统勋（即刘墉之父）。纪晓岚在考试中身手显露，才气播扬。乡试共考三场，第二场的试题中有一道《拟赐宴瀛台联句并锡赉谢表》。纪晓岚尽情发挥其工诗善赋的特长，文思泉涌，才气横溢，以铺张、渲染的笔法和驰骋、飞扬的遐想，把这场赐宴写得富丽堂皇，盛况空前。做起文章来，他俨然就是预宴的朝臣。开头写道：

乾隆十一年某月某日具官臣某等，恭遇上以运际重熙，时逢大有，特召宗室廷臣，分日赐宴瀛台，赋诗联句，赏花钓鱼，锡赉各有差，以昭宣豫庆丰之至意。臣等仅奉表称谢者。

写到世道升平，朝廷清暇，把当今皇上着实颂扬了一番：

伏遇皇帝陛下，虹璧当阳，龙图启运。泽洽四表，薰风入舜帝之琴；德讫八荒，瑞露浮高辛之瓮。云生于牖，松生于栋，无为宰万化之原；乐以为御，德以为车，有道识一人之庆。固已民康物阜，不殊华胥之游；远义迩安，宛似春台之乐。九年耕而三年食，世登含哺鼓腹之天；十日雨而五日风，人识位育中和之化。史官载笔于玉署，频登大有之书；天颜有喜于瑶阶，爰下推恩之典。用相交于上下，务兼备夫情文。乃移法驾之清尘，焚香洒酒；聿举趾陂之高会。鼓瑟吹笙。乘泰运者百三年，再行旷礼；过中秋者十二日，先及懿亲。或庆衍于螽斯，或派分于麟趾。文昭武穆，尽周家子姓之班；东平河间，皆汉室宗盟之望。昔年故事，曾裁桐叶以分圭；此际遭逢，更叶棣华以侍宴。未央二十万之赐，方此未多；唐皇十六宅之荣，觉其尚陋。

写瀛台赐宴的场所和盛况，如同仙宫瑶池一般：

参差贝殿，疑浮弱水之三千；隐现珠楼，似见昆仑之十二。沧洲晓气，化为宫阙之形；阊阖秋风，吹入金银之树。舟浮太液，惊黄鹄以翻飞；帐启昆明，凌石鲸而问渡。指天河之牛女，路接银潢；搴秋水之芙蓉，域开香国。寻芳曲径，惹花气于露中；垂钓清波，起潜鳞于荷下。檀林瑶草，似闻金谷之郁芳；桂饵翠纶，喜看银盘之拨剌。

大官赐膳，云图雷刻之尊，光禄传餐，渍桂酿花之酒。青龙布席，白虎执壶，四溟作杯，五岳为豆。琳琅法曲，舜韶奏而凤凰仪；浑穆元音，轩乐张而鸟兽骇。红牙碧管，飞逸韵以干云；羽衣霓裳，惊仙游之入月。莫不神飞而色动，共酌太和；咸觉心旷而情怡。同餐元气。

文章以对宴会音乐的赞美作结：

乐谐韶濩，致戒夫琴瑟之专；诗被管弦，务亲夫风雅之正。则宫为君，商为臣，角为民，徵为事，羽为物，音有五而协气常调；肃时雨，乂时旸，哲时燠，谋时寒，圣时风，畴次八而休征咸应。银绳玉检，不数夫七十二君；玉珠金瓯，永固于百千万世矣。

臣等无任瞻天仰圣激切屏营之至。谨奉表称谢以闻。

全文两千余字，引经据典，词采瑰丽，浮想联翩，神思飞扬；博学蕴含其中，才气显露于外。评卷时，大兴考生朱珪的文章已令主考官夸赞不已，初定为首卷，待到同考官陈锷荐呈上本房纪晓岚的卷子，骈骊精美的谢表文，令两位主考官眼前一亮，最后改定纪晓岚为本场乡试第一名解元。

那位被纪晓岚从第一名位置上挤下来的大兴朱珪，对此也很服气。后来他们同朝为官，纪晓岚逝世之后朱珪在为其作的《祭文》中称赞道："公少年英特，弃武试文，博学奇葩，遂冠其军。丁卯之秋，骈骊万言，两相赏奇，褒然榜元。"

九月十五日，顺天府衙门前张榜公布中举名单。纪晓岚和堂兄纪昭双双上榜，纪晓岚名居榜首，纪懋园得列第七。纪府一榜两举人，一时传为佳话。

按例，乡试考中的举人第二年参加礼部主持的会试。乾隆十三年（1748年）春三月，纪晓岚踌躇满志地跨进会试的贡院。

科考之路奇诡坎坷，小心翼翼也难免马失前蹄。不肯循规蹈矩的纪晓岚在这次会试，竟然名落孙山。会试和乡试一样都是考三场。第一场考《四书》文三题，要以八股文应试。本场的试题为：一是《大学》"好人之所恶"二节；二是《论语·八佾》"子曰：呜呼！曾为泰山不如林放乎？"二句；三是《孟子·尽心上》"鲁君之宋，呼于垤泽之门"二句。

纪晓岚打破常规，以经破题，借一件小事铺排发挥。清独逸窝退士《笑笑录》记下了这件事。说是刘墉的一个侄子为刘墉买了一处宅院，好长时间空着没人住。有人问他，他说，叔叔不太满意。纪晓岚借此讽刺那个巴结刘墉的家伙："旷安宅而弗居，敬叔父也。甚矣，地之相去也，千有余里，恶在其敬叔父也，噫！为其为相欤！"结果这头一场的卷子就被主考官打下，纪晓岚被挡在官场的大门之外。

对于纪晓岚的下第，很多人感到惋惜。同科下第的举子山东平原董元度

（曲江）赠给纪晓岚一首长诗。诗的前八句记述了去年顺天乡试纪晓岚拔取头筹的往事：

> 皇帝十二载，丁卯之中秋，
> 多士试京兆，锁闱拔其优。
> 纪君起河间，天风吟苍虬。
> 衰然为举首，英声动皇州。

中间一段，有几句写时任刑部侍郎的浙江嘉和名士钱陈群称赞纪晓岚的才华，并为他落第表示惋惜的话：

> 侍郎指示余："子识纪君不。
> 腹笥富邱索，一一穷源流。
> 骨重而神寒，天庙陈图球。
> 当今开南宫，麟凤恣网蒐。
> 轩轩商文毅，此君或其俦。
> 惜哉霜蹄蹶，九方失骅骝。"

接下来写作者和纪晓岚交往的情景，

> 余亦断羽翮，兼之多离忧。
> 客窗时过从，青灯话幽修。
> 狂来抵夜分，吃吃语不休。
> 发囊露光怪，璀璨莹双眸。

末尾几句是互相鼓励，寄予希望的话语：

> 先民亦有言，著书须穷愁。

盛名未居易，韶华讵我留。

天将玉于成，努力事冥搜。

会当乘风云，无为知己羞。

正如董元度所言，纪晓岚虽负盛名，却未能轻易在京城找到自己的位置，而且韶华难留，时不我待。会试三年一科，逢丑、辰、未、戌年举行，遇有皇家喜庆大事可以加试恩科。纪晓岚这一次科场跌跤，使他错失了两次会试的机会。

下一科会试是在乾隆十六年（1751年）。就在头一年的四月十六日，纪晓岚的母亲去世，按制他要居丧丁忧，不能参试。在他守制未满的乾隆十七年（1752年），朝廷为庆祝皇太后的六十大寿加试万寿恩科，纪晓岚也不能参加。他只好认真备战，等待冲刺下一届的甲戌科会试。

通过参加乡试和会试，纪晓岚结识了一批新朋友，其中有很多优秀学子，比如袁曙海、卢文弨、钱大昕、秦大士、张松坪、周筼溪、陈筜亭、王谷原、左羹塘、丁药圃等。纪晓岚和这些朋友结为文社，互相切磋学问，过着青年人特有的快乐生活。纪晓岚晚年在为老朋友也是亲家袁曙海的诗集作序时，深情地回忆起这一段美好的时光："率半月而一会，商榷制义，往往至宵分。中间暇日又往往彼此过从，或三四人，或五六人，看花命酒，日夕留连，时以诗句相唱和，一时朋友之乐，殆无以加也。"

在这段时间里，纪晓岚还认识了翰林院编修德州人宋蒙泉，并通过他结识了聂际茂、田白岩、法南野、宋蒙泉等几位山东朋友。他们经常相互往来，谈狐说怪。在同各类人物的接触中，纪晓岚的知识不断增长，学问大进，具备了自己的治学特色。他于汉唐训诂、史传、百家之言，无不涉猎。为他以后统领学界，得心应手地全面检阅古典学术文化奠定了深厚的基础。

乾隆十九年（1754年）春，甲戌科会试开科。三十一岁的纪晓岚再入春闱。本科会试主考官是大学士陈世倌，副主考是礼部侍郎介福和内阁学士钱维城。负责阅荐纪晓岚号房卷子的同考官是翰林院编修《续文献通考》纂修官孙人龙。

三场下来，纪晓岚荣登杏榜，位列第二十二名。会试中试者称贡士，第一名称会元。贡士再经过一轮复试，合格后准许参加由皇帝亲自主持的殿试。四月二十一日，二百四十一名新科贡士同赴太和殿参加殿试。经过殿试，要重新排列名次，分出一二三甲。第一甲三名，赐进士及第；第二甲若干名，赐进士出身；第三甲若干名，赐同进士出身。

殿试读卷之后，要进行隆重的传胪仪式。所谓传胪，就是公布考试结果。至时皇帝亲临太和殿，在鼓乐声中，礼部鸿胪寺官员引导贡士进殿行礼跪拜。听鸿胪官宣读制书，也就是以皇帝的名义照榜唱名。哪个贡士不希望能跻身一甲？谁不愿意摘取状元桂冠？纪晓岚也未能免俗，在等待传胪的日子里，他去老师董邦达家走动，遇到一位会测字的浙江文士，就请那人为自己预测殿试结果。纪晓岚随便写了个"墨"字。那人说："看来您不能独占鳌头了，您看，墨字上边是个'黑'，黑字的'里'拆开是二甲，还有四个点，您可能是二甲第四名，不过，还有戏，您一定能够进入翰林院。因为墨字下边的'土'近似'士'，士是吉字之头，那四点又是'庶'字底，正是庶吉士啊。"待到传胪时，纪晓岚果然位居二甲第四名。一甲头名状元是阳湖庄培因，二名榜眼是嘉定王鸣盛，三名探花是仁和倪承宽。

殿试之后，一甲三名直接授职，状元授翰林院修撰，榜眼和探花授翰林院编修，其余新科进士还要参加朝考，然后分等任用。朝考优等、年力强壮的选为庶吉士，官从七品，进入翰林院研习学问，俗称翰林。三年之后，举行散馆考试，根据考试成绩再授实职。纪晓岚在朝考中名列前茅，选为庶吉士。

日后纪晓岚提起那次殿试，称"最号得人"，说王鸣盛、王昶、朱筠、钱大昕、翟灏等人都是汲古之彦。这些人有的成为老师宿儒，以著述留名；有的高才博学，以词章传世；有的经济宏通，才猷俊异，以政事显才；有的品茶斗酒、流连唱和，以风流儒雅作为志向。

纪晓岚从四岁入学，在求学和科考的道路上打拼了二十七年，终于金榜题名，进入上层社会。这是自纪晓岚曾祖那一辈起四代人孜孜以求的目标。这一年，父亲纪容舒从云南姚安知府任上归家养老。他为儿子的成功而高兴，同时他继续对纪晓岚进行悉心指导，希望他能够在仕途上走得顺畅。

六　翰苑展才　伴君得宠

翰林院是重要的中央官署。"翰林"二字，取文翰如林、文人荟萃之义。翰林院始建于唐朝。唐初高祖、太宗常令文学见长的朝官，待诏门下，时时召以草制。玄宗时设集贤殿，置草诏学士于其中。后来又以翰林待招、翰林供奉为帝王侍从。开元二十六年（738年），建翰林学士院，翰林成为儒臣定职。翰林院里文臣云集，很多内阁重臣都出身翰林。翰林们掌编国史、进讲经史、记载起居，并兼草拟有关文件。翰林虽然品级不高，却备受重视。皇帝经常和王公大臣到翰林院举行宴会。翰林有随侍皇帝上朝，扈从皇帝出巡的机会，属于内廷近臣。

纪晓岚不能不格外珍惜来之不易的地位。他要想在内廷站稳脚跟，就必须展示才能，有所表现，并须要取悦圣上，获得信任。

乾隆帝具有较深文化修养，且雅好舞墨弄文，特别喜欢作诗，凡是他经心的事包括天时农事、朝廷盛典，以及巡行见闻，山川名胜，风土人情，莫不写诗记载。一生诗作竟达四万一千八百多首。乾隆帝身边总少不了文化侍从与之联句唱和。这样一来，文思飞扬的纪晓岚一旦和皇帝接触，便形成了一种契合，乾隆皇帝很快就喜欢上这个新来的小翰林。

乾隆二十年（1755年）也就是纪晓岚进入翰林院的第二年，清军在新疆对准噶尔作战中大获全胜，俘获了准噶尔首领达瓦齐。十月，在午门举行献俘大礼。乾隆皇帝兴致勃勃地作《午门受俘》诗一首：

鸳瓦缤纷积瑞银，受俘军礼举重新。

丹墀群辟齐肩侍，白组名王系颈陈。

天德好生还贷死，海滨多寨又逢屯。

刑曹宪典聊迟待，指日欧刀剿叛臣。

纪晓岚不失时机地献上一篇《平定准噶尔赋》，热情讴歌朝廷对西域用兵。称："皇帝饬轩辕之五兵，申《周官》之九伐……盖大一统之规模，荡平西域之余孽也。"全赋三千余言，洋洋洒洒，气势恢宏，表现出这位年轻的翰林渊博的知识学问，老到的文字功力和高远的政治见识。

乾隆二十一年（1756年）八月，皇帝奉皇太后巡幸木兰秋狝。在车马隆隆、仪仗威严的队伍中，就有新翰林纪晓岚。他同另一位新翰林钱大昕一同受命总纂《热河志》，扈驾随行，以便就近采访排纂。后来受命增订《热河志》的嘉定文士曹仁虎有诗纪其事：

河间著作才，舆志资编纂。

初登词苑班，即备属车选。

踵事逮末儒，依类订成卷。

余义在引申，匪曰夸证辩。

这是一次可以直接向皇上显示才华的机会。乾隆皇帝一路诗兴大发，随口吟咏。纪晓岚和钱大昕二位才子，以敏捷的才思竞相恭和，受到天语嘉奖。由此，翰林院有了南钱北纪的说法。此行纪晓岚作原韵恭和诗十七首。

恭和诗虽多恭维奉承之词，但也多少能反映作者的思想观点。有一首君臣唱和《宴土尔扈特使臣》的诗，表达了纪晓岚拥护朝廷发展民族团结，维护祖国统一的政策。在这次乾隆帝驾幸热河期间，流落俄罗斯多年的蒙古土尔扈特部派使臣吹扎布赶到承德谒见大清皇帝，表达该部对祖国的向往。乾隆皇帝设宴招待吹扎布，并即席赋诗，表示朝廷对那些流落境外的子民们的关怀。诗曰：

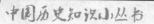

乌孙别种限罗叉，假道崎岖岁月赊。

天阙不辞钦献曝，雪山何碍许熬茶。

覆帱谁可殊圆盖，中外由来本一家。

彼以输诚以诚惠，无心蜀望更勤遐。

罗叉是当时对俄罗斯的别称。纪晓岚当即原韵和诗云：

一点绯红射野叉，天弧西指道途赊。

闻风争似皮充筐，款塞非关马易茶。

来日惟知深慕德，到时宁拟更思家。

八荒万里皆吾闼，谁道昆仑月窟遐。

转过年来，乾隆二十二年（1757年）春天，皇帝二次南巡江浙，头角崭露的纪晓岚伴驾扈从。纪晓岚又一次在皇帝面前展示了他的卓越才华。他沿途作《二巡江浙恭纪三十首》五言律诗，呈进御览。这三十首诗严格按照通行的平水诗韵，三十首诗用三十个平声韵部顺序写来，一东二冬三江四支五微……，毫厘不差。内容则按纪行方式，从起驾到回銮，依次记述，事与韵两相照应，恰到好处。

用韵是作诗的一个基本条件。古代有不少专门研究诗韵的书。宋代有了朝廷颁行的《礼部诗韵》。南宋平水人刘渊《增修礼部诗略》，将《礼部诗韵》二百零六韵合并成一百零七韵，作为诗赋押韵的准绳，世称平水韵。宋元之际阴时夫纂《韵府群玉》，又将其改为一百零六韵，仍称平水韵。平水韵便于掌握，成为元朝以来近体诗的用韵依据。清康熙年间编纂的大型诗韵书《佩文韵府》，就以平水韵为据。近体诗一般用平声韵。平水韵中，平声韵三十个韵部，上下平声各十五韵。按诗韵的顺序作纪事诗，没有很深的艺术修养是难以做到的。纪晓岚紧密结合皇帝的行止，严格依据诗韵，寻找赞美之辞，写起诗来驱遣词藻，协调平仄，铺排韵律，得心应手，不露斧痕，令人叫绝。第一首用上平声一东韵写总起，统领全局：

> 日驭临南服，时巡问土风。
> 封疆淮海界，星野牛女宫。
> 路远江天外，春深辇道中。
> 闾阎歌舞意，还与旧时同。

接下来的几首是追述前度南巡，想象南方各省士民盼望巡幸，记录皇上允准南下，然后记载因事缓行。在作了充分铺垫之后，于第六首用六鱼韵写起銮出发：

> 绛节凌晨发，开年十日余。
> 一声青鸟后，三候李花初。
> 列宿腾房驷，中天运斗车。
> 遥看星纪野，佳气满晴虚。

其后顺序写来，写到横渡长江的一首，用十二文韵：

> 南北一江分，扬舻渡水云。
> 风生青鸟舫，天远白鸥群。
> 旌旆凌波出，歌谣隔岸闻。
> 又迎仙仗过，鱼鸟亦欣欣。

纪行诗将皇帝在巡行过程中颁诏布恩、问农免税、赦罪释囚、召对试士、起复废员、考察生员、寻访耆旧、祭祀河神、趋贲孔林等重大活动一一记述。最后用下平声十五咸韵以自己有幸"迎銮献颂"结束全篇：

> 微贱逢昌运，叨登禁御严。
> 西清披玉字，东观列冰衔。

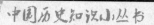

未得青丝鞚，亲随翠玉帆。

迎銮恭献颂，一曲和韶咸。

这年纪晓岚庶吉士三年已满，散馆考试轻而易举地取得一等，授编修，擢詹事府左春坊左庶子，官居五品，是负责经史文章之事的官员。

乾隆二十三年（1758年），清军在西域平定准噶尔和回部大小和卓木的战争中取得了决定性胜利。西域右部哈萨克、布鲁特、塔什罕三部归附清朝，遣使来朝。十一月，皇帝在南苑举行盛大的阅兵式。西域使臣侍驾参加阅兵大礼。纪晓岚又以平声三十韵为序，作七言律诗三十首呈进。前十五首热情讴歌朝廷收复新疆的伟大壮举，后十五首重点记述大阅的雄壮军威。诗句气势恢宏，有盛唐边塞诗的遗风。摘录如下：

上平声一东

一扫欃枪大漠空，阳关万里使车通。

全收月窟归封内，原有星弧在掌中。

天马𩨂时行就日，灵夔吼处响生风。

怀柔控制相兼用，应识君王睿略雄。

第一首诗总括性地描述朝廷平定准噶尔收复西域的战略大局，颂扬皇帝"怀柔控制相兼用"的雄才伟略。准噶尔自康熙以来一直是清朝的祸患。乾隆十年（1745年）以后，准噶尔内部逐渐出现分裂，以致发生内战。一些战败的和不愿参加内讧的部落，纷纷内附清朝。清政府采取怀柔政策，予以接纳安置。乾隆十九年（1754年），准噶尔的一个部落头目阿睦尔撒纳率部众二万余口，兵士五千余名降清。阿睦尔撒纳向清政府报告了准噶尔内部争斗的情况，乾隆帝认为平定准噶尔的时机到了，决计出兵西征，以了结自康熙帝以来数十年未了之局。

清军在乾隆二十年（1755年）春天分两路西征，准噶尔各部望风迎降。清军兵不血刃，拿下伊犁，俘获准噶尔首领达瓦齐。清军撤回后，阿睦尔撒纳以准噶尔珲台吉自居，叛离清朝。乾隆二十一年（1756年），清军再次进军天山。经一年多的征战，阿睦尔撒纳战败西逃，投奔左部哈萨克。清军长驱直入哈萨克境内，左部哈萨克归降。阿睦尔撒纳又窜到俄罗斯，生天花死亡，俄罗斯向清朝献出他的尸体，准噶尔平定。朝廷这两次对西域用兵，第一次以抚为主，第二次以剿为主。

平定准噶尔之后，回部大小和卓木在喀什噶尔（今喀什）、叶尔羌（今莎车）等地发动叛乱，割据天山南路。本年初，清军出击征讨，攻克库车。小和卓木霍集占逃向叶尔羌。以下几首诗重笔描绘了正义之师所向披靡的豪雄气势如：

二冬

花门作队远潜踪，积石流沙路万重。

绝域何年迷汉垒，王师当日问崇墉。

几回萐蕨驱妖鸟，一旦轩辕召应龙。

数曲金笳歌出塞，西戎早已避旗锋。

七虞

七戎迢递海西隅，葱岭盐池种落殊。

布露才通唐职贡，大宛不入汉舆图。

金城几代劳屯戍，玉塞何人访道途。

渺渺条支烟水地，甘英旧迹几榛芜。

诗中的"布露"指布鲁特，即今柯尔克孜族。唐朝称大、小勃律，是唐朝的藩属。布鲁特分东西两部，因受准噶尔侵阻，与中原断了联系。该年十月，将军兆惠率军追剿大和卓木波罗尼都，道经喀什噶尔西北的西布鲁特界，酉长阿济比亲自迎接大军，表示愿率众内附，并遣使来朝。

九皆

宛驹飞鞚指天街，争向金门拜玉阶。

跋浪鲸鱼曾共斗，随阳鸿雁竟相偕。

白题旧部人重译，赤坡长途天一涯。

总为圣朝威德布，大邦知畏小邦怀。

诗中"大邦小邦"指哈萨克部落。哈萨克是游牧民族，当时分为三部。清朝把游牧于巴尔喀什湖（今哈萨克斯坦境）西北的一部称左部，巴尔喀什湖西南的一部称右部，再往西的一小部称西部。这年秋季，清将富德追捕准噶尔余部深入右部哈萨克，正值哈萨克和邻部塔什罕（今乌兹别克斯坦）构兵争战。富德遣侍卫向双各方宣谕威德。左部哈萨克已先期降清，右部也不愿与清朝为敌，于是和塔什罕停战，双方都遣使朝觐，与清朝通好。三部哈萨克相继归顺清朝，乾隆皇帝确定的原则是，经济上建立定点贸易关系，政治上以藩属相待。

十四寒

日行三百入长安，别苑层城画里看。

宿卫旧闻唐颉利，衣冠今赐汉呼韩。

多时逋寇擒狼种，几队高蹄付马官。

好续周书王会解，千秋胜地记田盘。

右部哈萨克及塔什罕、西部布鲁特三部使臣，日行三百里，历时两个多月，于十月到达盘山（在今天津市蓟县境内），先住山庄行在，随后来到南苑参加大阅。下二首写使臣到达南苑，阅兵之前观看灯火、参加赐宴的盛况：

十五删

东郊南苑路回环，蕃使行随十二闲。

九奏声中瞻御幄，万年觞侧侍天颜。
烛龙珠跃云霄外，火树花开指顾间。
真是沧溟观日出，六鳌顶上驾三山。

下平声一先

仙浆几度醉琼筵，不负乘槎到日边。
圣泽已均三接礼，神威还示九征权。
森严龙虎随方布，超忽风云逐令旋。
克诘戎兵周制在，乘时合用仲冬天。

以下是兵马演练的雄壮场面：

二萧

朔风猎猎乍盘雕，健将持麾下紫霄。
天上星辰张玉弩，军中鼓吹应金铙。
珠斿摇曳旗初展，铜垮回旋马更调。
十万貔貅齐入伍，分明气象认天朝。

三肴

环抱中权两翼交，森森后劲接前茅。
连营画鼓声相答，八阵雕旗队不淆。
烁烁星文浮剑气，弯弯月影上弓绡。
六军控马齐翘首，尺五城南望翠旓。

五歌

九节駹虞次第歌，云埘张处望嵯峨。
忽惊雷电排空走，不觉蛟龙瞥眼过。
一发双连声动地，三呼万岁响回波。
已知弧矢威天下，更遣分曹肆鹳鹅。

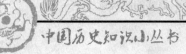

下平声第三首写的是恭候圣驾，六军控马齐翘首；第五首写皇帝驾临，六军三呼万岁的热烈场面。

九青

正看天官驱六丁，一麾立遣战声停。

俄然两拒旋如电，依旧千庐列似星。

白日无尘悬大野，高云不动拱群灵。

羌人枉自争蜗角，可识元戎玉帐经。

十蒸

百尺琼台峙晾鹰，诸军遥拥最高层。

桓桓余勇犹堪贾，跃跃雄心总欲腾。

木落霜清方飒爽，草枯沙软好凭陵。

便教更猎长杨苑，试向寒云射大鹏。

第九首，写一声号令，演练队伍立即收阵的利落场面。表明军队令行禁止，训练有素。第十首写阅兵完毕，军士雄心跃跃，余勇可贾的威势，诸军遥拥晾鹰台，皇帝又命在苑内行围打猎。

南苑是一处规模宏大的皇家苑囿，面积约二百平方公里，位置在今北京市大兴区一带。自古这里就是一处水草肥美、景色秀丽的场所，原称南海子，早在元朝，就开始在这里开辟皇家园林。晾鹰台就是元至大元年（1308年）修筑的一个景点。清朝入驻京师，把南海子重加修葺，改称南苑。苑中湖泊如镜，林木葱茏，百鸟翔集，虎啸鹿鸣。清朝皇帝除围猎之外，还经常在这里举行阅兵大典。本次大阅在南苑晾鹰台举行。第十二首描写演练结束，高奏凯旋之乐：

十二侵

天锡神符启六壬，兵机旧识睿谟深。

当时遥听鸣鼙鼓，此地曾经练羽林。

二十年来重肆武，万千里外总倾心。

铙吹尽是风霆响，莫比寻常凯乐音。

以下几首写军威雄壮，震慑千万里之外。

十三覃

庙算深微万化含，揆文奋武用相参。

直教悬度如庭户，试扫高车只笑谈。

纳赟遥通鱼海外，观兵齐会凤城南。

应知圣策超千古，不数华林三月三。

十四盐

军容略使异方瞻，赫赫天声几倍添。

虎帐韬铃今远震，狼星芒角定全熸。

新歌争贡龟兹乐，宝鼎长调大夏盐。

从此神功届无外，何难西海致鹈鹕。

十五咸

河源平尽路巉岩，白马参狼总就衔。

遣使便能呼默啜，知番真觉陋浑碱。

乘轺谁向皮山阻，勒石今将雪岭劖。

中外一家归舜教，小臣恭听奏韶咸。

全诗追述汉唐历史，结合当时现实，极力赞颂朝廷经略西域的英明决策和军队平定叛乱的赫赫军威。乾隆二十年（1755年）五月，清军将准噶尔达

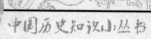
瓦齐追至格登鄂拉山，一举收服。乾隆帝制纪功碑文，勒石山崖。末首诗中"勒石雪岭"即指此事。纪晓岚认为："诗本性情者也，人生而有志，志发而为言，言出而成歌咏，协乎声律。其大者和其声以鸣国家之盛，次亦足书愤写怀。"一般来说，作这种歌功颂德的应制诗很难出彩。纪晓岚在这组诗中，引经据典，敲词炼句，写得声调铿锵，大气磅礴，十分精彩。

连续几年佳作不断，使入仕不久的纪晓岚名声大噪。他很快成了深受荣宠的内廷词臣。

七　初执文衡　惜护才俊

乾隆二十四年（1759年），一道任命传到翰林院，三十六岁的纪晓岚被委派充任山西省乡试的主考官。按惯例，主要省份的乡试主考官，多由年高资深的翰林充任。纪晓岚入翰林院仅五年便荣膺此命，可见乾隆帝对他的赏识与恩宠。

纪晓岚几年来所表现出来的才能和学识，无疑为这一任命做了铺垫。他精彩的诗赋词章已经显露出飞扬的文采，他还做了很多文史著作的点校和整理工作，表现出他学术功底的深厚与扎实。乾隆二十年（1755年），他对张为《主客图》钩稽排纂，进行重新考订，并为之作序。当时同年好友王鸣盛与纪晓岚都住在虎坊桥给孤寺旁。两家仅隔一墙。纪晓岚的《重订张为〈主客图〉》编成，曾在友朋中传阅。王鸣盛有诗记其事：

孝穆新编得少瑜，飞卿酬唱有唐夫。

卜邻喜占东西屋，把袂传看《主客图》。

隔牖茶烟分细缕，过墙树影借纷敷。

晚来清梦同听处，钟梵声声自给孤。

就在这年二月，纪晓岚撰成《沈氏四声考》二卷，对古来韵书演变过程溯源疏流，考定陆法言《切韵》实窃据沈约《四声谱》而作，故书名《沈氏四声考》。上半年，纪晓岚在阅微草堂教外甥马葆善和几名弟子学习试律诗。以唐朝人的试律诗做示范仔细讲解。弟子们句句标记，整理成帙，经纪晓岚点校勘订，编成《唐人试律说》一卷。

才学以外，全面工作也都表现卓越。当时有对在京官员三年一度的考察制度，叫做"京察"（对外省官员的考察称"大计"）。在这一年纪晓岚在京察中列为一等。

纪晓岚本身是靠科举入仕的，深知士子的种种艰辛，如今执掌文柄，由他来主宰士子的进退取弃，哪敢有稍微的疏忽。他对于试卷的批改和取舍，慎之又慎。他本是个非常爱才的人，对士子能坦诚相待，和弟子间建立起深厚的感情。

就在这次己卯科山西乡试中，他跟一位落第的考生成为至交。那人叫李腾蛟，山西芮城人。阅卷时，纪晓岚欣赏那份卷子落落有奇气，但阴差阳错，李腾蛟落选了。尽管没有选上，当李腾蛟看到纪晓岚给他卷子上作的批语，顿生知己感。以致后来李腾蛟考中进士，专门登门拜谢纪晓岚，执弟子礼。

对于那次李腾蛟落选的缘由，纪晓岚后来在《阅微草堂笔记·滦阳消夏录》里有所记述。他说，当时有两个卷子中而复落。一个原定为四十八名，一个原定为五十三名。在填草榜时，四十八名那张卷子被一个同考官误收进衣箱里找不着了。填写第五十三名那张卷子时，阴风接连三四次吹灭蜡烛。直到改填别的卷子时风才停下来。揭榜后拆封一看，丢失的卷子是范学敷的，灭烛的卷子是李腾蛟的。纪晓岚常为误失佳士而怏怏不快。

后来李腾蛟中举人成进士，官至遵化州（直隶州）知州，嘉庆五年（1800年）病故，死后纪晓岚为他撰写墓表。回想起师生之间的交情，纪晓岚沉痛地写道："何意公竟先逝，余乃表公之墓？老泪纵横，乌能已已哉！"

乾隆二十五年（1760年），纪晓岚充任庚辰会试同考官。主考官是东阁大学士蒋溥。考试中，阅卷的各房师有荐卷的额数，但是卷子水平高低不齐，于是就有拨卷之例，各房名额相互调剂。阅卷时，同考官顾晴沙拨出的卷子最多，而朱珪则拨入的卷最多。考官们都是文雅之士，闲来相互题咏。钱载以蓝笔画牡丹，遍赠同事。纪晓岚在赠给顾晴沙的画上题诗一首：

深浇春水细培沙，养出人间富贵花。
好是艳阳三四月，余香风送到邻家。

纪晓岚认为，科场是为国家擢拔人才，不是给考官选择门生，所以考官要出于公心，不能心存门户之见，使得黑白倒置，造成人才埋没。他题诗称赞顾晴沙，并借机表达自己的观点。同考官们也都有同感，竞相和诗言志。

边秋崖和着纪晓岚的韵脚写道：

一番好雨净尘沙，春色全归上苑花。
此是沉香亭畔种，莫教移到野人家。

纪晓岚又为送给的朱珪那幅画上题诗：

乞得仙园花几茎，嫣红姹紫不知名。
何须问是谁家种，到手相看便有情。

朱珪自己和了一首：

春风春雨剩枯茎，倾国何曾一问名。
心似维摩老居士，天花来去不关情。

张镜塈为纪晓岚的两首诗分别和道：

墨捣青泥砚浣沙，浓蓝写出洛阳花。
云何不著胭脂染，拟把因缘问画家。

黛为花片翠为茎，《欧谱》知居第几名。

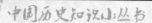

却怪玉盘承露冷，香山居士太关情。

此科纪晓岚取中的门生有李文藻、刘权之等人。乾隆二十七年（1762年）春，乾隆皇帝三巡江浙，纪晓岚再次伴驾，献上《三巡江浙恭纪二百韵》二千余言。秋季顺天乡试，纪晓岚又充同考官，录取了得意门生朱子颖。

先是纪晓岚荐一合字卷给主考官梁诗正，临填草榜时，又被驳落。于是又从别房中拨来一合字备卷，交给纪晓岚先阅，那卷子就是朱子颖的，卷中试帖诗引起了纪晓岚的注意。

该场试帖诗题目是《月中桂》。卷中第六联"素娥寒对影，顾兔夜眠香"已显秀逸，待看到第七联"倚树思吴质，吟诗待许棠"，纪晓岚不由心生赞叹。因为诗中引用了李贺《李凭箜篌引》"吴质不眠倚桂树"之句和许棠试诗的故事。而李贺这首诗各种选本皆不载，只有读过《昌谷集》的人才知道。许棠因考试《月中桂》诗而得第一名的事，只有王定保《唐摭言》、计敏夫《唐诗纪事》里才有记载。朱子颖的博学深得纪晓岚赏识，试卷被选中。

朱子颖，名孝纯，汉军正红旗人，先世居山东历城，父亲官至都统。朱子颖自幼能诗善画，其诗伉壮雄豪，有幽、燕气。放榜之后，朱子颖登门拜见房师，带去一首自作诗作为见面礼。纪晓岚一见那诗，眼前一亮，想起六年前的一段往事。那年他扈驾热河，行至古北口一带，因道路壅塞，进到一个旅舍休息，看见墙壁上有一首诗，剥残过半，只有三四句能看清，其中"一水涨喧人语外，万山青到马蹄前"两句给他留下了深刻印象，谁知朱子颖诗中正有这两句。惺惺相惜，文翰投缘，从此师生诗文切磋，交往密切。

本场乡试之后，纪晓岚督学福建。他在途中作有这样一首诗："浓似春云淡似烟，参差绿到大江边。斜阳流水推蓬坐，翠色随人欲上船。"后来他跟朱子颖说："我诗中'翠色随人欲上船'一句，就是从你的'万山青到马蹄前'脱胎而来的，人言青出于蓝，今天是蓝出于青了。"这件事被传为前辈虚心，不没人长的佳话。

就在这次乡试期间，纪晓岚作了一首绝句铭刻在砚台上，以表明他在执掌文衡中不徇私利、廉洁公允的心志，诗云：

> 文章敢道眼分明，辽海秋风愧友生。
> 惟有囊中留片石，敲来幸不带铜声。

唐朝李贺《南园十三首》之六诗曰："寻章摘句老雕虫，晓月当帘挂玉弓。不见年年辽海上，文章何处哭秋风。"诗中感叹文章不适时用。纪晓岚借用此典，自谦对文章不敢说评判的分明，愧对友人。但是自己光明磊落，囊中砚石不带铜臭。

八　受命南巡　纵情吟咏

乾隆二十七年（1762年）秋，顺天乡试刚刚结束，纪晓岚又接到皇命，任福建提督学政，即刻起身督学福建。学政掌管一省的学校生徒考课黜陟之事，逢子、卯、午、酉年由皇帝亲自选派，任期三年，期间，无论本人官职大小，品级高低，享受钦差待遇，与各省督抚平行，知府以下官员要执属员礼。这对三十九岁的纪晓岚来说，无疑又是一次荣耀的任命。加上前三次担任考官，此为第四次执掌科场大权。赴任前，弟子刘权之等人为他饯行。他在《留别及门诸弟子》诗中写道："皇恩四度持文柄，远道三年别故人。"

十月初八，纪晓岚带上妻子儿女离京南下。这是一次心情畅爽的旅行。一路观山赏水，访幽探胜，豪情抒发，放怀吟咏。途中又有赵春磵、顾东田、钟忻湖、俞佑申等幕友与之唱酬答和。一路共作诗七十多题一百余首。这些诗后来集结成《南行杂咏》。

离开皇城内院出京远行，天宽地阔，云淡风长。纪晓岚如同出樊笼而展翼，心胸豁朗；登高峰以纵目，思绪溢飞。沿途所作诗篇充盈着盎然天趣。

十月初八出都时所做的诗中尚有"衔命临丹徼，承恩拜玉除"这样有馆阁味的句子。待过了卢沟桥行至良乡琉璃河，诗里就透出一股清新的气息：

> 琉璃河上挂斜晖，瑟瑟寒流一线微。
>
> 洲渚都叫鸿雁占，鸳鸯何处浴红衣。

纪晓岚有两次伴驾南巡的经历，对途中风景并不陌生。可这次南行的心情非前两次可比，没有了紧张和拘谨，增添了轻松与自由。吟诗作赋也不必挖空心思地去揣摩圣上的心理，尽可放开思路，信马由缰。

路过涿州，怀想起此地历史上出过许多名人，写了几首怀古诗。其中有一首写三国大将张飞的：

> 慷慨横戈百战余，桓侯笔札定然疏。
> 那知拓本摩崖字，车骑将军手自书。

诗以反衬的手法，赞颂张飞是个能文能武的全才。说他看似疏于文笔，却有书法才能。在雄县，纪晓岚记起二十八年前随父进京时在此小住的情景，勾起了他对童年纯真生活的美好回忆，流露出些许春风得意的自豪，提笔于馆舍墙壁写下两首七绝：

> 蟹舍渔庄认旧游，两行衰柳入雄州。
> 主人重见头如雪，弹指流光廿八秋。

> 猎猎寒飔旆影斜，行人争看使臣车。
> 石蓝衫子双丫髻，忆共渔童折藕花。

到达德州，有人说此地离东方朔的故乡平原县厌次不远。纪晓岚想起汉朝那位滑稽大师，觉得自己的性格和处世态度与东方朔有很多相似之处，不由会心一笑，吟出两绝：

> 十八年间侍紫宸，金门待诏好容身。
> 诙谐一笑原无碍，谁遣频侵郭舍人。

> 三度偷桃是此儿，神仙游戏不须疑。
> 嫦娥夜夜栖明月，记得银台窃药时。

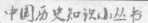

路过山东省南界的红花埠，纪晓岚写诗记述了此地地域分界上的明显特点：

> 路入红花埠，青齐地尽头。
>
> 淮黄留息壤，南北划鸿沟。
>
> 老屋初编葭，高烽忽架楼。
>
> 人言从此去，山水渐轻柔。

前行不远到达长江。乘船渡江，风急浪高。船工喧呼奋力，大船破浪前行，纪晓岚视险如夷，放怀歌吟：

> 危樯冲破大江声，斜剪长波八橹鸣。
>
> 欹侧肯随风力转，喧呼怒与浪花争。
>
> 射潮曾记三千弩，扼险谁夸十万兵。
>
> 可信北伧真强项，鼋鼍窟里放歌行。

诗中"射潮"句典出《宋史河渠志》是说五代梁开平年间，吴越王钱镠在杭州修筑捍海塘坝，以阻海潮。潮水昼夜冲击，塘坝无法打筑，于是命数千军士用强弩射海潮。"北伧"是纪晓岚自我谦称。晋南北朝时，南人对北人蔑称伧，含有粗俗、鄙陋之义。"强项"是典故，比喻刚正不屈的人。末句"鼋鼍窟"意为王八窝。纪晓岚在本诗下自注："幕有畏风移坐于红船者，故有此戏。"本诗表达了一种不向艰险低头的大无畏精神，顺便跟胆小的幕友开了个小玩笑。

进入江南，纪晓岚一行即弃车登舟，改走水路。冬至这天，经过丹阳。他回想在京师，每逢此日，太常寺预先知照各衙门，皇上亲诣天坛圜丘，举行郊天大祭。正阳门各店铺张灯结彩。百姓庆祝节日，街道拥挤，大臣们上朝面君，车马奔走匆忙，生怕误事。而今天持节于路途之中，"于役虽有程，俯仰颇自如"，"淹留虽未敢，闲暇且自娱"，甚感惬意。他与随行的几位幕友饮酒唱和，尽情娱乐。他在诗中写道："诸君衮衮皆诗豪，排突沈谢凌风骚。河间伧父不量力，奋臂轻以偏师挑"。

幕友中有位赵大经，号春磵，山东德州人，乾隆十八年（1753年）拔贡。此君能诗善画，一路上与纪晓岚吟诵唱和最为活跃。纪晓岚《舟中偕诸友小饮倒押前韵再恼春磵》一诗中，真实地记述了他与幕友之间水乳交融，亲密无间的关系；同时也反映出纪晓岚暂离喧嚣，忘情山水，轻松愉快的心境：

斜阳黯淡横吴舠，寒天料峭风如刀。

收帆枯坐无一事，宾主游戏相讥嘲。

出奇角胜两不让，有如渴虎博饥蛟。

诗成传玩各抃掌，奇文欣赏斟新醪。

森然旗鼓力相抗，三分鼎立孙刘曹。

酒酣耳热逸兴发，突兀气与孤云高。

飞扬欲似秋隼健，咿呦耻作饥麑号。

我知君辈君知我，此乐不减鱼游濠。

隔船唱和非一日，今宵真作忘形交。

莫言三鼓勇气竭，酣战尚拟轻身挑。

人生如此自快意，绝胜痛饮哦离骚。

掷笔一笑问赵嘏，刘郎是否诗中豪。

诗中巧用典故生动形象地描绘出他和幕友游戏唱和的热闹情景。既表现出明显的自信倾向，也表达了对幕友的赞扬与激励。其中有三分鼎立的旗鼓相当，有庄子与施惠的观鱼之乐，有以刘禹锡自居挑战赵春磵（以唐朝诗人赵嘏代指春磵）的自豪。其人生快意绝胜屈原赋《离骚》。

《南行杂咏》中，文句流美的诗作当属《富春至严陵山水甚佳》四首。过了杭州，乘船沿富春江向西南方逆水缓行。将到严陵濑，纪晓岚站立船头，尽情观览眼前的佳山胜水。只见两山夹峙，一江如带。江上波光耀金，两岸翠岗重叠，悬崖峭壁临江卓立。临近相传为东汉隐士严子陵垂钓处，见

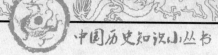
秀壁巍峨，雄奇壮观。面对潇洒清绝的风光，纪晓岚心潮激荡，蕴成四绝：

> 沿江无数好山迎，才出杭州眼便明。
> 两岸濛濛空翠合，琉璃镜里一帆行。
> 浓似春云淡似烟，参差绿到大江边。
> 斜阳流水推篷坐，翠色随人欲上船。
>
> 烟水萧疏总画图，若非米老定倪迂。
> 何须更说江山好，破屋荒林亦自殊。
> 金碧湖山作队看，沙鸥却占子陵滩。
> 武林旧事依稀记，待诏街头卖牡丹。

　　为了极力描绘富春江沿岸优美如画的风景，作者提到古代几位书画大家，有宋代书画兼优的米芾，有元代山水画家倪瓒，还有曾流落杭州街头，以卖画谋生的原宋朝翰林院待诏画家李唐。

　　经过将近两个月的旅行，是年冬季，纪晓岚一行已经临近福州了。福建的景致与北方截然不同。气候就像初秋一样，山野里草碧杉青。出发前准备好过冬用的毛皮衣裳已派不上用场，早在浦城就典当了。《南行杂咏》最后两首诗是对福建风光欣喜描述：

> 残冬风景似新秋，草碧杉青送客舟。
> 解道榕城天气好，便从柘浦典貂裘。
>
> 岭外梅花系梦思，南来几度好风吹。
> 青山本爱留人住，猿鸟无情自不知。

　　后人评论纪晓岚的这组《南行杂咏》，说是直抒胸臆之作，不事雕琢而天姿超迈。

九　福建督学　奖掖士子

纪晓岚南下福建，当然不是为游山玩水。他负有巡视督学的圣命。提督学政的使车沿官道南行，沿途地方官长无不盛情迎送，纪晓岚一路要有一些应酬。

使车到达河间府的时候，知府出郊外迎接。这里是纪晓岚的故乡，他赋诗答谢，表现得十分谦逊：

> 长亭相见一停车，斜照疏林认隼旟。
> 五马敢劳迎驿使，双旌本自引天书。
> 枌榆旧社犹前日，风雨孤村有敝庐。
> 我是州民应下拜，邑人莫拟马相如。

诗中隼旟、双旌分别指一郡之长和使者所用的旗帜。枌榆旧社是用汉高祖故里社名之典代指自己的故乡。纪晓岚的"孤村敝庐"距河间府治仅百里。五马是古时太守的代称。清朝已经没有太守一职。本诗仍冠名为《河间太守郊迎赋赠》，是以太守代指知府。《史记》记载，汉朝的司马相如曾受命出使邛、筰地区，到了蜀地，太守以下的官员出郭迎接，县令背负弩矢在前边开路。纪晓岚跟知府说，来到故乡，我是你们的子民，应该向你们下拜，不要把我当成司马相如那样来对待。

再往南行经过献县单家桥，发生了一点小小的意外。单家桥，今名单桥，架在献县东南滹沱河故道上，为明崇祯年间修建的石拱桥。由于桥处于御路，车马繁忙，石砌的桥面被轧出深深的车辙，凹凸不平。单桥驿卒用小轿抬纪大人过桥。行走间，一名驿卒不小心跌了一跤，一下子把钦差大人摔出轿外。

惹了大祸的驿卒不知所措，纪晓岚站起身来，态度平和又不失诙谐地吟出四句诗：

> 失足寻常事，疲癃不汝嗔。
>
> 忍饥今几日？我是故乡人。

意思是说，跌跤是常有的事，你腰身不利索我也不责怪你，几天没吃饭了吧，怎么这么没力气？不过没关系，亏你碰到我，咱们是老乡啊。紧张尴尬的局面就在轻松一笑中化解了。

进入山东平原县，知县夏清溪设便宴招待纪晓岚。夏清溪，拔贡出身，颇善论文。纪晓岚和这位初交谈得十分投机，看不出他们地位上的差距。临别，纪晓岚以诗相赠：

> 相逢何事便乡亲？倾盖居然意气真。
>
> 多愧肯迎持节使，方知原是读书人。
>
> 关山风雪曾行惯，囊橐齑盐路未贫。
>
> 自出长安心似水，为君小酌玉壶春。

囊橐齑盐形容盘费微薄。囊橐是袋子，齑盐是碎咸菜。诗句既表现了对读书人的特殊喜爱，又体现出自己清廉自守的清官本色。

在新泰县住宿，县令胡万言派人往驿馆里送去珍贵的食品。纪晓岚不受馈赠，保持廉洁自律，又不能冷淡了主人的美意，便作诗委婉谢绝：

> 山驿风霜特地寒，劳君珍重劝加餐。
>
> 词臣只是儒官长，已办三年首蓿盘。

苜蓿盘是引用唐人薛令之"盘中何所有？苜蓿长阑干"之典，表明自己已做好督学期间甘守清贫的准备。

进入浙江将到嘉兴之时，纪晓岚打算去拜访在嘉兴家中养老的钱陈群先生。钱陈群，字主敬，号香树，和沈德潜并称"东南二老"。康熙年间进士，雍正朝任顺天学政、经筵讲官。乾隆皇帝常和他谈古论今，称为故人。乾隆十七年（1752年），他在刑部侍郎任上告病还乡。乾隆帝前两次南巡，钱陈群都出来迎驾。去年，钱陈群和沈德潜相偕进京参加皇太后七十寿典，被赐加尚书衔。今年春天皇帝南巡，钱陈群和沈德潜又去常州迎驾，乾隆帝赐诗称他为"大老"。当年纪晓岚会试落第，钱陈群十分惋惜地说，大才子不小心跌跤，使九方皋失去一匹良马，可以说对纪晓岚有知遇之恩。那天晚间起了大风，纪晓岚一行泊舟运河，未能拜见那位德高望重的耆老。

纪晓岚作诗记下当时的心情：

水墨图中缓棹行，依稀楼堞认高城。
青山自足成宾主，百鸟何须解送迎。
偶值颠风聊小泊，可怜微月尚多情。
溯洄无限伊人思，一见挑灯眼定明。

经过五千多里长途跋涉，纪晓岚于严冬季节到达福州。紧接着他投入紧张的工作，遍巡八闽，督视教务，主持院试。

爱才成癖的纪晓岚发现福建学子中人才济济，宝矿陆离。他在判卷时十分用心，生怕沧海遗珠，发现偏差及时纠正，每次幕友以墨笔阅卷后，他都用朱笔仔细覆勘，一旦发现评判有误，一定改正过来，卷面上涂抹勾画的纵横交错也不在乎。

乾隆二十八年（1763年）十月，纪晓岚按临汀州（在今长汀县）试院。试院里有两棵大柏树。当地官员告诉他说，这是唐朝古物，已经有了神灵，考试前考官须拜祭它。纪晓岚觉得哪有朝廷使臣参拜鬼怪的道理，不予理会。到了晚上，月明星稀，纪晓岚从屋内踱出，刚走到台阶上，忽见树梢上有两个身穿红衣的人向他躬身作揖，细看时，红衣人渐渐消逝。他有些奇怪，心想这兴许就是父亲跟他提起过的所谓"点头朱衣人"吧。

纪晓岚少年时的老师李若龙曾经八次会试都没考中，不免有些牢骚，曾借别人的梦境发泄胸中怨闷，说试场并不公平，说穷达有命。纪晓岚对举业中历经沉浮的老师有一种同情心理，他不经意地跟父亲谈起此事。纪容舒很严肃地批评他说："又聃（若龙）是个应举的士子，发发牢骚也就罢了。你身为执掌文衡的朝廷命官，听信这样的话就大不应该了。你没看见聚奎堂前门柱上有前相国熊赐履题写的楹联吗：'赫赫科条，袖里长存惟白简；明明案牍，帘前何处有朱衣'？"

朱衣人的典故出自宋朝。据说欧阳修每次科考判卷时，总觉得有一个穿红衣服的人在座后点头，然后所阅文卷定被取中。开初欧阳修以为是属吏，回头看时，却一无所见。这件事传开，都以朱衣人为神灵。故欧阳修有诗句云："文章自古无凭据，唯愿朱衣暗点头。"

熊赐履是康熙朝武英殿大学士。他活用此典作对联警示僚属。明言神灵是没有的，主考官不可以用宿命之说来搪塞考生。

面对眼前的怪事，纪晓岚有些疑惑，于是撰一副对联悬挂在试院门口：

参天黛色常如此，点首朱衣或是君。

在汀州，纪晓岚主持科试，考生中有父子五人同场应试，而且都取得了很好成绩的。那是长乐县五十多岁的梁天池，带着儿子斯震、斯志、斯明、斯仪同赴科场。梁氏家族自明朝以来，历代书香，已经连续十四世出过秀才，虽然还没有登科做官的，但是纪晓岚已从这家人困顿三四百年而读书不悔的坚韧中，看到了希望。在这次科试中，梁天池的儿子梁斯明、梁斯仪（上国）被列为优等。纪晓岚还为已经从长乐迁居福州的梁家题写了"书香世业"的匾额，以示旌表。从此他与梁家结下了深厚而长久的友谊。

后来到了乾隆四十年（1775年），梁斯志（赞图）、梁斯仪（上国）兄弟二人赴京参加会试。梁上国成进士，授编修，梁赞图落第。兄弟二人去府上拜访恩师。纪晓岚托梁赞图带诗给福建的弟子们。梁上国后来进四库馆，做了纪晓岚手下的《四库提要》协勘官。乾隆六十年（1795年），纪晓岚为梁上国的父亲撰《梁天池封翁八十寿序》，对梁天池"发齿康健、身名俱泰"表达祝贺。嘉庆七年（1802年），梁赞图（斯志）的儿子梁章钜考中进士，纪晓岚正是那次会试的主考官。梁氏一家三代，都尊纪晓岚为恩师，也算是一段奇闻。直到梁章钜的儿子梁恭辰成材之后，在所著的书里仍多次提到纪文达公，这些都是后话。

纪晓岚福建督学期间，公务勤勉，持政严明。他发现教务中有一些弊端，便提出建议上报礼部，在全国范围内进行改革。比如，附生考居二等，按例补增生，还要补廪生。纪晓岚认为，补为增生已经属于嘉奖了，若再随即补廪，未免过优。于是他请将新增生补廪之例停止。

汀州有个叫卢承梓的武生，改名冒籍捐了个官职。纪晓岚查实后，将那人连同负有失察责任的教谕陈文诰一同提交部议惩处。

尽管公务繁忙，纪晓岚仍不失风流文雅的本色，常常见景生情有所吟咏。在纪晓岚居住的福州学署里，有一座楼，因左右各有一座高塔，人们叫它"笔捧楼"。纪晓岚住在楼的下层，上层复壁曲折，很少能见到阳光，夜里常听到上边格格有声，人们都说那里边住有山魈。纪晓岚想起杜甫诗中有"山精白日藏"的句子，知山魈喜阴怕阳，便派人把楼上墙壁拆除，四面通明豁达，三山翠霭了然。纪晓岚为那楼题额："浮青阁"，又写了一副对联：

地迥不遮双眼阔，窗虚只许万峰窥。

后来，山魈没了踪迹。

学署还有一处友清轩。康熙年间，浙江归安人沈涵从翰林院来做福建学政，在院子里栽上梅花，后来逐渐凋败了。纪晓岚来到后又从山上移来梅树种上，到了来年元宵节前，新栽的梅树竟然开花了。于是纪晓岚邀来几位客人赏花，即兴作禁体诗四首。禁体诗是一种遵守特定禁例写作的诗。其禁例

是不得用常见的形容词来状物，比如咏雪，不用玉、月、梨花、白絮、飞舞等字眼，意在难中取胜。四首诗如下：

衙斋深闭海城隈，春色惊看数点梅。
前辈风流已陈迹，几年寥落又新栽。
寒灯久许邀君伴，冷蕊浑如待我开。
隔岸桃花任缭乱，只因松竹耦无猜。

小别山坳与水隈，偶来使院做官梅。
宛然静女妆初罢，原是骚人手自栽。
地暖谁知充雪放，花迟转得到春开。
东阳瘦骨多相似，坐料形骸两不猜。

无须羯鼓为催花，随意欹横数朵斜。
冷署未应嫌迫仄，严扃犹与戒喧哗。
此间宾客稀尘事，别院笙歌自岁华。
待取焦桐弹对汝，七分尚恐入琵琶。

满城火树斗银花，独自霜枝待月斜。
怜尔风标清有味，消人意气静无哗。
频牵词客三更梦，未厌衰翁两鬓华。
一任旁观嫌淡泊，更如昨夜演琵琶。

春暖花开的季节，纪晓岚出巡途经仙游县，一路山幽林秀，景色优美。纪晓岚诗兴偶发，在馆舍墙壁上题诗一首：

春山晓霁，散步林隈。
幽鸟自眠，杂花半开。

> 微风泠然，白云忽来。
>
> 我爱其闲，坐与徘徊。

教务之余，纪晓岚不忘钻研学问。乾隆二十九年（1764年），他在学署镜烟堂里写了《后山集钞序》。编辑成《镜烟堂十种》。那是纪晓岚近年点校、考订、编注的十部书。包括：《沈氏四声考》、《唐人试律说》、《删正二冯评阅〈才调集〉》、《删正方虚谷〈瀛奎律髓〉》、《点论〈李义山诗集〉》、《点论〈后山集钞〉》、《重订张为〈主客图〉》、《审定史雪汀〈风雅遗音〉》、《庚辰集》、《馆课存稿》。

这年夏天，纪容舒从老家千里迢迢来到福州看望儿子。纪晓岚向父亲讲起见鬼见怪的事，说这学署原是明朝税官的官署，当年那些管税的宦官在这里杀了许多无辜百姓，至今署里常闹鬼怪。父亲说，哪里有什么鬼呀？我就不信那一套，把我的床铺搭在闹鬼的房间里去！儿子劝他不要以千金之躯跟鬼较劲。纪容舒严肃地教训儿子说：

儒者往往主张无鬼论，那未免迂腐，然而鬼是怕人的，因为阴气总归胜不过阳气。人也许有被鬼侵犯的时候，那是因为他阳不胜阴。所谓阳气盛，也不是光凭血气强壮和性情暴烈。一个人的心里，有慈祥的一面，这便是阳气，有惨毒的一面，那便是阴气；有坦诚的一面，这便是阳气，有阴险的一面，那便是阴气；有公正刚直的一面，这便是阳气，有隐私歪邪的一面，那便是阴气。所以《易·象辞》里把阳比喻为君子，把阴比喻为小人。人只要立意光明正大，他的血气便表现为纯阳纯刚，虽然有妖邪鬼魅存在，正义者恰如幽室里炽热的炉火，多么坚固的冰冻也会融化自消。你读过那么多书，见过史传里有端正博学的人被鬼魅侵害的记载吗？

年近八旬的纪容舒，仍不失时机地对儿子细心指教。

明年是纪容舒的八十大寿。纪晓岚本想在福州为父亲庆寿，父亲不同意，坚持要回乡，在归途中得了重病，到家不久便于是年八月不治而逝。噩耗传到福州，纪晓岚悲痛万分，急忙向朝廷告假回乡奔丧。远近学校里的教授、士子都赶来致唁，依依送别这位可敬的学使大人。

十　故里守制　孝悌敦亲

赶回崔庄老家，纪晓岚到灵前哭拜父亲之后，着手安排殡葬事宜。纪容舒性严峻，有威仪，教子经心。他以精深的学问，丰富的阅历，广博的见识和熟谙官场的练达，对纪晓岚从读书、治学、做人、处世、交友、为官等各个方面悉心指导，谆谆教诲，因而纪晓岚对父亲十分敬重。纪晓岚晚年著作《阅微草堂笔记》时，多次提到父亲"先姚安公"。常说："每忆庭训，辄悚然如侍左右也。"

纪氏自明永乐二年迁献县景城，已历三百六十年，人丁繁盛，各支人户析居到周边好几个村庄，祖坟仍在祖居地景城村南。这一处纪氏墓地，规模宏大，气象森严，碑碣林立。纪晓岚的两位叔父容雅、容恂已经去世，随祖父纪天申葬于景城纪氏祖茔。对于父亲的葬地，纪晓岚却另有考虑。

纪容舒生前十分关注纪氏家族振兴。他把曾祖厚斋公纪坤视为家族的英雄。乾隆九年（1744年），纪容舒把《花王阁剩稿》重新抄录，并题上跋语。乾隆二十年（1755年），他从云南回归故里，追述祖德，将自家在明末兵燹中散落的《家谱》亲手整理、刊定。期间，仔细追寻祖先的踪迹，考察出当年一世祖椒坡公落籍的具体地址。方位在景城与崔庄之间朱家运粮河西侧。那处故宅早已倾圮无存，地皮现归纪晓岚族叔纪云鹔（檠庵）所有。

朱家运粮河源自献县淮镇，是沟通滹沱河故道东支与子牙河的一条河渠。滹沱河入献县在完固口（今三堤口村）分为两支，一支北流入河间境，与滏阳河合流称子牙河；一支向东过淮镇、高川入沧州境，再北流进青县汇入子牙河。子牙河以流经大城县子牙里得名。子牙河东流汇入大清河，经海河由天津东入海。朱家运粮河斜贯滹沱东支与子牙河之间，时为运粮河道。河在景城村南弯转流至崔尔庄村西，傍村绕向东北。河岸垂柳成行，河中舢舻相接，是一条繁忙的水运航道。八年前纪云翰考中举人，曾计划在始祖落脚之地修建新居，纪容舒预先为其拟了一副对联：

当年始祖初迁地，此日云孙再造家。

后来房子终未盖成。纪晓岚考虑如果将父亲的遗体葬在那里，会很有纪念意义。经堪舆家观测，也认为唯独那块地方最吉利，于是便用自家别处田地跟桼庵叔把那块地换了过来，将父亲的遗体与其三位夫人的遗骨合葬在那里。直至今天，墓丘尚存，周围砌以砖基，当地人称"大砖坟"。

纪晓岚追述父亲种种贤德懿行，总想为亡父留存一些可供后人瞻念的遗迹，准备在厂里村修建一座"瑞杏轩"。厂里是纪家的一处庄园，原名宋村厂。明朝时，村边有一座砖厂，建有七十二座连窑，专为烧制进贡的澄浆砖。人们习惯把那儿叫做厂里，时间一长，原来的村名反倒不用了。早年肃宁老儒王德庵先生在厂里设帐教书。纪容舒就读于王先生门下。康熙五十二年（1713年）春天，纪容舒随意折了一枝杏花插入水中，谁知那树枝竟然活了。花落后结出两个小杏，逐渐红熟，跟树上长的一样。就在那年，逢万寿恩科，纪容舒得中举人。王德庵（又作王德安）为这事题写了一幅匾额"瑞杏轩"，悬挂在学塾里。

纪晓岚回乡葬父，想起这件旧事，去寻那学塾和匾额，可惜事隔多年，物换人非，匾额早已没了踪影。厂里那处庄田在分家时落到堂弟纪盼（东白）名下。纪晓岚打算把房子买过来，回北京后请刘墉重新写一匾额，刻石镶嵌于屋内墙壁上，后因自己在仕途上遭受变故，此举未能实施。

古代制度，官员死了父母叫丁忧，需要解职回乡居丧，以尽孝道，叫做守制，俗称守孝。原则上守制三年，实际上只需二十七个月，首尾相接够三年就算满期。丁忧守制，使纪晓岚有暇与分别多年的兄弟子侄、乡邻亲友畅叙别来之情，尽享天伦之乐。

纪晓岚那位大哥纪晫（晴湖），此时已年届六旬，成了一家之长。堂兄纪昭、纪易，堂弟纪盼、纪晅、纪旭、纪昉都在家中。兄弟之间常常聚坐长谈。

纪晓岚的父亲一生娶过三位夫人。原配献县留福庄安氏，生子纪晫。安氏于二十九岁上病故。继配沧州张氏，未育，于二十六岁上去世。又继配张氏之妹，生纪晓岚。大户人家嫡出庶出之间，常常亲疏远近，机械万端。由于父亲善于治家，常言"世情万变，治家者平心处之可矣"，所以纪晓岚与前母所生的大哥相处得亲密无间。大哥性格淳实淡静，从小就提挈保护自己的小兄弟。其亲密程度胜过同胞亲生。在七八岁之前，纪晓岚不知道自己和大哥是异母兄弟，年龄稍大虽然知道了，由于晨夕相处，一点也不觉得有异母的生分。纪晫一生不善钻营，如今愈加老成持重。兄弟们谈话中提及世态万状，人情冷暖，纪晫说："与人交往是件很累的事，有些人为了会见客人，又整衣又正冠，说话还要字斟句酌，简直如临大敌，何必如此费尽心机！"

纪晫也曾涉足科举，乡试未得中，他也不在乎。他说，仕宦之富贵，文章之名誉，不过如流云逝水，瞬息而没，无所谓的。四弟你善作议论驰骋之文，我就不喜欢那样张扬。不过你做得对，总算没有辜负父亲的期望，圆了父亲的梦想。看到你博取了功名，又仕途顺畅，父亲生前非常高兴。如今父亲寿终正寝，可以含慰九泉了。

纪晓岚跟堂兄纪昭（懋园）交谈，更多的是切磋学问。二人于乾隆十二年（1747年）丁卯顺天乡试一同中举。之后纪昭会试也未能过关，随即在内阁任中书舍人。当时纪晓岚在京城与一班少年才俊诗句相唱和，纪昭只是偶尔参与，更多的时间则恬然寂寞，闭门和两三位志同道合的人切磋学问。乾隆二十二年（1757年），纪昭成进士。他已经在内阁干了八年，正值宗人府主事有缺，本来很有希望升迁，但第二年纪容雅病危，纪昭便告假归里侍奉父亲。父亲死后接着守孝，后来再没入仕，隐居乡间研究学问，教授学生。

纪昭的文章宗法韩愈、欧阳修，学问则服膺宋五子周敦颐、程颢、程颐、张载、朱熹。他对阴阳、舆地、医卜、算术等学科都有深入的研究。此时他正在编纂《毛诗正义》、《养知录》、《骚经章句》、《文选赋注》等书。后来，前两种被收入《四库全书总目》。

纪昭生性和善，敦睦亲旧，急人疾苦。早在内阁为官时，多次帮助同僚排解家中疑难。回乡后他在村南旧园里盖房子。风水先生告诉他说，那块地基正在八卦的离位上，最吉利，如果把房子盖得高大，居住者有利，而对周围兄弟住户则稍微有些不利。于是他便把房子盖低些，宁可自己不利，也决不损人利己。到了晚年在病危之时，纪昭把平生著作交给儿子汝伦，并口授五言诗一篇：

人生天地间，有生必有死。
生者动有为，死者长已矣。
劳逸固有节，否泰亦其理。
余生薄祜相，事顾不获己。
我欲效古人，古人不易企。
俗士之所营，我心又不喜。
徒抱耿介性，兀兀遂至此。
晚年思奋发，锐意攻其里。
缅惟古圣心，精荟儒先旨。
先儒世不同，异论以时起。
群言日淆乱，谈经经逾否。
还以衷诸圣，庶几澄其滓。
但恨才力弱，志远而识迩。
亦有会心时，欣然忘其鄙。
直蹑古人室，相与观无始。
服兹未历年，时光惊逝水。
一病不获安，二竖常依倚。
壮志莴有极，悲哉从此已。

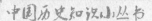

诗句表现了纪昭钻研儒学经典至死不渝的执著精神。就在这次纪晓岚守孝期满临回北京之前，纪昭为堂弟送行写了一首《送晓岚弟赴补》诗：

> 祖帐春园俨画图，新莺求友遍相呼。
> 座倾宾客真输汝，老怯津梁定笑吾。
> 敢道山林胜钟鼎，无如鱼鸟乐江湖。
> 归途便赴邻翁约，以备看花酒满壶。
> 表现了他淡泊仕途，甘居林泉的志趣。

居家之日，纪晓岚逐渐从丧父的悲痛中缓解过来，尽情感受故园的乡风野韵。多年在外历经书山险路，宦海惊波，难得有如此安闲舒适。

他徜徉于田间林下。深秋枣熟季节，鲜红的枣果成串成簇，压得树枝下坠接地。红果绿叶之间，三三两两男女枣农在举杆扑枣。枣随杆落，滚珠跳跃，如红雨洒地，煞是好看。纪晓岚触景生情，想起《诗经》里"八月剥枣"的古韵，随口吟咏：

> 八月剥枣时，檐瓦晒红皴。
> 持此奉嘉宾，为物苦不厚。
> 岂知备赞谒，兼可登笾豆。
> 桂子不可食，馨香徒满袖。

他感叹故乡枣树动辄成林，枣子俯拾皆是，但枣农不把它看作稀罕之物，甚至觉得招待客人都拿不出手。岂知此物早在上古时期就被用来充当晋见的礼品和祭祀的供品，远比南方的八月桂花珍贵和实惠。可喜的是那时已有人懂得调剂余缺，长途贩运，往北用车辆运到京师，向南随漕船捎去南方各省贩卖。不少人家以此为业。

崔尔庄往南六里，有一古镇名叫高川。高川地势呈鱼背状隆起，滹沱河东支流由镇南向东绕行。那里有一处码头，设有把总驻防。平原地势平坦，一览无余，唯高川一带，望去林木荫翳，蔚然深秀。纪晓岚听父亲说过，乾隆八年（1743年）夏天，高川村北天坠一龙。纪容舒坐着马车前去观看，赶到后听说龙已经升天了，地里的庄稼被践踏了一大片。实际上那是下暴雨时形成的一种弯转悬垂，宛如龙形的积雨云。直到今天，该地的天象奇殊，2000年、2001年连续两年盛夏之季，天降大冰块，砸断了几棵盛果的枣树。

纪氏在崔庄有一处规模宏大的宅院。院内小巷曲折，若干处四合院毗连坐落，又有几座小楼耸立其间。被称作九门九贯巷。纪晓岚回乡之后，在院中又修筑了一所小楼。登楼远眺，长风扑襟，彩云入目。纪晓岚为它取名"对云楼"，并赋诗二首记之：

> 还乡翻似到天涯，筑得书楼便作家。
> 偶睇郊原成野趣，拟从田老课桑麻。

> 长夏云峰入望深，轩开四面好凭襟。
> 儿曹莫笑村居隘，两载经营一片心。

这期间，纪晓岚又将父亲所刊订的《家谱》重加续修，取名《景城纪氏家谱》。冠名景城，就是为了纪念始祖落籍景城，以示不忘本。谱中体例一一参照古来名家谱牒。纪晓岚下笔记载自己的母亲张氏时，措词极其谨慎："(容舒)元配同县安讳国维之女……继配沧州张讳莱第二女……继配张讳莱第三女。诰封宜人，晋恭人，累赠一品夫人。"在《序例》中他引经据典，说"妇曰某夫人，据欧阳氏谱也"。"士庶妻亦曰夫人据朱子语类也"。"曰元配，据《晋书·礼志》文也"。"曰继配，据王介甫《葛源墓志》，介甫又据《仪礼》也。不曰继室，古之继室非妻也；不曰中娶，不曰次配，皆僻也"。在这里，纪晓岚为了给作为父亲第三娶的生母正名分，可谓煞费苦心。

纪府女眷中，纪晓岚的两位前母早已过世，生母也于乾隆十五年（1750年）驾鹤西归。此时长辈中尚有两位婶母。一是三叔的继配夫人高氏，一是

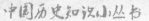

四叔的继配夫人李氏。按大排行，纪晓岚称纪容雅为三叔，称纪容恂为四叔。纪晓岚对两位婶母非常孝顺，待如亲母，两位婶母待他也像亲儿子一样，特别是四婶李氏对纪晓岚更亲。

　　他回到北京之后，四婶常常亲手缝制些鞋袜佩囊之类的物件捎过去。其实，当时三婶高氏只有四十八岁，四婶李氏则跟纪晓岚同龄，时年四十一岁。在当时那种社会里，大户人家的男人续弦、纳妾的事司空见惯。所以年龄跟辈分常不相符。这并不影响长幼次序，况且继配也属正娶，更应受到尊重。二十六年之后，纪晓岚在北京得知四婶去世，十分悲痛，亲自撰写《祭四叔母文》，对这位同龄长辈口口声声称作"老人"。说自己朝廷为官，身不由己，不能时常在老人身边侍奉。他原计划在三年后叔母七十寿诞之日，邀同僚为她置酒庆寿。只惜在他们六十七岁上，传来讣音。纪晓岚深深为此而抱痛。

　　由于纪晓岚跟婶母关系亲密，以致若干年后引出一段四婶的婢女文鸾与纪晓岚之间的未了情缘的故事。

十一　夫妻相偕　儿女情长

纪晓岚为父亲送葬是带着家眷回乡的。督学福建，他就携家同去。途中有《初到江船》二绝，其中一首写道：

芦篷团坐似茅庵，大妇携将小妇三。
白舫青帘行画里，拥炉一夜话江南。

诗中"大妇"自然是指纪晓岚的正配马夫人，"小妇三"应指纪晓岚的小妾郭彩符和两个儿媳张氏、赵氏。那年长子汝佶二十岁，次子汝传十六岁。他俩都已娶妻。

纪晓岚的正配夫人是东光马氏。

早在乾隆五年（1740年），十七岁的纪晓岚自京城回乡应童子试期间就和马氏结为夫妻。纪晓岚的岳父叫马永图，字周篆，号旭亭，先后任过四川江津、山西稷山知县，因政绩突出受到雍正皇帝的称赞，晋升内阁中书。命以升衔任山东武城知县，年老告退还乡。马永图的弟弟马永命，字庚长，曾任陕西巩昌府靖远卫做同知。

《阅微草堂笔记》里记有李若龙讲述马家的故事。说是雍正末年，东光城内有一天夜里忽然家家犬吠，声若潮涌。人们出门观看，见月光下一人披发戴孝，手提巨袋站在屋脊上，一会儿又移到别家屋顶。第二天人们发现，凡那人所立之处，都留下两只鸭鹅。有人煮着吃了，味道还不错。不过，凡得到鸭鹅的人家，都陆续发生了死人的凶事。当时马永图家也得到两只鸭子，时过不久，马永图那位在外做官的弟弟马永命的死讯传来了。

马永图宦绩义行名传乡里。他有个堂叔叫马丕承，娶妻后没过几年就死了，抛下年龄不到二十岁的妻子夏氏和一个孤儿。夏氏没有公婆也没有兄弟，孤苦中抚养孤儿守节。不久孤儿又夭亡。这位寡妇陷入困境，靠给人家洗衣缝纫自给，坐卧于一间破屋中，把锅卖了换粮食，拾破瓦盆当锅用。李若龙和她是邻居。曾写过一首记述夏氏的长诗，说她："怀贞心比铁，完节鬓如银。慷慨期千古，凋零剩一身。几番经坎坷，此念未缁磷。"夏氏初寡时，尚有几亩薄田。有人逼迫她改嫁，她不从，就欺负她，直至把那几亩田地也折腾没了。马永图回乡后以钱粮周济那位堂婶母，三十年始终如一。婶母去世后，马永图申报有司对夏氏旌表建坊。他还捐出八十多亩好地和一处宅院，让侄子马兆清过继给死去的节妇，继承香火。

由此可知，李若龙和纪家、马家两家关系都很亲近。纪晓岚的亲事可能就是他给促成的。纪晓岚当年回崔尔老家娶亲，婚礼办得非常排场。在老家当家的纪晴湖，平时十分节俭，可是为弟弟娶媳妇，却舍得花钱，以致花费了数百金。

新婚后的一段时间，纪晓岚在东光读书，与当地的友人交往，日子过得畅快无比。多年以后，他在一首诗中写到那段美好的日子：

> 往昔做客东光县，春风三月胡苏河。
> 主人好事携美酒，踏青邀我同相过。
> 芳草丰茸叠翡翠，幽禽尖咽如鸣梭。
> 风景饴荡客心畅，饮酹起舞争婆娑。
> 尔时意气亦豪举，呼童一酌鹦鹉螺。
> 伯夷柳下共风调，滑溜齿下清而和。
> 形神酣适忘物我，便拟倒瓮倾滂沱。

马氏夫人是马永图的二女儿，比丈夫大三岁。作为名门闺秀，她女德贤淑。夫妻之间相敬如宾。丈夫喜欢纳妾，马氏对此不发醋意，反而对小妾疼爱有加，视同亲女。两人共同生活了五十六年，可谓白头偕老。作为正室，她负有相夫教子的义务。纪晓岚曾当着她的面夸耀自己无书不读，她反诘道："天下的书有那么多，你怎敢说自己都读过呢？就说皇历吧，你读了吗？"纪晓岚任礼部尚书期间，曾周济武清县一位白首守节又穷苦无依的老寡妇。马氏说，作为一个掌管天下节烈旌表之典的大臣，你的责任不仅是周济她，设法对那种人给予褒扬表彰才是正理。

乾隆十五年（1750年）四月，纪晓岚夫妻回乡为母亲送葬。那年秋天，马氏顺便回东光娘家看看。临行之前，纪晓岚送别妻子，又为母亲刚刚死去而伤感，和泪为诗曰：

> 门外马萧萧，仆夫以引鞚。
> 之子有远行，向晓征轮动。
> 中怀忽怅触，展转增沉痛。
> 昔日尔归宁，阿母倚门送。
> 举手引诸孙，濒行犹抚弄。
> 今日尔归宁，抚棺惟一恸。
> 秋尘生繐帷，蛛网垂梁栋。
> 尔母虽他乡，还家悲喜共。
> 我母隔重泉，耿耿空魂梦。
> 入门三太息，泪渍麻衣缝。

纪晓岚这次里居期间，正赶上马永图的三叔马雍去世。马雍曾任直隶元城县（已废，今属河北大名县）训导，故又称元城公。乾隆三十年（1765年）四月，纪晓岚去东光参加了元城公的葬礼，留宿岳父家。晚年的马永图，操持建宗祠、置祭田、主持重修家谱。他嘱咐女婿为重修的《马氏家乘》作序。

马氏也是明初移民，一世祖马十六原籍山西陵川县。明永乐二年（1404年），马十六来东光县城南十里落脚，立村称老马庄，渐渐成为东光望族，自明嘉靖朝到清乾隆年间，有九人中进士，《马氏家乘》很早就已修创。康熙末年，翰林院侍讲陕西绥德人马豫，应邀以同宗身份为《马氏家乘》作序称："开马氏之基业者，乃十六公也。阅五世而至节甫（汝松）公，登嘉靖甲辰进士，位列谏垣，名著朝右。嗣后，科第蝉联，簪缨蔚起，累累若若，分猷赞化者几遍皇衢。东西朔南啧啧称东邑马氏为巨族焉。"马永图主持的是第五次续修。当年七月，纪晓岚践约把序写成。序中称"推一本之爱，油然而生孝悌之心"。

乾隆三十一年（1766年）马永图逝世。七年后，儿子马兆晟将父母遗骨迁葬于东光县城西六里路庄（今属阜城县）新茔。纪晓岚为岳父撰写了《墓志铭》。2004年冬，笔者之一在路庄找到了出土的墓志，志石保存完好，字迹清晰。从上面可以看出，翰林院侍读学士的钱大昕书丹，内阁学士兼礼部侍郎嵩贵篆盖。那篇《墓志铭》，文献未载。《墓志铭》把马永图为本族节妇捐田、立嗣、请旌之事作了详细介绍，由此而推论墓主"行谊政绩虽不尽传，然知九族为一体，必知万物为一体，此一二事者，天下后世想见公之生平矣"！

嘉庆元年（1796年）四月初八，七十六岁的马夫人病逝。已经做了太上皇的乾隆帝派侍卫前去纪宅祭奠。这属于特殊礼遇了，纪晓岚即刻去向太上皇帝当面谢恩。乾隆帝问道："你是海内有名的文豪，而且夫妻感情深厚，一定会有很好的悼亡之作呀。"纪晓岚说："臣年岁老了，体衰多病，文字也渐颓唐，不足以登作者之堂。然而，我们毕竟是六十多年的结发夫妻，鼓盆之痛，哪能没有！仅抄袭了古人的一段陈言，聊致怀念之意吧。"

用古人现成文字为自己妻子致悼也算是一件新鲜事，乾隆帝愿闻其详。纪晓岚把王羲之《兰亭序》中的一段念给他听：

夫人之相与，俯仰一世，或取诸怀抱，晤言一室之内；或因寄所托，放浪形骸之外。虽取舍万殊，静躁不同，当其欣于所遇，暂得于己，快然自足，不知老之将至。及其所之既倦，情随事迁，感慨系之矣。向之所欣，俯仰之间，以为陈迹，犹不能不以之兴怀。况修短随化，终期于尽。古人云：

"死生亦大矣，"岂不痛哉！

乾隆帝听了大笑，说："王逸少的《兰亭序》被你这么一截，便成了一段精彩的哭妻祭文。你真会抄人家的蓝本啊！"

其实原文中开头那个"夫"字，本是起提示作用的语助词，纪晓岚把它作为实词来用，与后面的"人"字巧妙地合成"夫人"一词，倒也天衣无缝，十分贴切。

纪晓岚与马氏的婚姻，虽不能说有什么爱情可言，但是，他们相伴终生，按照封建官僚缙绅家庭中的正统礼法来衡量，似乎是圆满、完美，无可挑剔的。

纪晓岚共生有四儿四女。他对晚辈不仅严教不倦，更是疼爱有加，舐犊之情，深厚挚切。四个儿子是：汝佶、汝传、汝似、汝亿。纪晓岚督学福建带去长子和次子，三子汝似是回老家第二年出生的，四子汝亿是他六十一岁上老年得子。

纪晓岚丁忧故里的第二年，二十岁的汝佶得中举人。这个使父亲寄予厚望的儿子最终却未能成才，于乾隆五十一年（1786年）过早地去世，终年四十五岁。对于他的死因，民间有种种不同的说法。

汝佶，字御调，《大清畿辅书徵》载："御调，字侠如，又字半渔，有《丰舫诗钞》。"《景城纪氏家谱》记载他为候选知县。民间则说他是一位武官，在押运粮草途中遭劫被杀。支持这一说法的证据，一是"文革"中纪晓岚墓地被掘时，有目击者说，纪汝佶的棺材前堵头上刻有"督粮大将军"烫金字，骨骸旁边摆有一口锈迹斑斑的大刀。二是沧州朱氏家族中，有其先祖朱庆长同纪晓岚儿子押运粮草遭劫遇害的传说。

这种说法纪氏家族中很多人不认可。纪晓岚自己在《阅微草堂笔记》中，记载了亡儿汝佶死亡的情景：

亡儿汝佶，以乾隆甲子生。幼颇聪颖，读书未多，即能做八比。乙酉举于乡，始稍稍治诗，古文尚未识门径也。会余从军西域，乃自从诗社才士游，遂误从公安、竟陵两派入。后依朱子颖于泰安，见《聊斋志异》抄本（时是书尚未刻），又误堕其窠臼，竟沉沦不返，以讫于亡。

仅仅"误堕"离经叛道的诗文流派，落入杂书窠臼，还不至于造成人的早亡。纪晓岚的门人梁章钜《楹联丛话》中转述南皮张浮槎的《秋坪新语》，提到了汝佶的死。说纪汝佶病危之时几次昏迷，又苏醒过来。有一天，他说话的语调像是一个山西人，说是来讨要拖欠的。家里人赶忙如数焚化了纸钱，汝佶才闭上眼。家人们正环绕痛哭，汝佶忽又苏醒过来，睁开眼说，他骑的马后脚瘸了，要求换一匹好马。纪晓岚的三女儿哭着说，刚才烧的那匹纸马后腿上的纸破了，于是家人赶紧又糊了一匹纸马焚化，汝佶再也没有醒过来。

这故事说明纪汝佶是病死的，但病因却另有缘故，其中有一节是与晋商债务纠纷之事。纪晓岚在《阅微草堂笔记》里对这件事辨白说：

南皮人张浮槎的《秋坪新语》里记载我家两件事，其中有一件是记我儿子汝佶临死前的情况，倒也有六七成的真实性；只是操西商语调向我家讨债的事不属实，那是野鬼假托以索祭求食。后来我们紧紧追问那讨债鬼的姓名、住址、欠账年月及见证人，那鬼便理屈词穷地逃走了。至于汝佶与别人的债务涉讼案，刑部曾作过核查，详细罗列了债务数目，都记录在案，其中并没有这一条。

这段辨白反倒说明，纪汝佶与人债务纠纷确有其事。乾隆三十九年（1774年），在御史参奏的一桩案件中，牵涉到纪汝佶拖欠之事，吏部请分别议处。十二月初九得旨："纪昀不能约束伊子，致令借欠生事，固属咎有应得，但其学问尚优，为四库全书处得力之人，着从宽改为降三级留任，仍令在馆办理总纂事务。"不管汝佶因何而逝，反正纪晓岚直到晚年仍念念不忘这位亡儿，说明他们之间定然有过一段父子相悦、共乐天伦的温馨时光。

其他几个儿子，都有所成就。二子汝传由四库馆议叙，历任湖北布政司经历，江西南昌、九江等府通判。三子汝似善交际，纪晓岚对他的交友十分关注。汝似与兵部主事蒋东桥的儿子蒋秋吟相契。纪晓岚开初对他们来往频繁有些反感。后来见到蒋秋吟的《考具诗》一册，发现那是个有才气有出息的孩子，便听其往来不再阻拦。蒋秋吟通过纪汝似求纪晓岚为其父五十大寿作序，由于纪晓岚跟蒋东桥并不相识，汝似也觉得不好说，没想到纪晓岚竟然爽快地答应了。他说："我们这些人读书论古，碰到高风逸韵的，常常可以抚卷而想见其为人，不必曾经相识。"此后由子交而父交，遂成世谊。纪晓岚多次为蒋东桥父子诗文画题咏，并为蒋秋吟诗集《沽河杂咏》作序。从这件事也可以看出，纪晓岚对儿子汝似爱重之深。汝似先在掌管朝会和国家庆典的鸿胪寺做序班，是一个掌序百官班次的小官，后加捐广东候选县丞。纪氏家族中传说，他在广东省东莞县任县丞。

纪晓岚对女儿择婿之事十分认真。长女嫁给山东德州望族卢家。女婿卢荫文的父亲卢谦（撝之），历任刑部陕西司郎中、广平府同知。祖父卢见曾有诗名，爱才好客，官居两淮盐运使。后因盐引案发，被逮入狱而死。纪晓岚正是因为牵念女儿，瞻顾亲情，在朝廷查处卢家之前，漏言通风，才招致身犯重罪，被贬谪乌鲁木齐。尽管卢家遭受变故，卢荫文仍未放弃进取，于乾隆五十四年（1789年）考中进士，先后在安徽建平、泾县、舒城等县任知县，政声颇佳。

纪晓岚对二女的疼爱，可以从他题画扇诗中窥见一斑。纪晓岚的表弟、沧州画家张桂岩，博学能诗画，尤工山水花卉。他为纪晓岚画了一幅《桑叶饲蚕》扇面。纪晓岚在上面题了一首颇有唐人悯农诗味道的小诗，送给自己的二女儿，诗曰：

> 花压阑干绣阁春，朱门多少绮罗人。
>
> 频将画扇时时看，知有蚕娘最苦辛。

二女、四女都嫁给了山东袁家。女婿袁煦的父亲袁守诚，号曙海，官至山西按察使；伯父袁守侗，累官直隶总督。二人都是纪晓岚的至交。纪晓岚晚年写作《槐西杂志》时，所居槐西老屋，就是女婿袁煦家的房子。当时袁煦在朝任内阁中书军机章京。最近我们发现纪晓岚佚作两篇，一是为济南李廷芳诗集《安蔬草堂诗详注》作序，一是为该书赋诗。序中写道："余于和斋袁婿处见此集，如逢故友。"该诗集的作者李廷芳（湘浦）是纪晓岚的门人。这件事说明，他与女儿家时相往来，亲串密切。

三女许婚献县戈源之子，只惜命运不济，未嫁而亡。戈氏为献县望族，与纪氏世为姻亲，关系亲密。戈源和纪晓岚同年进士，官至太仆寺少卿。戈源的兄长戈涛曾与纪晓岚同任翰林院编修。其父戈锦，与纪晓岚的父亲纪容舒同为康熙万寿科举人。乾隆二十四年（1759年）夏天，戈锦、纪容舒二人结伴到北京看望各自的儿子。正在京师的钱塘画家沈朗为他们画了《二老比肩图》两幅，戈纪两家各存一幅。河北省博物馆今存有《二老比肩图》原作和嘉庆五年（1800年）临本各一幅。画中有远山近石，绿树清泉，两位身着长衫的老者并坐于山林之中。图上留有刘墉、翁方纲、陈枫崖等文士的题款、题诗、题跋和印章。图卷真实地记录了两家几代人的友情、亲情。戈源于嘉庆四年（1799年）逝世，纪晓岚作挽联曰：

> 元白旧同年，紫陌寻春，犹记初登同喜宴；
> 朱陈原共住，黄泉哀逝，竟谁续画比肩图。

纪晓岚和戈源同年进士。联中纪晓岚把自己与戈源的亲密关系，和唐朝诗人元稹和白居易之间的交情相类比。两家的关系也像白居易诗《朱陈村》所写的那样"一村唯两姓，世世为婚姻"。

对于三女儿的夭亡，纪晓岚在《阅微草堂笔记·滦阳消夏录》中做了这样深情的记述：

我三女儿自幼许配给太仆戈仙舟的儿子。不幸的是她于庚戌年夏至那天死去了，那年她才十岁。临死的前一天，病情已经很重了，我却因去方泽参加祭祀土地的典礼不在她身边。她忽然自言自语地说："今天是初八，明天辰时我就要走了，还来得及和父亲见一面。"守护的人问她何以知道？她便合上眼不说话了。初九那天典礼完毕，我回到府中，果然见到她临死前的那一刻了。她咽气的时候，墙上的洋钟玎玎地打了八响，这事真是够奇巧的。

纪晓岚对侄辈也悉心指导。回乡期间，从侄汝伦（字虞惇，纪昭之子）正在学习制义、试帖，准备应乡试。纪晓岚在汝伦所作的试帖式作业上题诗云：

十年珥笔凤凰池，格律潜教小阮窥。
他日三条官烛下，诸公应识纪家诗。

"珥笔"是指侍从之臣插笔于冠侧，以备记事。"凤凰池"原意指禁苑中的沼池。后用以代指中书省或宰相。此处指皇宫内苑。"小阮"指侄子。晋朝阮籍、阮咸叔侄都是当时名士，同列竹林七贤，时称大、小阮，后以小阮为侄子的统称。诗的大意是说，自己已经做了十年的内廷词臣，如今要将试帖诗的格律专心教给侄子。将来官场上的同僚，都会知道我们纪家的独特诗体。

试帖诗是一种应试诗体。唐朝以诗取士，进士科必考律诗，以致形成一种专门诗体"试律诗"，又叫"试帖诗"。宋、元、明三代不再考试诗赋。清朝前期只在朝考中有试帖，到了乾隆二十二年（1757年）以后，又在会试、乡试中增设五言八韵试帖诗一题。

试帖诗有很多清规戒律。要求必须是五言律诗，但又不同于一般的五律；一般五律是八句，它却要十六句，即所谓八韵。正格为仄起不入韵式，偏格首句入韵，但不许用邻韵。诗的前四句要把题目大意包括进去，类似八股文的破题；末尾两句必须颂圣，赞扬皇帝或歌颂时政。

纪晓岚承认"诗至试律而体卑，虽极工，论者弗尚也"。但为了应试，他不能不研究它。在去福建之前，纪晓岚在阅微草堂教习儿辈读书，对试帖诗下了很大的功夫。他选编《唐人试律说》后，又编成《庚辰集》五卷。取康熙庚辰年至乾隆庚辰六十年间时人优秀试帖作品，对每首诗详细注释和点评。其用心在于引导学子们在应试学习中不迷失诗法。他煞费苦心地辅导学子作好试帖诗，还身体力行地将本来体裁僵化、内容狭窄的试帖诗尽量作出不同一般的风格。他自称："试帖多尚典赡，余始变为意格运题，馆阁诸公每呼此体为'纪家诗'。"

纪晓岚作于乾隆二十二年（1757年）的散馆答卷《夏云多奇峰》和他按己卯科乡试题所作的《秋日悬清光》，是当时试帖诗中两种典型的格式。

夏云多奇峰得峰字

七十二芙蓉，参差淡复浓。

乍疑青嶂合，却是碧云重。

长夏炎蒸气，非烟峭蒨容。

南风吹片片，东岳起溶溶。

触处原从石，飞来即作峰。

凌虚时落影，拔地本无踪。

缥缈三霄近，玲珑四面逢。

会看时雨降，膏沃遍尧封。

秋日悬清光得清字

素节澄西颢，灵曦卓午晴。

霜高秋色净，云敛日华清。

碧落无边阔，红轮别样明。

炜煌含火德，萧爽带金精。

白道凌虚转，黄人驭气擎。

全如开水镜，谁拟挂铜钲。

霄宇羲和驾，凉飙少昊行。

圣朝平秩典，早命省西成。

多年后，纪晓岚又作《我法集》一部，是作为试帖诗范本。他的门人梁章钜在《退庵随笔》里说："凡作诗不可有时文气，惟试帖诗当以时文法之。先读纪文达师《唐人试律说》，以定格局，其花样则所选《庚辰集》尽之；晚年又有《我法集》之刻。其苦心指引处，尤为深切。著名时贤所作，惊才绝艳，尽有千人所不及者，而扶质立干，不能出吾师三部书之范围也。"

纪汝伦没有辜负长辈的期望，于乾隆三十三年（1768年）中举，做过满城县教谕，后因丁母忧回乡未仕，以教书为业。他始终没有放弃学问，著有《逊斋易述》、《诗述》。纪晓岚亲自为《逊斋易述》作序，对该书给予很高的评价。后来纪晓岚带他到热河文津阁参加校阅《四库全书》。纪汝伦晚年游历福建、河南，有《游闽集》、《中州集》传世。

孙辈中，纪晓岚对长孙纪树馨尤为关爱。树馨，字香林，是汝传的长子。生于乾隆三十六年（1771年）八月。纪树馨于嘉庆元年（1796年）由一品恩荫任刑部江西司员外郎。嘉庆九年（1804年）又升刑部陕西司郎中。纪晓岚为了孙子的加封，两次上折谢恩。纪晓岚在纪树馨收藏的一方紫玉砚上刻有这样的铭语："端州旧砚，稀若星辰。树馨得此，我为之铭。撷一语于葩经，曰'尚有典型'。"此处他引用《诗经》中"尚有典型"一语，对于孙子既有嘉许，也有勉励。他在写给朝鲜友人洪耳溪的书信中，夸奖树馨："此孙尚能读书，俾知两老人如是之神交，亦将来佳话也。"

纪晓岚晚年将文稿和往来书信均交纪树馨保存。纪晓岚逝世后，纪树馨将祖父这些文翰遗稿整理编辑，得诗文各十六卷，题曰《纪文达公遗集》，于嘉庆十七年（1812年）付梓行世，使纪晓岚的大部分诗文作品得以保存流传。

十二　喜蓄妾媵　情牵婢女

纪晓岚喜好女色，一生中不断讨纳小妾。对此，他自己也毫不隐讳，所以就有了风流才子的说法。实际上他的私人生活是有分寸的。他在后来为大哥纪晫写的墓志铭里有这样的话："昀颇蓄妾媵，公弗禁。曰：'妾媵犹在礼法中，并此强禁，必激而荡于礼法外矣。'"纪晓岚一生到底娶过几个小妾，说法不一，《家谱》里不载妾媵，故没有确切的文字记载。纪晓岚墓地也于文革中毁坏了，据当年挖墓的知情人记忆，纪晓岚与正配马氏合葬的大坟两侧各有三座小坟，据说那是纪晓岚六个侧室的坟丘。如按此说，纪晓岚的小妾应为六个。纪晓岚自己承认"颇蓄妾媵"。既然够得上"颇"，六个小妾还是可信的。

在当时那种男尊女卑的社会，有钱有势的男人拥有"三妻四妾"是惯见不怪的事。尤其像纪晓岚那样的官僚士绅阶层，纳妾甚至成为值得炫耀的时尚。但是，纪晓岚的确把自己的好色约束在礼法之中。当时的封建礼法，足以使他们这种身份的人在婚娶上为所欲为。喜欢上哪个女子，想法讨来做小老婆就是了。史料和传说中好像都没有说纪晓岚淫乱的。采蘅子《虫鸣漫录》里记载："纪文达公自言乃野怪转身，以肉为饭，无粒米进口。日御数女：五鼓一次，入朝一次，归寓一次，午间一次，薄暮一次，临卧一次，不可缺者。此外乘兴而幸者，亦往往而有。"又在孙静庵的《栖霞阁野乘》中记载："河间纪文达公，为一代巨儒。幼时能于夜中见物，盖其秉赋独绝常人者。一日不御女，则肤欲裂，筋欲抽。尝从编辑《四库全书》值宿内廷，数日未御女，两睛暴赤，颧红如火。纯庙（即乾隆帝——笔者注）偶见之，大惊，询问何疾？公以实对。上大笑，遂命宫女伴宿。编辑既竟，返宅休沐，上既以二宫女赐之。文达公欣然，辄以此夸于人，谓为'奉旨纳妾'云。"即使果如所言，与妻妾交欢，也算不上荡于礼法之外。细考纪晓岚的小妾，不是同时有几房侧室，六个小妾都是一个死后再续一个，基本上保持一妻一妾。

作为一个身居高位的儒者，纪晓岚极力主张妇女守节，满腔热情地褒扬异节异烈；同时，由于他天性活泼，是性情中人，极其注重人与人之间的真挚感情，因而他的爱情观贞节观是摇摆不定、充满矛盾的。

在《阅微草堂笔记》里，纪晓岚指名道姓地提到自己的"侍姬"即小妾，有郭彩符、沈明玕和丫鬟玉台。他在写到这些地位低下的女子，平实的语调中透出若许赞美，从无一句贬词。特别是为怀念她们而作的诗，颇有些缠绵悱恻，情深意长。

在诸多姬妾中，最让纪晓岚牵肠挂肚的是郭彩符。郭彩符，原籍山西大同，随父流寓天津。这个小女子面如荷花，身姿窈窕，走路似风摆杨柳。纪晓岚于乾隆十二年（1747年）三月去过天津，认识了郭彩符。她十三岁被纪晓岚纳入房中，那年纪晓岚二十五岁，刚在头年秋闱取得解元，正是春风得意之时。纪晓岚读书，她侍候续茶挑灯；纪晓岚著文，她帮着展纸研墨；纪晓岚疲倦之时，她陪着说说笑话。她说她这个好听的名字是因为母亲临生她时梦见买得一枝端午彩符而得来的。

有一天帐前灯下，纪晓岚跟爱妾谈起去年在天津的见闻，提到天津那位张烈女。张烈女未曾完婚，男人先死，投海自溺以身殉夫。三月二十日，纪晓岚泛舟海上，眼前乌鸢鸣噪，恶风白浪。纪晓岚想起那位殉节的年轻女子，冥冥之中感到鬼神鸣咽，使他感叹不已。今夕思来，犹自"怆怀实多"，提笔写下一首长篇古风《张烈女诗》。诗句中流露出为殉情女子的深深忧伤："杳杳冥冥中，神鬼泣鸣咽。未测造物心，何时惊仓卒？谁知烈女命，正以斯时毕。吁嗟乎！不为木兰即为曹娥。优来伤人泪滂沱。妾身虽未嫁，一言即许安有他？但愁黄泉下，未曾相识其如何。我感其事为悲且歌。……夜半开门望天地，盲风暗雨如翻河。"

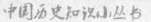

　　郭彩符生过两个儿子都夭折了，长成一个女儿。这个女儿自幼许给了德州卢见曾的孙子卢荫文为妻。就因为这门亲戚，引出了一场大祸，致使纪晓岚被发配新疆乌鲁木齐。

　　女儿家遭受厄运，男人发配新疆，留在老家的郭彩符悲伤愁苦之状可想而知，不久即身患重病。消息传到乌鲁木齐，纪晓岚牵肠挂肚，去关帝庙为她求签，问二人今生还能否相见？签上写道：

　　　　　喜鹊檐前报好音，知君千里有归心。
　　　　　绣纬重结鸳鸯带，叶落霜凋寒色侵。

　　纪晓岚认为此签预兆自己将在秋冬之际回到京城，很是高兴。但是有人却说，最后一句并非吉语。纪晓岚果于第二年六月回到京师。然而，九月郭彩符即告病危，随即死去。当初亲家卢撝吉曾为郭彩符占卜，推断她活不到四十，如今果然应验，死时年仅三十七岁。纪晓岚晾晒郭彩符箱中的遗物，见物思人，颇多感慨，曾赋诗两首：

　　　　　风花还点旧罗衣，惆怅酴醾片片飞。
　　　　　恰记香山居士语，春随樊素一时归。

　　　　　百折湘裙飏画栏，临风还忆步姗姗。
　　　　　明知神谶曾先定，终惜芙蓉不耐寒。

　　"酴醾"是一种香花，又作荼蘼，也叫木香。苏东坡有诗曰："酴醾不争春，寂寞开最晚。""樊素"是唐代名伎，与小蛮齐名。樊素能歌，小蛮善舞。香山居士白居易有诗云："樱桃樊素口，杨柳小蛮腰。"纪晓岚在诗中借古人诗句和典事，将郭彩符比作香花和美伎，可见他对这位姬妾倾注了多么深的感情。

　　当然这些都是后话。纪晓岚葬父守孝期间，郭彩符尚陪伴身侧，时年二十九岁。

最受纪晓岚赞美的小妾是才女沈氏。沈氏是江南女子，姊妹二人随父亲流寓河间。她曾对姐姐说："我不愿意嫁作农家妇，大户人家也不会娶我为妻，大概我只是个到富贵人家做妾的命。"她自幼留意文事，早就倾慕纪大才子。乾隆三十九年（1774年），她真的给纪晓岚做了妾。能进纪府做妾也不是一厢情愿就可以办到的。纪晓岚对她颇有好感，说她"神思朗彻，殊不类小家女，性慧黠，平生未尝忤一人"。他还给这位小妾取了个洁美如玉的名字——明玕。

明玕进入纪府第一关就是拜见女主人马夫人。在封建大家庭里，姬妾们是要受正室夫人约束的。马夫人对这位新来的小妾开口问道："听说你自愿来做妾，你可知道做妾也很不容易呀！"这听似率直的问话，其实是在警告她要严守尊卑规矩，不允许有半点僭越。明玕回答得很是得体，她说："不愿当妾的，妾才难当；我自愿当妾，也就没什么难当的了。"马夫人性格还算宽厚，见明玕如此聪慧，也就没了戒心，始终爱之如女。

明玕进入纪府那年纪晓岚五十一岁，明玕年仅十三。刚去时也仅认识少许字，可以帮着主人翻检书籍。毕竟是聪慧女子，很快就能读《三国演义》、《水浒传》等小说，并懂得做文章路数，甚至可以写诗作对了。有一个明玕出对联难倒纪大才子的故事被广为传播。说是有一年夏天，明玕用珍贵的浏阳夏布糊窗户。夏布薄如蝉翼，洁白透明，糊到窗上光线彻朗。明玕忽然悟出一个上联：

夏布糊窗，个个孔明诸格亮，

此联运用"葛"、"格"谐音，巧妙地嵌进三国人物诸葛亮的名和字，且平白如话，毫无斧凿之痕，可谓妙手偶得，精巧之至。她要纪晓岚对下联，自称天下无言不成对的联界大师竟哑然无对。明玕拍手雀跃："我今天难倒纪大才子喽！"

这段佳话载入民国《献县志》里。

此联至今二百年来没有出现理想的佳对。联语在流传中演化，出现了不同的版本，先是有人把上联改为"月照纱窗，个个孔明诸格（葛）亮"，于是出现了对句："风送幽香，郁郁畹华梅兰芳。"对句严格说来并不工整，且不说平仄不协调，就对仗而言，幽香对纱窗，郁郁对个个，都很勉强。1994年《澳门日报》以该联悬赏索对，又把上联前面加了一个"明"字，写成"明月照纱窗，个个孔明诸格亮。"使应对更加困难。有人对之以："长空飘瑞雪，霏霏翔宇周恩来。"又有一位余国振先生以"之雨飘赤县，蒙蒙润之毛泽东"应对。上述二联都缺乏谐音双关之妙。后来余国振先生又重作下联："云涛拥峻岭，歙歙石云纪晓岚。"此联差强人意。

明玕自愿充当妾媵，不能简单地理解成她是天生的贱骨，那是社会对她的不公，给她造成的悲剧。她的身份与理想之间有着不可调和的矛盾，所作的选择是一种人生的无奈。她十分清楚自己在府中的身份、地位，一旦年老色衰，将会被人弃之如敝屣。所以她曾跟纪晓岚讲："女子当以四十以前死，人犹悼惜。青裙白发，作孤雏腐鼠，吾不愿也。"后来她果然早亡，卒年三十岁。临终之前她把自己的画像交付给女儿，口诵一诗，要女儿求父亲书写下来，诗云：

三十年来梦一场，遗容手付女收藏。

他时话我生平事，认取姑苏沈五娘。

明玕病危时纪晓岚正侍驾圆明园，夜宿槐西老屋。一天夜里，他两次梦见明玕。开始以为是思念过度所致，结果明玕就是那天死的。后来听家人说，那天夜里，明玕先昏死过去，过了两个时辰又苏醒过来，说梦里去了老爷的寓所，听到一声惊雷，震醒过来。纪晓岚回想，那天夜里果然有动静，墙上挂的铜瓶，绳断坠地了。他想一定是明玕的灵魂找他来了。他在明玕留下的画像上题了两首诗：

几分相似几分非，可是香魂月下归？

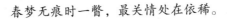

春梦无痕时一瞥，最关情处在依稀。

到死春蚕尚有丝，离魂倩女不须疑。
一声惊破梨花梦，恰记铜瓶坠地时。

就凭纪晓岚能为她写出上述文字，足以说明，他对聪明伶俐小妾的爱怜，不是把她仅仅当做泄欲的工具。他不是那种人走义断、流水无情的负心汉子。

丫鬟玉台，原是明玕房中婢女。明玕死后她被纪晓岚收为通房丫头。她侍候主人两年多就去世了，年仅十八岁。按纪晓岚的说法是应了明玕生前所作的诗谶。三年前的一天晚上，明玕见明月当空，窗外夹竹桃的影子映在窗纱上，又透过纱窗映在帐子上，景色素静优美，明玕吟成《花影》一诗：

绛桃映月数枝斜，影落窗纱透帐纱。
三处婆娑花一样，只怜两处是空花。

吟成此诗，明玕颇为自喜，但纪晓岚听了却感觉到一种不祥之兆。接连两三年间明玕、玉台相继去世，似乎应了"两处空花"之句。

还有一个叫文鸾的女子，虽然未能成为纪晓岚的妾媵，但却留下一份情思。

嘉庆三年（1798年）五月，纪晓岚将要扈从嘉庆皇帝巡行热河。那时他已是七十五岁的老人。白天，他坐在椅子上小憩，打盹，忽然梦见一个女子翩然而至，不知其为何人，问她也不答话。纪晓岚醒来好生纳闷。正好那天全家聚餐，他便把这个梦说了出来。他的三儿媳井氏听了，怀疑此女是当年差点没被公爹纳妾的文鸾，忙问那人的容貌、形体，纪晓岚将梦中所见说给她听。井氏听了惊奇地说："没错，正是文鸾"！因为井氏是纪晓岚四婶李氏的外甥女。文鸾是李氏的婢女。二人自幼相识，常在一起嬉戏。此梦引出二十年前一段未了情缘。

还是在乾隆四十三年（1778年），纪晓岚写信给四婶李氏，请她为自己物色一名侍女。李氏见信，马上想到自己房中的贴身丫鬟文鸾。文鸾平时乖巧驯从，善于看主人的脸色行事，符合封建大家庭中奴婢的德行规范，因而甚得主子爱怜。当李氏私下向文鸾透露此事时，她竟没有一点拒绝的意思。也许她觉得这正是自己提高地位、改变命运的大好机会。一个要，一个给，一个想去，这事本来就可以成功了，谁知就在李氏为文鸾置办衣裳首饰准备往京城送的时候，忽然横生枝节，有人唆使文鸾的爹爹提出额外要求，这件事就被挡下了。不久，文鸾郁郁而死。当年其中的种种细节，纪晓岚并不知晓，数年以后稍有耳闻，也如雁过长空，影沉秋水，很快就淡忘了。谁知二十年后，文鸾之魂竟恍然入梦，偏赶三儿媳井氏在场，重提旧事，拨动了纪大才子的缕缕情丝。纪晓岚询问文鸾的葬处，要给她树块石碑。可怜一个地位卑贱的小丫头，连个坟头也没有留下。其葬身之处，丘陇已平，埋没于荒榛蔓草之间，哪里找得着。纪晓岚只得将自己在乾隆三十六年（1771年）九月作的一首《咏秋海棠诗》，拿来在《滦阳续录》里记上一笔，作为对文鸾的一曲挽歌：

憔悴幽花剧可怜，斜阳院落晚秋天。

词人老大风情减，犹对残红一怅然。

关于文鸾的这段事，被当代一些文学家编造得绘声绘色。最典型的是台湾作家杨涛先生，他在《纪晓岚外传》里让纪晓岚从小就和文鸾直接交往，"和她在一起，墙角里挖蛐蛐儿，树洞里掏麻雀，池塘里挖泥鳅"。后来纪晓岚应考落第，四叔四婶带文鸾去晓岚宅中。夜晚纪晓岚与文鸾在花园里幽会，"'文鸾！文鸾！'他一路呼喊着跑过来，不顾一切地把文鸾抱入怀中"。虽然精彩，却欠真实。

其实用不着虚构和加工，从事情本身就可以看出，纪晓岚的确是一个多情的人。

十三　驰骤士林　游戏宦场

乾隆三十二年（1767年），纪晓岚为父守孝期满。这年春天，他带上家小回到京师等待授职。此时距他出京南巡福建已经五年。离京之时他将虎坊桥住宅租赁给别人，一时还不能赎回，一家人暂住钱陈群（香树）家的一处空房里。人们都说那处空房的楼上有狐仙。平时楼上门锁着，里边只存放些杂物。出于好奇，纪晓岚写了一首小诗贴到楼上墙壁上：

> 草草移家偶遇君，一楼上下且平分。
> 耽诗自是书生癖，彻夜吟哦莫厌闻。

有一天郭彩符上楼取东西，打开门锁进屋一看，惊呼："怪事！"纪晓岚急忙跑了上去，只见地板厚厚的灰尘上画满了茎繁叶茂、亭亭玉立的荷花。笔法娴熟，挥洒自如，颇有功力。纪晓岚觉得很有意思，就取来纸笔放置在几案上，又写了一首诗，贴到墙壁上：

> 仙人果是好楼居，文采风流我不如。
> 新得吴笺三十幅，可能一一画芙蕖？

过了些天再开门察看，狐仙并没有动笔作画。纪晓岚后来进入四库馆把这件事讲给老师裘曰修听，裘笑了笑说："香树先生家的狐狸嘛，就应当有点文雅啦！"

这个故事反映了纪晓岚乍还京师，暂时闲淡，百无聊赖的心境。很快，朝廷的任命陆续下来，纪晓岚充日讲起居注官，授左春坊左庶子，还兼任三通馆纂修，奉诏修《续通志》、《通典》，改订《文献通考》。就在这一年，他利用闲暇删定浦起龙《史通通释》，抄写成帙，定名《史通削繁》。

乾隆三十三年（1768年）二月，纪晓岚被授贵州都匀府知府，随即下谕："纪昀，在翰林内学问素优，予以外任，转恐不能尽其所长，着以四品衔，仍留庶子任。"这是一种特殊的奖赏，既是他的品级由五品升为四品，又可以留任内廷。

初涉宦场便一路顺畅，使得纪晓岚心高气盛。从进入翰林院至今，是他人生中最快乐最轻松的时期。他与海内名流角逐于诗坛文社之间，从不欲落人之后，刚入翰林院那些年，几乎天天参加文酒之会，座客恒满，高歌酣酒之时，脸红耳热之际，意气纵横，议论飙发，四座耸动。

纪晓岚除擅长诗赋文章外，属对作联则是他从小就练就的本领。他常说，世间无语不可以成对，有人问："'惟女子与小人为难养也'怎么对？"他脱口而出："有寡妇见鳏夫而欲嫁之。"又有人举"孟子致为臣而归"为例，他应对："伯夷非其君不仕"，皆信口拈出，不假思索。有一次文友聚会庆祝立春，称作春盘之会。席间有人出一上联："太极两仪生四象，"大家约定对出下联的才允许入座。纪晓岚一步抢上去坐下说："'春宵一刻值千金'。我饿极了，顾不得跟各位争胜了。"实际上，他在人们不察觉中已将下联对出来了。

纪晓岚机智答对的故事，在民间广为流传，清人笔记里也有大量记载，不胜枚举。

据说当年乾隆帝南巡，纪晓岚陪同皇帝巡幸江苏深阳白龙寺。寺里正好鸣钟，皇上展纸作诗，才写了"白龙寺里撞金钟"七个字，纪晓岚便在一旁发笑。皇上生气地说："朕诗写的虽然不好，你怎么可以当面讥笑呢！"纪晓岚回答："臣哪敢讥笑，是因为古人诗中有'黄鹤楼中吹玉笛'一句，多年来找不出对句，今观圣上这七个字，恰是天然对偶，不觉高兴地笑出声来了。"李白《与史郎中钦听黄鹤楼中吹玉笛》诗中有"黄鹤楼中吹玉笛"的句子，纪晓岚巧妙地借用过来，对得恰到好处。

有一天，乾隆帝在便殿和群臣闲谈，提及《论语》中的"色难"一词，认为这两个字最难属对。纪晓岚却说："容易。"乾隆帝说："那你来对对看。"纪晓岚说："刚才臣已对过了。"乾隆帝一回味，对呀，"容易"不正是"色难"的绝妙佳对吗，不禁掀髯失笑。又有一天，皇上来到南书房，手上戴着一块玉玦，上刻《兰亭序》，字极细致。纪晓岚近视眼，就凑到跟前去瞅。皇上说："我出一对，你如能对上来，这玉玦就赐给你了。"于是就念出《兰亭序》中的一句"此地有崇山峻岭，茂林修竹"，让纪晓岚对。纪晓岚应声对出："若周之赤刀大训，天球河图。"对句出自《尚书》，对得庄重得体，显示出纪晓岚学识的渊博。皇上大喜，随即脱下玉玦给了纪晓岚。

由于受到皇帝的宠爱连受重用和奖赏，纪晓岚似乎有点得意忘形。他那率直纯真活泼诙谐的天性时有显露。官场上形形色色的百态人物，常常成为纪晓岚嘲讽揶揄的对象。

科举中有拔贡一项。各省学政遴选文行兼优的生员入国子监就读，称为拔贡。拔贡经朝考合格可以直接授官。但拔贡条件苛刻，其中有一条是要求入选者必须仪表丰美，所以有人为了应选而拔掉胡须，但拔了胡须不一定能选上。纪晓岚作《拔贡诗》挖苦那种人：

> 未拔拔贡先拔胡，拔贡未拔胡已无。
> 早知拔胡不拔贡，不拔拔贡不拔胡。

纪晓岚通晓声韵。他曾写过一首双声体绕口令式的"憋蛮诗"，跟南方同僚逗乐子：

> 馆阁居官久寄京，朝臣承宠出重城。
> 散心松寺寻小宿，喜幸花轩候晓行。
> 情切慈亲催寸草，抛撇蓬荜譬飘萍。

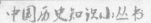

身逢盛世述书史，蛮貊泯民慕美名。

他给这首诗取名《草屋闭户言志》，用南方方言读来，别有一种趣味。他还写过《京官诗》数十首，流传下来的有《小军机》一律云：

> 对表双鬟报丑初，披衣懒起倩人扶。
> 围炉侍妾翻貂褂，启匣娇童理素珠。
> 流水是车龙是马，主人如虎仆如狐。
> 昂然直入军机处，低问中堂到也无。

小军机是对军机处章京的通称。这首诗把那类傲下媚上的人物刻画的活灵活现。

有时候纪晓岚玩笑开得有些过火，语言刻薄，甚至粗俗，有挖苦、侮慢之嫌，反映出纪晓岚性格中"猴气"的一面。

相传某位知府去拜谒纪晓岚。他见那人左额有个疣子，大如胡桃，便故作惊讶地说："作为知府大人，您拥有那么多县城，统率那么多僚属，脸面上长着这么一个东西，多不雅观！"然后告诉那位知府，在烂面胡同有某医有能疗此疾的秘方，不过去之前先要准备厚礼，到那儿慢慢地把病情说给人家，就可以治好。知府按纪晓岚说的去做了，找到那位医生。一见面就傻眼了，原来那人额头也长着一个疣子！这才明白纪晓岚戏弄他，心里又气又恨。

有一年，工部官署被火烧坏了，工部侍郎金简负责督工修复。有人作了上联："水部火灾，金司空大兴土木。"工部古代又叫水部，此联巧用五行，好久没人对出下联。一天，纪晓岚遇到一位任内阁中书舍人的同乡，谈话间中书提起那个对联的事。因那人说话操土音，纪晓岚拍着他的肩膀说："要借老兄来对这个对子了，'南腔北调，中书君什么东西？'"用五方对五行倒也巧妙，只是对中书君有点不恭了。

翰林院有一位姓平的翰林是山阴人，他在京城续娶后妻。纪晓岚所赠的贺礼中有一部《诗韵》，共四册，分别题上"之子于归"四个字。平翰林不解其义，在酒席宴上向纪晓岚请教。纪晓岚笑着说，没别的意思，诗韵者，平上去入而已，先生娶妻，当然要"平上去入"了。平某这才弄明白，这是纪晓岚巧妙地戏谑他。有个叫林凤梧的人，去拜谒纪晓岚。纪晓岚问他名字可有什么讲究？林夸耀说："我降生前，母亲梦见凤凰栖于梧桐树上，所以我就有了这么个名字。"纪晓岚感叹道："太夫人的预兆可谓佳矣。如果梦到一只鸡飞旋于芭蕉之侧，那足下的名字可就不堪入耳了。"

纪晓岚戏耍太监的故事更是尽人皆知，而且版本众多。说是纪晓岚刚进翰林院那会，太监总管不认识他，见他身穿皮袍手拿折扇，怪模怪样的，随口说了一句："小翰林，穿冬衣，执夏扇，一部春秋曾读否？"纪晓岚听太监是南方口音，便答道："老总管，生南方，来北地，那个东西还在吗？"有一天纪晓岚当值下班时，遇见一位太监向他请教对联，上联是："榜上三元解、会、状。"纪晓岚说下联可对："人间四季夏、秋、冬。"太监问，怎么没有"春"呀？纪晓岚狡黠地说："这就得问你自己了。"还有一次，有个小太监请纪晓岚讲故事。纪晓岚说："从前有这么一个人……"开了个头便不言语了。太监问："下边呢？"纪晓岚故弄玄虚，说："下边？下边没了。"

纪晓岚开玩笑有时连学生也不放过。有一天有两个门生一同来拜见他。两人生理略有缺陷，一个额头有块黑斑，一个左眼失明。纪晓岚见了他们，大笑不止，把两个学生弄懵了，问先生笑什么？纪晓岚说："我偶集得杜甫诗句一联，正好可以分赠给二位。"他把对联念给对方听：片云头上黑，孤月浪中翻。上联出自《携妓纳凉晚际遇雨》，下联出自《宿江边阁》。

类似的故事还有许多，这里就不一一罗列了。

以上这些故事，虽然大都白纸黑字印在书上，但也不一定都是真实的，有些是后人因纪晓岚诙谐机智而附会给他的。不可否认，纪晓岚年轻的时候，恃才自傲，爱出风头，语言刻薄，侮慢同事的事是常有的。请看他自己的一段表白：

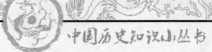

乾隆戊午，余与陈光禄枫崖读书董文恪公家。续而至者为窦总宪元调、刘侍郎补山、蔡殿撰季实、刘观察西野、李进士应弦及陆中丞青来。课诵之暇，辄杂坐斯与堂东厢，以文艺相质正。诸君各意气飞扬，不可一世……余少好嘲弄，往往戏侮青来，青来不为忤，尝试语季沧洲曰："晓岚易喜易怒，其浅处在此，其真处亦在此也。"余闻之有知己之感，故与青来尤相善。

这段文字是写在陆青来遗留的书信后面的。陆青来，名擢，字青来，江苏吴江人。他比纪晓岚年长一岁，他们曾经一同在董邦达家的斯与堂读书。后来陆青来登科入仕，官至湖南巡抚，乾隆五十年（1785年）逝世。有一次纪晓岚在陆青来的儿子处见到陆青来留下的十三封家书，回忆当年，人往风微，徘徊四顾，远想慨然，提笔在那些书信后面写下一篇感情充沛的文字《书陆青来中丞家书后》。

纪晓岚锋芒过露。阅历丰富的老师董邦达早有察觉，曾婉转地予以规诫。乾隆二十四年（1759年）夏天，钱塘画家沈朗为纪容舒和戈锦画《二老比肩图》，同时也给纪晓岚画了一张肖像。工善山水画的董邦达在沈朗画的那张肖像上补上很多翠竹，把风头正盛的纪晓岚置之于幽篁之中，而成《幽篁独坐图》。纪晓岚家乡和居所都没有竹子，为什么这样画呢？纪晓岚向老师发问，董邦达笑而不答。纪晓岚似乎也领会到老师意在规劝，要他隐身林泉。可是，人不跌跤子是不肯接受教训的。福兮祸兮，相伏相依，一场沉痛的教训马上就要降临，灾难正悄悄向仕途得意的纪晓岚袭来。

▰▰▰ 十四　瞻顾亲情　漏言获罪 ▰▰▰

乾隆三十三年（1768年）四月十四日，乾隆皇帝在正大光明殿考试翰林院等官。纪晓岚成绩位列二等十六名，随即被授翰林院侍读学士，使他在翰林院四品官的位置上固定下来。六月二十四日，他又被命充江南乡试副考官。纪晓岚在仕途上扬起了风帆。然而，一场使他宦游航船倾覆的风暴袭来了。

六月二十五日，又一道谕令发出："据彰宝等奏，查办两淮节年提引一案，历任盐政等，均有营私侵蚀等弊，实出情理之外。已降旨将普福、高恒革职，运使赵之璧暂行解任，该商等革去职衔，并传谕富尼汉传旨，将原任运使卢见曾革去职衔，派员解赴扬州，并案质讯矣。"

至此，两淮盐引案大白于天下。这是一桩牵涉多人的贪污受贿大案。其中一个重要案犯卢见曾正是纪晓岚的亲家。随着查案的深入，纪晓岚神使鬼差地被牵了进去。

盐引，是指宋朝及以后历代政府给予盐商凭以运销食盐的专利权证。商人们缴纳包括税款在内的盐价，领取引票。每张引票规定能提取多少盐量，然后凭引票支盐运销。靠卖引票征收的"引税"，在整个盐税收入中所占比重极大，成为政府盐税的主要来源。

盐政执掌督察征课，调剂盐价，并纠察所属盐务官员。盐政一般由盐区所在省的总督或巡抚兼任，唯有长卢、两淮以其事务繁杂特设独立盐政。两淮盐政驻地扬州。盐运使是掌管督察盐场生产、销售（卖引）、运输等各项具体事务的官员。盐商是专营盐业的商人。

　　两淮盐商每年上缴的盐税最多，对朝廷贡献最大，因此清廷对他们很照顾，海内升平时便通过增加销售配额、减少盐税等办法给予经济上的优惠。此外，每次皇帝南巡，都要召对一批盐商，或赐宴，或封官，礼遇规模比于封疆大吏。偶尔碰到盐商们周转不灵的时候，朝廷也会拿出钱来借贷给他们，然后收取利息。两淮盐引案就是由利息银引发的贪污受贿案件。原来两淮盐商受贷后，打算靠多多销盐还账。当时价格平稳，销售很快，于是自乾隆十一年（1746年）起，盐商们便申请提前销售下年的指标，以便用这部分盐税来抵债。然而这个款项，盐政、盐运使都未奏明朝廷，成了自己的"小金库"。替皇上购置古玩器物、打点巡游消费以及办公事宜都要从这里面支出，更多的则被盐政、盐运使、盐商们勾结贪污了。盐商们拿它请客送礼，盐官们用它花天酒地，这一贪就是二十余年。

　　乾隆三十三年（1768年），新任两淮盐政尤拔世走马上任。既是贪贿成风，必有种种龃龉，在新老盐政交接之际，因某个导火线爆出了两淮盐务黑幕。尤拔世上奏一本："上年普福奏请预提戊子纲引，仍令各商每引交银三两，以备公用，共缴贮运库银二十七万八千有奇。普福任内，所办玉器古玩等项，共动支银八万五千余两，其余见存十九万余两，请交内府查收。"奏章在朝中掀起了一场轩然大波。

　　清廷早已把借贷之事忘了个一干二净，经尤拔世提醒，再掐指一算，二十年来，连本带利，已逾千万。尤其令向以精明强干自诩的乾隆帝恼火的是，原以为历次南巡，盐商们的孝敬是自掏腰包，没想到被装进了明着我请客，暗地你掏钱的骗局里。朝廷立即密派江苏巡抚彰宝会同尤拔世详细清查。一查才知道，历年提引余息应归公之银累计一千九十二万多两，除去代购器物、应承巡游、办公开支的费用，还亏空一千一十四万多两！

　　此案牵涉多人，经刑部核实：前任盐政高恒收受银三万二千两，普福私销银一万八千余两，前盐运使卢见曾"娄得商人代办古玩银一万六千二百四十一两"。乾隆帝下令"将卢见曾原籍资财即行严密查封，无使少有隐匿寄顿"。

　　纪晓岚的"娄子"就出在卢见曾身上。

卢见曾（1690—1768年），字澹园，号雅雨，山东德州人。当时卢见曾已经告老还乡。他原本是一位政声和文名俱佳的人物。康熙六十年（1721年）进士，历官四川洪雅知县、安徽六安知州、江南江宁知府、两淮盐运使、长芦盐运使。卢见曾气度高廓，不拘小节，精悍有吏才；以形貌矮瘦，身长不满三尺，人称"矮卢"。

卢氏是明清时代德州四大家族（田、卢、李、谢）之一，自明嘉靖年间起，历代仕宦。在卢见曾任过职的地方，其宦绩被载入方志。嘉庆《洪雅县志》称他"为政公慎勤明，甫莅任，即除不便于民者数十条，凡所举皆餍人心。在官日，著有《雅江新政》一书，至今传颂。尤加意士林，建雅江书院，与诸生讲诵无间时，并于其地立望春阁、雅雨楼诸胜，后遂以雅雨自号"。其他如《续天津县志》、《滦州志》、《德县志》、《六安州志》等都对卢见曾有所褒赞。

卢见曾文名也非常显赫。读书吟诗与名流相唱和，主东南文坛，一时称为海内宗匠。他在扬州主持两淮盐务期间，许多著名诗人、学者都是他的座上宾，袁枚《随图诗话》记载，卢见曾"尝赋《红桥修禊》四首，一时和者千余人"。

卢见曾于乾隆二十二年（1757年）暮春，在扬州瘦西湖的红桥举行修禊活动。四方雅士，应邀参加，名人荟萃，群星灿烂。那位"三绝诗书画，一官归去来"辞官寓居的郑板桥先生也应邀赴会，并与卢见曾互相唱和。六年之后，卢见曾于清明日又邀几位名士泛舟红桥。郑板桥再次光临，卢见曾赋诗赠曰：

> 一代清华盛世饶，冶春高宴各分镖。
> 风流间歇烟花在，又见诗人郑板桥。

那日天公不作美，一片阴云遮住了明媚的阳光，但诗人心情依然很好，郑板桥即赋《和卢雅雨红桥泛舟》一首：

今年春色是何心，才见阳和又带阴。

柳线碧从烟外染，桃花红向雨中深。

笙歌婉转随游舫，灯火参差出远林。

佳境佳辰拼一醉，任他杯酒渍衣襟。

这样一个温雅之士，竟然与贪官污吏同科，似乎不可思议。其实，一个人处在复杂的社会环境之中，身上反映出不同的棱面，是不足为奇的。

早在乾隆元年（1736年），卢见曾就因政绩突出被特授两淮盐运使。到任之后，他发现盐商们倚仗财势，勾结官府，巧立名目，侵犯"灶户"（即盐民）土地所有权。广大盐民多受其害。卢见曾采取措施，清理盐政积弊，兼筹并顾，使盐民均沾其惠。谁知此举竟遭人忌恨，卢见曾被人寻隙弹劾，羁扬州董相祠候勘三年，期间以饮酒著书为事，后定案判流放，临行作《承恩出塞留别扬州诸故人》诗曰：

解网纶言下九阍，孤臣犹在识天恩。

三年便许朝金阙，万里何辞出玉门。

沙暗阴山秋猎壮，雪明翰海夏裘温。

多情应信扬州日，直送征轮到塞垣。

卢见曾流放塞外，未及两年召回，授直隶滦州知州。乾隆十八年（1753年），他再任两淮盐运使时，两淮盐政的盐官与不法盐商沆瀣一气，形成一个大染缸。历任盐官利用积私之银多次为皇帝购置古玩、打点巡游消费。上行下效，肆无忌惮，流弊已深，积重难返。卢见曾在官场滚打多年也没有了当年的锐气，在那种氛围之中，也很难洁身自好。不法盐商，深谙行贿诀窍。他们因人而施，或投以金钱，或献以美女。卢见曾幸好收藏，不法盐商投其所好，以金石书画敬献。卢以为这些东西较比金钱文雅，用以结交上司，也不易暴露，故优容笑纳，浸久成习，不能自拔。他经常邀宴文士，醴酒之费，岁辄巨万，占用公款也就顺理成章了。要不是两淮盐界首脑更替，在交接中因某种偶然因由和纠葛捅破窝案，两淮贪风还不知要延续到什么时候。乾隆二十九年（1764年），七十四岁的卢见曾告病乞归，被准致仕告老还乡。离任前作《留别扬州》诗，其中有这样两句："从此风波消宦海，始知烟月足家园。"

回到德州，卢见曾修建了雅雨堂，征请书家和工匠，整理刻印自著和收藏的书籍。他以为真的风波消宦海，从此可以安度晚年了，谁知晚年并不清静，祸事马上临头了。

纪晓岚身为侍读学士，常当值于内廷，闹得沸沸扬扬的两淮盐案他不会不有所耳闻。女儿的婆家大难临头，他也不会不为之揪心。爱妾郭彩符这期间也会有枕边微风。反正他在六月十三这天见到女婿卢荫文时，传递给他一个信息，说两淮盐务有"小菜银两"正在查办。这就是所谓"漏言"一节。纪晓岚这一句听似轻描淡写的话，引起卢家的惊觉，赶紧又向与自家私交颇深的赵文哲、王昶等人打听，得到的答案绝非小菜银两，而是惊天大案。其结果是，奉旨查抄卢府的山东巡抚富尼汉奏报："卢见曾家产，仅有钱数十千，并无金银、首饰，即衣服亦甚无几。"

乾隆皇帝得报大怒："查封卢见曾家财廷寄于六月二十五日驰发，而初次查办此案谕旨并未传钞，伊家何以早得风声，于十一、十八等日预先寄顿？其中情节甚属可恶，岂有旨未到而外人已知之理！"于是下令"严切究审，令将得之何处、何人，实情吐供，不得任其稍涉含糊"。

这一究查，纪晓岚通风报信的事被揭露出来。关于纪晓岚向亲家通风报信一事，在野史杂记和民间传说中有许多不同版本。一说纪晓岚得到要查抄卢府的消息，立即命一亲信给卢府送去一只檀木盒。卢见曾打开木盒，见里边仅有一只信封，信封里装有一撮茶叶和几颗盐粒。卢见曾好生奇怪，终于悟出"弹劾、严查、查盐"的寓意；一说纪晓岚派一家人急赴德州卢府，见到卢见曾，那家人伸出右手，掌心有一"少"字，卢悟出此乃"抄家"之意。

这些传说也许是人们根据纪晓岚的聪敏机智推论出来的。实际上纪晓岚不大可能在如此重大的事件上玩弄小技巧。不管怎么说，纪晓岚这回是在劫难逃了。

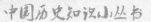

　　负责查办泄密案的是大学士刘统勋。刘统勋是纪晓岚的座师，且对纪的才华颇为赏识，但此公立身清正，率直坦荡，为官刚毅不阿，厘剔奸弊，从不姑息。他在审案中，对自己的门生毫不徇私，认真查究。很快，有人泄漏消息，致使卢见曾转移资财的情况一一查清。漏泄消息，通风报信的除纪晓岚外，还有做过卢见曾幕僚的军机处行走中书赵文哲、军机处行走郎中王昶、跟卢见曾称师生关系的候补中书徐步云等人。

　　两淮盐案定谳，一大串贪官和大批不法盐商受到严惩。高恒、普福判斩监候，秋后处决。卢见曾隐匿提银银两，私行营运寄顿，定绞监候。卢见曾被关进扬州监狱，没多久就死在里边了。四名为卢见曾通风的官员分别惩处：赵文哲、王昶被判三年徒刑，被将军阿桂带去军中远征缅甸，将功补过；徐步云发配伊犁；纪晓岚因"瞻顾亲情，擅行通信，情罪亦重，着发往乌鲁木齐效力赎罪"。

　　关于瞻顾亲情一节，稗官野史也有生动的描写。据说，乾隆帝当面责备纪晓岚漏言通风，纪晓岚还狡辩说实在是没通报一个字。皇上说："人证确凿，你还掩饰什么，朕只是问你到底是用什么办法把信透过去的？"纪晓岚于是把真情说了出来，并脱帽拜谢说："皇上严于执法，合乎天理之大公。小臣惓惓私情，犹蹈人伦之陋习。"皇上称赞他言词得体，为之一笑，因而从轻发落。

　　此案对纪晓岚是一次沉重的打击。正待乘风破浪的畅游宦海的纪晓岚，顿时樯倾楫摧，退流千里，等待他的是漫漫西谪路，凛凛大漠风。

十五　充军新疆　谪路漫长

乾隆三十三年（1768年）八月，四十五岁的纪晓岚被削去一切职衔，自己掏腰包套一辆马车，带几个家奴，离开京城，踏上漫长的西谪之路。京畿的八月，正是丰收的季节，成熟的庄稼覆盖着原野。往西行走，离京城越来越远，天气渐渐寒冷起来。秋风萧瑟，树叶飘零。仕途的艰险，人情的冷暖，无情地刺激着纪晓岚那颗才高志大的心。

一天早起出发，忽而乌云密布，山雨欲来。一个叫于禄的奴才，见天色不好，连忙把自己的衣物塞到车箱底部，而将纪晓岚的衣服覆盖在上面。谁知走了十多里地，并未下雨。马车陷进一处淤泥路，水从车底下浸漫上来。于禄害人反害己，自己的衣物被洇湿了。对于这件小事，纪晓岚在当时的处境下非常敏感，耿耿于怀。要不是他倒了霉，谁敢如此对待翰林学士？真是墙倒众人推，破鼓万人捶。

纪晓岚在路上度过了半个秋天和整整一个冬天。在凄厉的寒风中，他感慨万千，吟出了这样的诗句：

　　　　蝮蛇一螫手，断腕乃不疑。

　　　　一体本身爱，势迫当如斯。

　　　　世途多险阻，弃置复何辞？

　　　　恻恻《谷风》诗，无忘安乐时。

自古文人墨客遭遭被贬，常常以诗抒怀。纪晓岚的诗中，似乎没有过多的怨尤，只有隐隐的痛楚。因为顾念儿女亲情，以致"蝮蛇螫手"，形势所迫，壮士断腕。对于仕途的颠沛，他只好面对现实"弃置复何辞"。他以《诗经》里的《谷风》诗来自我安慰。他回忆起春天为人题画的事，似乎觉得此劫已属定数。当时有人拿着一幅《蕃骑射猎图》求他题字。纪晓岚为画面上那跨马奔驰的西域猎手和辽阔无垠的天山草场所吸引，提笔在画上写了这样几句诗：

白草粘天野兽肥，弯弧爱尔马如飞。

何当快饮黄羊血？一上天山雪打围。

诗中豪情满怀：我什么时候能上天山趁雪打围，痛痛快快地喝上一口黄羊的热血啊！结果，这回真的要上天山了。只不过他是以流放者的身份被迫而去的。

谪戍、充军、发配属于流刑，它是一种古老的刑罚。西域流人在上古时期就有黄帝将罪臣茄丰发配到玉门关外二万五千里的传说。其后历代常有发往西域者。清代谪戍，初期是东北的尚阳堡、宁古塔或乌喇，后来又有齐齐哈尔、黑龙江、三姓、喀尔喀、科布多等处。乾隆二十年（1755年）至二十四年（1759年），新疆北路与南路次第收入大清版图，这才有了将罪犯发往西北伊犁、乌鲁木齐、巴里坤等地的制度。

早在事发关押候审期间，纪晓岚就对自己的前景十分担忧。看押他的一位姓董的军官会测字，纪晓岚就写了一个"董"字让他卜测吉凶。那位军官端详了一会说："先生就要被发配到很远的地方去了。"他解释说，"董"字为草字头，草头也是"萬"字头，下边的"重"字可分为"千里"二字，这就是说您要远行千里万里了。纪晓岚又写了一个"名"字，请他继续拆测。董某说，下部为"口"，上部为"外"的半边，看来您要去口外了。还有，日偏西为夕，夕与西又是同音，您要去西域了。犯人流放，凶多吉少。古今多少志士仁人惨死在流放地或流放途中。纪晓岚听了胆战心惊，忙问："我还能回来吗？"董某说，"名"字跟"君"字相近，皇上一定会恩赐您回来的。"那么哪年才能回来呢?"纪晓岚问,董某说:"'口'为'四'字之外围,而中缺两笔,说明用不了四年就可以回来,今年是戊子年,到第四年为辛卯年,'夕'字是卯字的偏旁,大概辛卯年您就可以回来了。"

这段故事说明,那位军官经常看押被拘的朝官,经历过好多遭遭的案例,有了经验。比如对纪晓岚的判处,比照的是《大清律例》"泄漏军情大事条"。条文规定:"若近侍官员漏泄机密重事(不专指军情,凡国家之机密重要皆是)于人者,斩(监候);常事,杖一百,罢职不叙。"按判决结果,的确是属于从轻发落了。纪晓岚得到能在四年之内赦还的预测,心中有了些许慰藉。

往西行走,天气愈冷,北风凄以厉,飘落霜雪降。走过武威,出现了广袤的戈壁和起伏连绵的雪山。纪晓岚望着无边无际的大小石砾,不由想起唐边塞诗人岑参留下的形象的诗句:"十日过沙碛,终期风不休。马走碎石中,四蹄皆流血。""今夜不知何处宿,平沙万里绝人烟。"

唐朝"西出阳关无故人"的阳关,和"春风不度玉门关"的玉门关,都已不复存在。纪晓岚沿新开辟的军台路走向嘉峪关。嘉峪关,始建于明朝洪武五年(1372年),因建在嘉峪山西麓的岩岗上而得名。嘉峪关附近的一段长城,呈西南东北走向,把河西走廊截断。关城高垒建瓴,四周平沙辽阔,城堡金汤可守,堪称天下雄关。嘉峪关并非孤城一座,还有沿长城的要塞城堡和星罗棋布的烽燧,形成一处完整的军事防御体系。

嘉峪关当时设有巡检一员、游击一员、千总二员、把总二员,驻防马步战兵卒二百八十名,守兵一百四十四名,加上所辖城堡、墩台的守兵,总数达八百余人。关门由武营把总掌握锁钥,每日开关之时扬旗鸣炮,声威甚壮,对出入人员严加盘查。

纪晓岚虽为犯官,毕竟曾是内廷朝臣,守关官员不会怠慢于他。他登上关楼,极目天涯,只见云山浩渺,大漠苍茫。此地与南巡所见江南水乡风光迥然不同,别有一番壮美的气势。北望黑山,峰峦起伏,茫茫如大海波涛,万里长城从崇山峻岭间蜿蜒而来;南眺祁连山,逶迤崎侧的山峦,顶戴着缕缕白雪;西望玉门古道,苍莽坦荡的砾石,无边无际,其间夹杂着小片小片的杨树林，好一派光怪陆离的塞外奇景。

万里长城到了嘉峪关外已经失去了高大巍峨的雄姿。关南被称作龙尾的一段长城，只是横亘在戈壁沙滩上一堵长长的夯土墙。初到嘉峪关，有一处墩台引起了纪晓岚的注意。在无垠的荒漠上，耸立一处高大的土丘，人们叫它"天生墩"。上面驻有军队。士兵们冬天收集冰块，夏天贮存雨水，以供自身和过往驿使饮用。纪晓岚登上土丘仔细观察，听人说这里原来是一座土山，后来飞石流沙逐渐将山湮没，只露着山尖。当年岳钟琪将军西征至此，认为有山就有水，就命令士兵在土丘上凿井。凿到十几丈深时，那些在井底持锹的士兵忽然都陷到地下去了。人们趴在井口一听，井底风声呼啸，势如奔雷，井也不敢凿了。纪晓岚到达时，仿佛还能看出井口的痕迹。直到今天，嘉略关附近的戈壁滩地下水源仍很丰富，据说夜深人静时，耳朵贴在地上可以听到哗哗的流水声。

纪晓岚在塞外发现岳钟琪将军的遗迹，使他有了一份亲切感。他在京城虎坊桥那处住宅原先就是岳钟琪将军的旧第，父亲纪容舒进京后买了下来。岳将军在康、雍、乾三朝屡建战功，官至兵部尚书，加太子少保，封威信公。就在纪晓岚考中进士那年，岳将军去世了。岳钟琪西征之事，在雍正八年（1730年），当时他任西路宁远大将军，率师征讨准噶尔台吉噶尔丹。那次征讨，得胜而归。

出嘉峪关，过哈密，进入巴里坤地界，见到了汉朝裴岑"破呼衍王碑"和唐朝"侯君集平高昌碑"两件古代遗物。

裴岑为东汉顺帝时期的敦煌郡太守。顺帝阳嘉四年（135年），北匈奴呼衍王率兵侵占归附汉朝的车师后部（治乌涂谷，在今巴里坤至乌鲁木齐之间）。永和二年（137年）八月，裴岑率郡兵三千出击巴里坤，斩杀呼衍王。车师后部复归汉朝。后人立碑以记其事。岳钟琪驻扎巴里坤时，曾将碑收到将军府内。后来又湮没土中。纪晓岚发现那通碑时，碑刚被屯田兵士挖出来不久，放在城西十里的海子（即今巴里坤湖。新疆人称湖泊为海子）岸边的关帝祠中。由于处在偏僻的西域，石碑无人摩拓，石刻锋棱犹完整无损。碑文共六十字：

维汉永和二年八月，敦煌太守云中裴岑，将郡兵三千人，诛呼衍王寿，斩馘部众，克敌全师。除西域之灾，蠲四部之害。边境乂安。振威到此，立海祠以表万世。

碑文文字简练，记述清楚。说的是汉代永和二年，裴岑将兵三千，斩杀了名叫寿的呼衍王，并消灭了他的部众。消除了前后车师以及焉耆、疏勒等各部的祸患，使边境得到治理，安定下来。"馘"是割下死人左耳。古代作战为了统计杀敌的数量，往往采取这种办法。当地人说立有古碑的海子里住有冷龙，城中不得鸣炮，鸣炮则冷龙震动，天气奇寒。

平高昌碑在阔石图岭山脊上。驻守的清军用砖石把碑砌起来，不让人读，因为一读碑，就会风雪骤至。高昌（故址在今新疆吐鲁番市东四十公里处）原为唐朝属国。高昌王麴文泰执政时转投突厥。唐贞观十四年（640年），唐太宗命侯君集为交河道行军大总管，率大军征讨高昌。当时高昌国内流传童谣："高昌兵马如霜雪，汉家兵马如日月，日月照霜雪，回首自消灭。"说明高昌人民盼望唐朝统一。

平高昌碑为姜行本所立。姜行本时任行军副总管。他在巴里坤松树塘附近囤积粮草，置办军马，伐木制作战车、抛石机等攻城兵器。战争取得全胜，姜行本把那里的一通班超记功碑磨去原文，改刻上记述侯君集平高昌的战事的碑文。碑文七百余字，其中战争场面写的雄奇有力，浩气冲天：

从贞观十四年五月十日，师次伊吾折罗漫山，北登黑绀岭，未盈旬月，克成奇功。伐木则山林殆尽，叱咤则山谷荡薄。冲梯暂整，百橹冰碎，机槍一发，千石云飞。墨翟之拒无施，公输之妙讵比。大总管运筹帷幄，继以中军铁骑亘原野。金鼓动天地，高旗蔽日月，长戟拨风云。自秦汉出师未有如斯之盛也。

文中"冲梯"即攻城的云梯，"机槍"是发射礌石的器械。"墨翟、公输"，是用春秋战国时期鲁班和墨子互制攻城守城器械的典故，极言攻城利

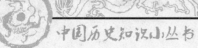
器之强，敌人无法抗拒。其结果是高昌王的军队不堪一击，冰消瓦解。高昌从此收归唐朝。如今这两通碑都保存在新疆维吾尔自治区博物馆内。

这些历史上为维护国家统一而建立功业的人物遗迹，后来都被赋予了神圣的色彩。远戍边徼的纪晓岚感染到一股"刀光见塞月"，"丈夫誓许国"的豪迈气派。

十六　效力军署　安抚遣犯

经过将近半年的艰难跋涉，纪晓岚于乾隆三十四年（1769年）二月到达乌鲁木齐。清朝统一天山南北之后，乾隆皇帝把西域改称新疆，以伊犁为新疆都会。乾隆二十七年（1762年）十月，设伊犁将军，负责调度军事，统辖天山南北直至帕米尔高原广大地区。伊犁将军府下设参赞大臣、办事大臣、领队大臣等分别管理包括乌鲁木齐在内的各地军政事务。办事大臣配备同知，协理民政。

乌鲁木齐军办事大臣温福因纪晓岚素有文名，又来自天子身边，自然知道该如何处置，就在军署里给他安排了一个印房章京的差事，相当于现在的办公室主任兼秘书。任务是"草奏草檄"，还管着公章大印。这样，纪晓岚就有了比较适合他习惯的工作生活环境。虽然公务繁忙，心情还算舒畅。纪晓岚身边有一位负责做文字翻译工作的笔帖式，名叫乌鲁木齐。据说在那人出生的时候，他父亲梦见他的祖父，祖父告诉生下孩子应该叫"乌鲁木齐"。当时父亲不知乌鲁木齐是什么意思，就这么叫了，谁知后来这人真的来到了乌鲁木齐。乌鲁木齐在那里有了多年的经历，常讲一些当地发生过的故事给纪晓岚听，使纪晓岚的谪戍生活又多了几分情趣。

乌鲁木齐在当时不是城市，而是一个地域的名称。当地人发卷舌音，"乌鲁木齐"四个音节一滚而出。对于它的含义有多种解释。"乌鲁木齐，译言好围场也"这是纪晓岚的说法。今天的新疆人一般认为乌鲁木齐系蒙古语，寓意为"优美的牧场"，跟纪氏之说相近。也有学者认为它源自突厥语，含有"绿绿的一片地方"和"经过的地方"、"枢纽之地"等意义。这一语义与当地地貌和历史相吻合。

新疆的地形是三山两盆地，天山居中。乌鲁木齐是天山中部的一个大山结点之地，又是一处交通枢纽。此地沟谷纵横，八方贯通。整个乌鲁木齐地区地貌繁杂，囊括了山脉、高峰、沟谷、盆地、平原、河流、湖泊、沼泽、草原、森林、河流、戈壁等各种陆相地貌。

早在汉朝这里就开始屯田，成了一处多民族聚居的地方。汉代在这里开辟了丝绸之路新北道。唐朝，为了促进丝绸之路北道的繁荣和发展，于太宗贞观十四年（640年）在乌鲁木齐东南平原上置轮台县（遗址在今乌鲁木齐市东南约十五公里处的乌拉泊），驻有"静塞军"。后来在轮台设收税城，负责征收北道上的税赋。唐轮台实际上成了丝绸之路上的一座管理城、保障城。它是依托丝绸之路发展起来的一个繁荣去处。过往的商旅常常要提到那一处经过的枢纽之地。

历史的风烟逐渐将汉唐的一些古城湮灭。轮台古城只留下几段千疮百孔的夯土残垣。到了明末清初，蒙古准噶尔部强盛起来，占据西域地区。清朝入主中原，多次遣使者与准噶尔联系，但准噶尔不予理睬。康熙二十七年（1688年），准噶尔台吉噶尔丹发动叛乱。他勾结俄国，威胁清政府。清康、雍、乾三朝，多次出兵征战，直到乾隆二十四年（1759年）才将西域准噶尔和大小和卓木的叛乱彻底平定，统一了新疆。

乌鲁木齐原无城，乾隆二十二年（1757年）三月，五千名清军自巴里坤开进乌鲁木齐。第二年，驻军在乌鲁木齐河东岸明代居民区（今南门外二道桥以北）修筑了一座周围只有三里的土城，后称旧城。

乾隆二十一、二十二年（1756—1757年），陕甘总督黄廷桂两次向朝廷奏议，要求在乌鲁木齐开放哈萨克马市，得到允准。二十三年（1758年），任命努三管理乌鲁木齐贸易事务，次年又派安泰总理那里的屯田和贸易。随着农业、手工业特别是商贸业的迅速发展，这里人口骤增。到了乾隆三十年（1765年）底，又开始在旧城以北修筑新城（今乌鲁木齐市区大小十字一带）。新城最初选址东山脚下，正在那里流放的御史观成建议移到靠近乌鲁木齐河以期用水方便。乌鲁木齐筑城后，皇帝赐名"迪化"，含有启迪教化之义。

　　纪晓岚到达乌鲁木齐时，迪化新城建成不久。但那里已成为耕凿弦诵之乡，歌舞游冶之地。他登上城北的关帝庙戏楼，俯瞰城区，但见草木繁茂，薄雾氤氲；房舍栉比，街衢交错。于是蕴成一诗：

> 山围芳草翠烟平，迢遞新城接旧城。
> 行到丛祠歌舞榭，绿氈毹上看棋枰。

　　乌鲁木齐虽然成了一个比较繁华的边疆城市，毕竟无法与京师相比，纪晓岚未免有些寥落孤寂。可喜的是，在迪化城西有一处称作"树窝子"的地方可供游玩。树窝子是乌鲁木齐人的口头语，指地形低洼、树木茂密的地方。那处树窝子古树参天，遮天蔽日，绵延数十里。乾隆二十九年至三十年间（1764—1765年），伍弥泰任乌鲁木齐办事大臣期间，和同知坤某在深林中修建了一个亭子（故址在今乌鲁木齐人民公园湖心亭附近）。伍弥泰喜好吟咏，有一首诗留在某驿站的墙壁上，风格颇具中唐气韵：

> 极目孤城上，苍茫见四郊。
> 斜阳高树顶，残雪乱山坳。
> 牧马嘶归枥，啼鸟倦返巢。
> 秦兵真耐寒，薄暮尚鸣骹。

　　这位蒙古族儒将为亭子取了个文雅的名字：秀野，并亲自题写了匾额。秀野亭就成了游人活动的场所，每年二三月份，游人载酒不绝。纪晓岚初到之时对那一处胜景也觉得很新鲜，案牍之暇常常漫游其间，有时温福将军到秀野亭宴请宾客，也带上纪晓岚参加。纪晓岚有诗记载：

> 秀野亭西绿树窝，杖藜携酒晚春多。
> 谯楼鼓动栖鸦睡，尚有游人踏月歌。

就是这样一处风景优美之所，却因头年发生的一件流民暴乱事件被蒙上可怕的阴影。距乌鲁木齐不远的昌吉前年发生一起犯屯暴乱。暴乱被镇压后，把抓住的叛民全部押进这片密林深处杀死了。从此，树林里经常出现一团团的黑气。夜间行路的人一遇上黑气就会迷路。和纪晓岚同年发配到乌鲁木齐的原盛京刑部郎中德亨，有一天到秀野亭散步，忽听有人大声说话："你快回去吧，我要在这里宴客啦！"德亨四下巡视，并没有人的踪影。白日见鬼了，吓得德亨狼狈逃回。

德亨把这事告诉纪晓岚。纪晓岚觉得有必要扫掉留在人们心头的阴霾，为大家也为自己打扫出一个幽静清闲的去处，于是他说，黑气是阴魂集聚所致，阴邪之气最怕阳刚之气，可以用火器驱散。他安排了几名士兵，于月明之夜潜伏在密林中，待黑气出现，用火枪猛然轰击，后来黑气再也不见了。

昌吉暴乱发生在乾隆三十三年（1768年）八月十五。那天，昌吉犯屯的屯官在山坡上摆宴犒赏屯民。屯民带着家眷，男女杂坐。屯官喝醉了，强迫屯民的妻女为他唱歌取乐，遭到拒绝之后，那屯官还嬉皮笑脸地上前拉拉扯扯，结果激起众怒。屯民都是从内地因事迁遣而来，本身就有一肚子怨气，加上平日受屯官们的欺压，借着酒劲一哄而起。他们杀了屯官和屯兵，占据了军需库，拿下了昌吉城。

十六日天刚亮，乌鲁木齐就接到报告，温福立即组织兵力准备镇压。可是当时值班的兵士都分散在各个军屯里，城中只招集起一百四十七人。温福率领这些士兵快速出城，行至城西北红山口，守备刘德匆忙赶到温福的马前，请求把军队停下来。从乌鲁木齐到昌吉，过了红山就都是平坦之地了。刘德说："此地距昌吉九十里。如果我们飞马驰奔，只须一天就赶能到城下，可是叛军以逸待劳，我军疲惫不堪；叛军居高临下，我军仰高攻城，恐怕我们这一百多人难以取胜。叛军占据了昌吉，气势正旺，他们一定会发兵来犯乌鲁木齐，我们不如就在这红山口据险隐蔽。山下一马平川，又有宽阔的玛纳斯河，叛军无险可据，我们以逸待劳，据高击下，定能克敌制胜。"温福觉得很有道理，就依了刘德。

时过不久，叛乱的屯民果然骑着马冲了过来。刘德左手持红色的令旗，右手握锋利的战刀，高声命令："看叛贼踏起的尘土，不过一千多人。他们都是乌合之众，骑的又是生马，大家不必害怕！等他们走近了，你们单腿跪在地上，把火枪仔细瞄准他们的马匹，只要马一受伤，他们的阵脚就会大乱。"他还告诫士兵，一定要沉住气，等叛军走近了再开枪："你们看我的令旗挥动，才准许开枪；有敢先开枪的，我杀了他！"

叛军越走越近，火枪乱发，枪弹呼啸，鸣声震耳。刘德说："这是虚弹，不起作用，不用理他！"等到前锋有一个官兵被叛军射来的铅弹射中了，刘德说："这说明火力够得上了，给我打！"于是令旗一挥，众枪齐鸣，叛军的坐骑纷纷中弹，自相冲击，阵脚大乱。官军呐喊着冲下山去，叛军大败。

乌鲁木齐到昌吉一带的地形，北面是天山，南面是苇湖和沼泽。叛军败后本应退据守昌吉，可他们却向南北乱窜，陷入绝境，多数遭杀戮，剩下三十多人也做了俘虏。

昌吉之乱虽非纪晓岚亲历，但毕竟发生在他刚刚到达之前，从当事人口中得到的情况比较翔实，正如他后来所记："剿灭叛乱的捷报不可能叙述事件的各个细节，今根据当事人提供的情况详细著录，为的是使发生在这里的这一事件不至于被湮没了。"

对于那场暴乱，纪晓岚有自己冷静深沉的思考。当时昌吉有好几个犯屯，各屯的遣犯总共一千多人。事情本来是由一个犯屯引起的，可是所有遣犯都参加到叛乱队伍中来了，原因是遣犯本来生活得很艰苦，又经常遭受屯官的凌辱和欺压，不满情绪长期积压，一遇因由，就立即爆发了。对整个事件的记载，纪晓岚赞扬了两个人。一个就是刘德，他长得样子看起来像个农村老头，然而临阵却那样镇定自若，指挥有方；一个是赫尔喜，他原是昌吉的通判，那天正好到乌鲁木齐核检仓库，得知昌吉出事了，赫尔喜很悲痛，他单骑迎头冲入叛军阵中，力图说服叛军归降，但是已经势不可回。叛军们说，知道你是好官，但我们被逼无奈，不能听你的了，于是他和叛军格斗而死。纪晓岚借公众之口称赞这位小通判"推是志也，虽为常山、睢阳可矣",堪与唐朝的颜杲卿、张巡的事迹相媲美。

颜杲卿在安禄山叛乱时起兵拒贼,据守常山(今河北正定)时,粮尽矢绝,城陷被执。颜杲卿被押到洛阳,见到安禄山,当面责骂叛首,被叛军所杀。死后追谥"忠节"。张巡也是一位抗击安禄山的忠臣。唐肃宗至德二年(757年),他移守睢阳(今河南商丘市南),与太守许远以微弱的兵力抗击数十万叛军。苦守睢阳数月、粮尽援绝,城陷被杀。

纪晓岚把赫尔喜这样一个小人物跟历史上的忠节大臣相比附,看得出他维护国家统一、社会安定,拥护朝廷治理新疆的鲜明坚定立场。他还结合暴乱事件谴责了一些人,一是在赞扬刘德的同时,贬斥温福身边那些"参将都司,徒善应对趋跑耳";二是揭露了"某参将"弄权贪色的丑闻。温福将昌吉暴乱情况上报朝廷。乾隆皇帝下旨,"务要立即严惩,剿戮务尽"。根据皇帝的旨意,把暴乱首犯处以绞刑,从者斩首,家眷赏给有功兵将为奴。乌鲁木齐参将某具体掌管分赏之事。他利用职权,挑选了最标致的四个女子据为己有。他派人专门教给她们歌舞,让她们浓妆艳抹,穿上漂亮的衣服,佩上贵重的首饰,个个花枝招展,仪态万方,人人见了都为之神魂颠倒。

后来这个参将迁升为金塔寺副将,临上任之前,命童仆打点行装。一打开衣箱,忽然有四双女人的绣花鞋自动跳了出来,如同蝴蝶一样满堂乱飞,用棍子一个个地打落在地,还在蠕蠕蠢动,呦呦有声。有人说,这是不祥之兆。那个参将上路赴任,走到辟展,在军台里因鞭打台员,被论罪罢官,谪戍伊犁,后来死在那里。

这些看似讲因果报应的记载,意在告诫持政者,不可胡作非为激发民变。备受纪晓岚推崇的那个赫尔喜在暴乱刚发生时说,流人叛乱是因屯官行为不当激发事变,造反未必出自他们的本心。

遣犯屯田是新疆屯田的一种形式。清朝自平定准噶尔后开始在乌鲁木齐屯田。屯田分军屯、民屯、犯屯几种形式。起初是军屯。乾隆二十二年(1757年),首批绿营兵五千名和回兵百名在乌鲁木齐屯田。二十七年(1762年),清军开始携眷驻防。这年五月,甘肃兵二百八十多人带家眷来乌鲁木齐落户,军屯迅速发展起来。

民屯始于乾隆二十六年（1761年），这年先把部分军屯改为民屯，又由陕甘总督调集甘肃的安西、肃州等地贫民二百多户八百多人首批迁往乌鲁木齐参加民屯。

犯屯又称遣犯屯，因遣犯又称流人故又称流屯，多为内地犯罪之人发往新疆屯垦。犯屯始于乾隆二十六年（1761年）。犯屯有屯兵监督管理，所以又是一种兵犯合屯。那年四月，内地首批遣犯发配到乌鲁木齐屯田，第二年又一批遣犯发来。为了鼓励遣犯带家眷前来种地，政府规定，对携眷遣犯"先给屯田十二亩，与兵丁一体计亩纳粮"。对遣犯家属"酌给地五亩，自行开垦"。

昌吉事件的发生，说明遣犯管理上潜伏着危机，弄不好会影响边疆的安宁和国家的统一。

当时还有一种情况，携带家眷的遣犯，五年之后可以转籍为民，编入民户。那些没有家眷的单身遣犯则没有这种机会，只好终身成役。历年积累，到了乾隆三十五年（1770年），单身遣犯已达六千多人。这些人情绪激愤，互相煽动，大有一触即发之势，其危险程度远甚于昌吉那种携眷遣犯。

纪晓岚为官仁厚，历来主张持政治民须酌乎事势，趋利避害。此时他又只身远戍，感同身受。为防患于未然，保障边疆社会的长久安宁，他于乾隆三十五年（1770年）夏天，草拟奏稿，由办事大臣巴彦弼上奏，得到允准，六千多单身遣犯同日脱籍。原办事大臣温福已升任福建巡抚，巴彦弼接任其职。巴氏对纪晓岚依然十分信任，使这件仁义之举得以促成。

十七　边疆览胜　东归纪诗

人生的得失祸福往往相伏相倚。从京师谪戍新疆的纪晓岚，固然离别了京都的繁华与京官的荣耀，却十分难得地踏进了一个别有洞天的新世界。

对于纪晓岚来说，新疆的一切是那样地新奇和陌生。他发现，他以前疑为葨稗之类的青稞竟和大麦差不多，可以酿酒，可以喂马，人也可以用作面食吃。史书中记载的所谓息鸡草，原来就是芨芨草。所记马吃一点就饱的说法竟是大错特错，因为马根本就不吃那种东西。他原来听说塞外有红柳，以为就像福建的朱竹一样，待见到实物，才知道那样子似柳非柳，皮色稍微发红，其中棵大的可以做器物。真是百闻不如一见，自以为学问淹通，世间事物无所不晓的纪晓岚方才明白扩大眼界就可以增长学问，阅历既广，学问弥深。

乌鲁木齐百业方兴，各类人物休养生聚。奇异纯朴的风土人情，辽阔壮美的山水景物，扑面而来。纪晓岚尽情地观览、吸吮、咀嚼，在心底积累起丰富的知识。到他在赦还东归途中，一百六十首精美的诗篇一泻而出直至他晚年撰写《阅微草堂笔记》时，千百则新疆的故事涌上笔端。

天山，是纪晓岚最为神往的地方。它是一条横亘新疆的大山脉。乌鲁木齐城东不远的博克达山（今称博格达峰），是天山山脉的一处高峰。那里重峦叠嶂，冰光映日，有三座高峰突兀而起，主峰顶上常有彩云缭绕。炎热的夏天，纪晓岚在城中遥望峰顶，见积雪皓然，于是诗句在胸中蕴成：

流云潭沱雨廉纤，长夏高斋坐卷帘。
放眼青山三十里，已经雪压万峰尖。

云满西山雨便来，田家占候不须猜。
向来只怪东峰顶，晓日明霞一片开。

博格达被当地人尊为神山，每年都要以香帛等物致祭，因主峰距迪化城有二百里的弯转的山路，行走不便，人们就在城西虎头峰上原蒙古额鲁特人立的敖包处遥拜祭祀。纪晓岚后来有诗追记其事：

烟岚遥对翠芙蓉，鄂博犹存旧日踪。
缥缈灵山行不到，年年只拜虎头峰。

诗中"鄂博"即敖包，用石头、土块堆积而成，是蒙古人为纪念某一件大事或祭祀山神的标志物。

从乌鲁木齐通往吐鲁番，过博格达南山口，要翻越几重险峻的坡岭。纪晓岚发现当地人凡通过那段路程，都恭敬肃然下马而行，有人告诉他，那是因为害怕冲撞了博格达山神。

那位名叫乌鲁木齐的笔帖式，后升为印房主事。他给纪晓岚讲了这样一个故事：以前有个叫杂役巴拉，参加过平定叛乱的战争，作战非常勇敢。战斗中巴拉被流矢射中，箭从左脸穿进，从右耳露出。在这种情况下，他还奋力砍杀敌人，与敌人一起倒下。有一次乌鲁木齐去孤穆第（又写作孤木地，即今米泉县古牧地）办事，梦见巴拉来拜见他。因为是在梦里，乌鲁木齐忘记他是死了的人，就跟他问话。乌鲁木齐问他如今做了什么官？巴拉告诉他说，讲忠义的人是被天帝所器重的，凡是为国捐躯的，阴间必然会给他职位。我如今做了博格达山神的部将了，官职相当于阳间的骁骑校。

在博格达峰半山腰，有一个今天被称为天池的高山湖泊。湖水清澈，波光如玉；周围绿草如茵，野花似锦。湖泊被群山环抱，山上云杉挺拔，峰顶冰雪晶莹。从纪晓岚后来写的诗句可以看出，他曾经登临博格达峰观赏过那处佳景：

> 乱山倒影碧沉沉，十里龙湫万丈深。
> 一自沉牛答云雨，飞流不断到如今。

他在诗下加注说明，博克达山龙湫周环十余里，深不可测，万峰环抱如莲瓣。山下的人们用牛投到湖里祭祀，湖水就可以溢出来，灌溉良田。

选胜登临是文人的雅趣，尽管那一处龙湫在远离乌鲁木齐的半山腰上，路途曲折，石径蹭蹬，纪晓岚还是不畏艰险地爬上去了，并为后人留下有关那处胜境最早的文字记载。十多年后，清将明亮以乌鲁木齐都统的身份前呼后拥地登临该处，写了《灵山天池疏凿水渠碑记》。碑记里有"见神池浩渺，如天镜浮空"的句子，于是有了天池这个名字。如今天池已经成为一处火爆的旅游景点，正所谓："人事有代谢，往来成古今。江山留胜迹，我辈复登临。"

对于新疆的大风，古人有许多生动的描述，最著名的当属唐边塞诗人岑参的诗句：

> 君不见走马川行雪海边，平沙莽莽黄入天。
> 轮台九月风夜吼，一川碎石大如斗，
> 随风满地石乱走。

走马川是地名，就在乌鲁木齐通往吐鲁番丝绸之路古道上。

据现代气象测定，达坂城以西距乌拉泊古城之间的风口，经常出现十二级大风。特别是三个泉附近，大风吹着乱石滚动，是常见的现象。纪晓岚对那一带的大风有许多生动而精彩的记述：辟展的南山下有个风穴，其大如井，风不时从中涌出，每出，则数十里外先闻波涛声。

我在乌鲁木齐，接到辟展传来的文书，文书上说，军校雷庭，于某日连人带马被风吹过岭北，踪迹全无。又有昌吉通判报告说，某日午刻，有一人自天而下，乃特纳格尔遣犯徐吉，为风吹至。很快就接到特纳格尔县丞报告，徐吉那天逃跑了，计算他出逃的时间，从巳时到午时，已飞腾了二百余里。

纪晓岚还记载，迪化城西南鄂伦拜星有一个风穴，每当听到山上林木声如波涛，不消半天大风就会来到，动不动就把屋顶掀翻。乾隆三十五年（1770年）三月，西安兵移驻伊犁，行军至三个泉附近遇上大风，动辄飘失人马，军队只好停下来，被阻挡了三天。这件事后来写进《乌鲁木齐杂诗》里：

> 惊飙相戒避三泉，人马轻如一叶旋。
>
> 记得移营千戍卒，阻风港汉似江船。

纪晓岚在领略西北壮美风光的同时，还发现了不少历史的遗迹。乾隆皇帝曾经说：汉朝西域塞外地域甚广。唐初都护开府，疆域延伸到西北，如今遗址早就湮灭了。纪晓岚来到西域地区，处处留心对汉唐遗迹进行探求。军士们凿井从地下掘出的唐代铜镜、昌吉军士筑城时挖出的绣花小脚女鞋，还有在喀什噶尔山洞石壁上发现的岩画，无一不引起他的格外关注。

纪晓岚对吐鲁番火州遗迹的考察，后来写进《乌鲁木齐杂诗》里：

> 古迹微茫半莫求，龙沙舆地定谁收。
>
> 如何千尺青崖上，残字分明认火州。

火州即今吐鲁番，本是汉魏以来的高昌，唐回鹘时期音译火州（一作和州广），也有人认为因气候特热故称火州。清箫雄有"高昌炎热绝无俦，赢得元时号火州"的诗句。

纪晓岚对唐代北庭都护府故城的考察最为详尽。

北庭都护府的前身是庭州，故城在今吉木萨尔城东北十二公里处。其方位在天山北麓坡前地带与准噶尔盆地古尔班通古特沙漠接壤的平原上。汉魏时期此地为车师后部辖地,是两汉与匈奴争夺西域的古战场之一。南北朝至隋,为突厥系诸族的活动区域。

唐太宗贞观四年(630年),大将李靖率军大破东突厥。贞观十四年(640年),唐朝平定高昌之后,在此地设庭州,同时置庭州所属的金满、轮台等县。武则天长安二年(702年),改庭州为北庭都护府,总理天山以北军事,管瀚海、天山、伊吾三军。北庭都护府在当时是一处十分繁盛的地方。

安史之乱后,从唐肃宗至德元年(756年)开始,北庭属下的边兵大批内调,唐在西域的军势减退。北庭驻军孤军坚持,到四十年多后的唐德宗贞元六年(790年),唐军撤走,北庭遂落入吐蕃手中。

公元840年,回鹘由漠北侵北庭,这里又成为高昌回鹘的陪都,称作"别失八里"。在其后的漫长岁月里,北庭这座古城被历史的风尘湮没了。

乾隆三十五年(1770年)冬天,乌鲁木齐提督要在吉木萨(今称吉木萨尔)设后营。纪晓岚和迪化督粮道永余斋、屯田千总赵俊等人奉命前去勘察地形。到了吉木萨,发现那里有一处古城遗址。纪晓岚对城址进行了仔细考察和测量。城方圆四十里,城墙都是用土坯垒成的。每块土还厚一尺,宽一尺五六寸,长二尺八寸。城上的旧瓦也有一尺多宽,一尺五六寸长。城里原来有一座寺庙,已坍塌,庙中石佛自腰以下已经陷入土中,露出地面的部分仍然有七八尺高。

寺庙里还有一口铁钟,有一人多高,钟的四周铸有铭文,可惜字迹已锈蚀的模糊不清了。刮去锈痕还能看出字似乎是八分书体。城里的地表尽是黑煤,掘下一二尺才能见到黄土。

询问当地的额鲁特蒙古人,他们说,从前这里发生过战争,这座城曾被敌人用火攻打破。城外四面炮台就是攻城时筑的,问是哪朝发生的事,他们说不上来。城东南山岗上又有一座小城,与大城相依托,形成掎角之势。因为有这一小城作屏障,大城久攻不下,后来敌方用炮把那小城轰平了。

当地人把古城遗址叫破城子,有人说是唐城,李靖所筑。纪晓岚在那里找到了"金满县碑",才证实那儿就是唐北庭都护府故城。纪晓岚提议,把后营就设在故城里。设营后就把那里叫做"古城营"。

在《乌鲁木齐杂诗》里，纪晓岚有一首诗专记其事：

> 断壁苔花十里长，至今形势控西羌。
> 北庭故堞人犹识，赖有残碑记大唐。

唐朝设置的金满县在当地留下了不可磨灭的痕迹。吉木萨尔这个地名就由金满县演化而来，"吉木"是"金满"的音变，"萨尔"为维吾尔语"城"的意思。

就在纪晓岚忙着筹划设营的时候，一道将他赦还的谕令正飞快地递向乌鲁木齐。

清朝在统一西北的战争中，为保障后勤供应和军事文书的传递，逐步建立起一些台站。新疆平定后，连贯了军台路，增加了设施，扩充了功能。从京师到伊犁沿途有若干军台、营塘、驿站、卡伦。京都与边疆之间政令、军令和军需供应线是畅通的，谕令的传递自然是十分捷便。

乌鲁木齐接到纪晓岚赦还谕令的时候，已经过了新年，进入辛卯年。纪晓岚于辛卯年得以赦还，正应了董姓军官当年的预言。纪晓岚自称"庚寅十二月，恩命赐环"，而据后来乌鲁木齐都统索诺木策凌主持修纂的《乌鲁木齐政略》记载，纪晓岚是捐赎回籍的。按《大清律例》规定，发遣新疆效力的犯官，期限一般是轻者三年，重者十年。期满由流放地主管具奏允准后释还，对于罪轻者，可以花些钱物捐赎减刑。"赐环"是开恩放回的意思。《荀子大略》："绝人以玦，反绝以环。"环，是一种环形玉佩，玦，是有缺口的玉佩。上古时代君王放逐臣子，三年后，送给他环，就可以回来了，送给他玦，就是与之绝决。

不管纪晓岚到底是什么原因被赦还，反正远戍遇赦是天大的喜事。乌鲁木齐的将士和幕友们为他举行盛大的宴会饯行。喝到脸红耳热之际，众人不免对远戍边疆的处境有所感叹。有人唏嘘不已地提起城北关帝祠上那首萧索悲凉、催人泪下的题诗：

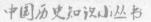
> 雄心老去渐颓唐，醉卧将军古战场；
> 半夜醒来吹铁笛，满天明月满林霜。

长期以来，一直传说那首诗是仙人所作。此时的纪晓岚心情畅快，他向大家道破一个秘密，那首诗根本不是什么仙人之笔，而是他纪某所作。

那诗原本是纪晓岚写给毛副总兵的。有一天那位姓毛的老将军向纪晓岚倾诉了自己在边陲征战戍守多年的经历，纪晓岚顿生同是天涯沦落人的感怀，赋诗一首。可惜那位毛将军是个武人，不懂诗，纪晓岚也没留稿。有一天，同年杨逢元来访。杨是安徽六安人，曾任广西武缘县知县，乾隆三十五年（1770年）获罪发配乌鲁木齐。当时杨逢元任乌鲁木齐虎峰书院山长。文人相会，少不了谈诗论赋。纪晓岚提起那首诗。杨逢元听者有意，不但记住了，还把它题写到关帝祠楼的墙壁上，但是没有署名。正好那天有位道士打那经过，那诗就被传为仙人所留。众人听了，怅然若有所失，叹惜这样一位高才就要舍他们而去了。

乾隆三十六年（1771年）二月初一，纪晓岚套上几辆马车，装上衣物、书籍，带上几个仆人，还领着一条小黑狗踏上归程。东归的路程并不好走，沿天山南路行走，又过大风区，又过达阪山口，山路险峻。那只小黑狗成了忠实的伙伴。纪晓岚在乌鲁木齐养了好几只狗。黑狗是一位姓翟的举人送给他的。纪晓岚给它取名叫"四儿"。待到东归启程时，唯独四儿恋恋不舍地跟着他，轰也轰不走。一路上那狗看护行装，非常严厉，只要人一靠近，它就像人一样立起来，愤怒地狂吠乱咬。只要不是纪晓岚亲自到场，仆人们也休想从车上取出东西来。

这一天纪晓岚一行走到辟展（今鄯善县）的七达阪。那里有七重险坡，称为天险。车辆行走得十分缓慢，眼看着天黑了下来，一共四辆车，两辆车翻过岭北，另两辆还在岭南，只得就地歇息。这下难为了四儿，只见它独自蹲到山脊上，左右兼顾，看护两边的车辆，发现哪边有可疑的动响，就飞跑过去巡视一番。回想起当初离京西行之时，奴才于禄在天将下雨的时候自顾藏匿自己衣服，如今这只狗却如此忠诚，纪晓岚有所感触，写下两首诗：

归路无烦汝寄书，风餐露宿且随予；
夜深奴子酣眠后，为守东行数辆车。

空山日日忍饥行，冰雪崎岖百廿程。
我已无官何所恋，可怜汝亦太痴生。

走到巴里坤附近，碰上天降大雾。老仆咸宁走得疲乏，坐在马鞍子上睡着了。他的马沿着野马的蹄迹走进乱山之中。待咸宁醒来，找不着出山的路了，心想这下肯定活不成了。忽然他发现山崖下有一具躺卧的尸体，那是逃亡的流犯被冻死在那里。尸体的旁边还有一包行囊和一些干粮。咸宁就向那尸体下拜说："我掩埋你的尸骨，你要有灵，请引导我的马走出山去。"他把尸体搬到一个岩洞里，用碎石将洞口砌死。带上死人留下的干粮，惘惘然信马而行。结果走了十来天，找到了出山的路。出来一打听，已经到了哈密地界。哈密的游击徐某是在乌鲁木齐认识的熟人，咸宁就在徐游击的官署里等候。两天之后，纪晓岚赶到了，主仆相见，恍如隔世。

尽管道路险阻，毕竟心情不同。东归是纪晓岚又一次摆脱羁绊的畅快之旅。走过巴里坤后，天气渐暖，地上冰雪融化，道路泥泞难行，必须等到天黑上冻后才可以行走。白天在馆舍里歇息，昼长闲暇，两年来的所见所闻浮现脑海。纪晓岚的诗兴才情再一次迸发。他追述风土，兼叙旧游，一首首精美的七言绝句喷涌而出，自巴里坤走向哈密，一路写成一百六十首诗，命名为《乌鲁木齐杂诗》。

《乌鲁木齐杂诗》是一组绚丽中蕴激昂，平易中含凝重的旋律，多民族国家的统一和强盛是它高亢的主调。《乌鲁木齐杂诗》又是一幅色彩绚烂，满壁风动的边陲风俗长卷。画卷上，纪晓岚以大清气象为底色，以西北边陲的安定、统一和繁荣为主色调，或挥洒或工描，多层次、多侧面地对当时的新疆加以激情描绘。《乌鲁木齐杂诗》也是纪晓岚诗创作上的一个崭新阶段。他早期为应试而作的那些试帖、馆课类诗，虽有"纪家诗"的个性特点，毕竟摆脱不了极工而体卑的窠臼。初入翰林院所作的那些恭和、呈进诗，更多地是显示了学问、技法和应时应景的巧妙，纵然属才思敏捷之作，也难免有点缀浮华，取悦君王之嫌。那组风日清华的《南行杂咏》，其神采多在行发个人情怀和赞美山川胜境。而这组《乌鲁木齐杂诗》则把笔触由宫廷、君王、自我，转向辽阔的边疆大地和广阔的下层社会。诗中所描写的主角多是那些生活在社会底层，创建着太平盛世、维护着太平盛世的小人物。

农耕经济在西北边疆的发展，是乾隆盛世新疆经济生活中的自然篇章。纪晓岚声情并茂地描绘了塞外农业的一幅幅鲜活的图景：

秋禾春麦陇相连，绿到晶河路几千。

三十四屯如绣错，何劳转粟上青天。

这里写的是军屯。从乌鲁木齐到晶河（今精河县），屯营相接，田陇比连，一片葱绿，如同锦绣交错铺设在辽阔的大地。这是何等生气勃勃的画面！更为重要的是，由于屯垦的发展，驻守在那里的军队再也不用为千里迢迢到内地运粮食而为难了。

新稻翻匙香雪流，田家入市趁凉秋。

北郊十里高台户，水满陂塘岁岁收。

这是一幅民屯丰收的图景，其间盈溢着农家的欢欣。纪晓岚在诗后作注云："高台户所种稻米，颇类吴秔"。这首诗写的是乌鲁木齐北郊有从甘肃肃州高台县迁来的屯田民户，他们种植的稻米质量优良，很像江苏的粳米，而且收获的稻米已不仅仅是为了自己食用，而是进入市场交流。

农业发展促进了手工业、商业等各项行各业的繁荣。当时活跃在新疆的大商人都是从归化（今内蒙古呼和浩特）一带来的，因为归化地处蒙古河套，所以乌鲁木齐人称他们为"北套客"。

峨岢高毂驾龙媒，大贾多从北套来。

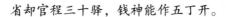

　　省却官程三十驿，钱神能作五丁开。

　　诗中揭示，那些北套商人乘骏马驾高车，自带帐篷锅灶，载货而来。他们从归化经古城（今新疆奇台县）到乌鲁木齐抄近路而行，比走嘉峪关的官道减少了很多路程，节省了时间。而他们所走的道路是用钱贿赂守关卡的蒙古人开通的。这些靠钱神通路的商人，带来了很多令乌鲁木齐人感到新鲜的商品，比如蟹黄虾汁、银鱼干等海产品和榛子、栗子、山楂、梨等内地干鲜果品。

　　《乌鲁木齐杂诗》对新疆的物产有全面细致的记述，包括青稞、豌豆、胡麻、黄芽菜、甜瓜、蘑菇、烟草，茜草、薄荷、何魏、玛奴香、虞美人、江西腊、芍药、罂粟，芨芨草、梭梭、红柳、皂角等经济作物、药材、野生植物以及飞禽走兽，昆虫灵怪等等。对于手工业的描写也非常具体：贵州人夏髯会造酒，乌鲁木齐把总茹大业擅酿醋，很多人家会做豆腐。另外还有炼铁的、制硝的、挖煤的、捞盐的、采云母的不一而足。

　　经济的发展，促进了教育事业的兴盛，出现了书院、乡塾、义学等教育机构。与此种情形相适应，书商也开始在那里活跃起来：

　　山城是处有弦歌，锦帙牙签市上多。
　　为报当年郑渔仲，儒书今过幹难河。

　　文化艺术是社会生活中不可缺少的重要内容。它是人民生活美好，社会安定祥和，国家富强兴盛的具体体现。纪晓岚以浓酣的兴趣关注新疆的文化艺术活动。

　　地近山南估客多，偷来番曲演鸳哥。
　　谁将红豆传新拍？记取摩诃兜勒歌。

　　这首诗记述内地来的商客在山南吐鲁番学会了维吾尔乐舞，在春社中扮

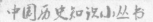

演维吾尔女子，翻唱汉族情歌，就像当年张骞把西域箫曲带到中原一样。反映了民族文化交流与融合的局面。

玉笛银筝夜不休，城南城北酒家楼。
春明门外梨园部，风景依稀忆旧游。

纪晓岚在本诗下自注："酒楼数处，日日演剧，数钱卖座，略似京师。"可以窥见乌鲁木齐文艺之盛。边疆丰盈的生活，吸引了好多内地流动卖艺的纷纷前来献艺。直隶邯郸的马戏班子也不远万里闻风而赴：

桃花马上舞惊鸾，赵女身轻万目看。
不惜黄金抛作埒，风流且喜见邯郸。

"戍屯处处聚流人，百艺争妍各自陈"。那些来自中原的流人在新疆社会生活中扮演着重要角色。纪晓岚对具备特殊才能的社会底层的小人物给予满腔热情的描绘和赞扬。

杭州程四，昆曲表演得最好。"越曲吴歈出塞多，红牙旧板未曾讹。"越曲吴歌来到新疆，红牙板的拍节一点也没走样。鳖羔子，演生角技艺出众，美中不足的是他不爱洗脸。纪晓岚真想送给他一些脂粉，"赠与桃花时频面，筵前何处不春风"！丑角简大头，演技更是了得。他可以半个脸哭，半个脸笑。纪晓岚说简大头未登场时跟他说话，很不善言谈，相貌也朴实得像个村夫，然而一旦登场，便随口诙谐，出人意表，千变万化，不相重复。即便是京师有名的艺人团体里，也没有人能超过他：

半面真能各笑啼，四筵绝倒碎玻璃。
消除多少乡关思，合为伶人赋简兮。

刘木匠是个男旦，虽然年过三十，装扮起来姿致尚在，风韵犹存。遣户何奇，擅长楚地的曲调，一曲《红绫绮》唱得如诉如泣，销魂夺魄，满座为之倾倒，酒湿衣衫。遗户孙七，能演说野史，掀髯抵掌，声音笑貌，一一点缀如生，简直就是说书大家柳敬亭的再世。在"地炉松火消长夜"的孤寂中，流人艺术家的表演抚慰了多少人的心灵，"消除多少乡关愁"。他们那豪放、乐观、质朴、单纯，不为生括的屈辱所压倒，反而在命运的蹇落中迸发出才干和光彩的文化品性，不仅使他们自身获得前所未有的美的价值，而且赢得纪晓岚和后来人对他们油然而生钦佩之心。

元宵佳节到了，乌鲁木齐举行盛大社火灯会。四周各屯的妇女都坐着牛车来赶会，满街车轮辘辘，社火会上灯火通明，烟花灿烂。妇女们三五成群，互相招手；游人摩肩接踵，流连忘返。到了天亮，在大街上还可以捡到丢失的女鞋。纪晓岚深情地记述：

> 犊车鞋辘满长街，火树银花对对排。
>
> 无数红裙乱招手，游人拾得凤凰鞋。

灯会上还有灯谜，词句怪荒唐俚荒唐，有的谜语就连纪晓岚这位内廷词官也猜不出来。另外耍竹马的、放河灯的，也都和内地差不多。还有一处更为热闹的场面，孤木地屯和昌吉屯在进行舞狮比赛：

> 箫鼓分曹社火齐，灯场相赛舞狻猊。
>
> 一声唱道西屯胜，飞舞红笺锦字题。

双方争奇斗胜，难分上下。昌吉屯的狮子舞到酣畅之时，忽然从狮子口中吐出一条五六尺长的红绸子，上面写着四个金色大字：天下太平。

《乌鲁木齐杂诗》歌咏祖国边陲的安定繁荣祥和，与清朝盛世时代精神息息相通，因而具有深厚的美学价值和文化价值。充盈于诗中的那种执着的爱国之情，深沉的历史意识和强烈的时代精神，成为纪晓岚思想中最具光彩的篇章。

十八　注书待命　献诗复职

乾隆三十六年（1771年）六月，纪晓岚风尘仆仆回到京城。他西戍离京后，家眷暂回崔庄老家居住。北京虎坊桥那处住宅再次典出。回到京城，旧宅一时未赎，租赁珠巢街路东的一处空宅暂住。很快，好友钱大昕登门问候他来了。

钱大昕（1728—1804年），字晓征，号辛楣，江苏嘉定人，与纪晓岚同科进士，又一同选为翰林院庶吉士。乾隆二十一年（1756年），两位年轻的庶吉士，结伴扈从热河，纂修《热河志》。钱大昕历官编修、右赞善、侍读、侍讲学士、侍读学士、少詹事。参修过《大清一统志》、《续文献通考》、《续通志》等书。其人治学深广，于音韵训诂尤多创见，史学长于校勘考订，著有《潜研堂文集》、《十驾斋养新录》、《二十二史考异》等书。因二人才气相敌，在翰林院有"南钱北纪"之称。钱大昕也曾经多次担任主考官。相同的经历、共同的志趣使他们之间建立了深厚的友情。乾隆三十二年（1767年）纪晓岚在三通馆续修《通志》期间，曾经写信给钱大昕，求他的族侄钱塘到三通馆帮忙。契友远戍归来，钱大昕登门看望。二人捝手倾诉别来思念之情。纪晓岚随即取出所作《乌鲁木齐杂诗》，交挚友过目。钱大昕逐次翻看，见诗写得光景常新，隽永可喜，一边读一边拍手称赞："读之声调流美，出入三唐"。最使钱大昕欣慰的是，诗中"无郁轖愁苦之音，而有春容浑脱之趣"。二人当场拍定，由钱大昕为这一组精美的诗篇作一篇跋语。

这件事使两人的关系更加亲密了一步。一年后，钱大昕为纪晓岚的岳父书写了墓志铭。乾隆四十年（1775年），这位江南才子丁忧归里，随后引疾不出，优游林下，以著述自娱。在朝担当重任的纪晓岚跟他始终保持联系，时通音问。

纪晓岚回到京城，递上谢恩折子，等待朝廷的重新任命，但是，乾隆皇帝并没有立即召见他，也不见有诏令下来。纪晓岚陷入孤寂的苦守。

一个人做长途旅行，往往前半路回想出发前的事情，后半路思想到达后的情景。纪晓岚在东归途中赋诗纪事，因刚刚离开乌鲁木齐不久，对那里欣欣向荣的景象记忆犹新，风土人情历历在目，所以写来自然流畅，生动活泼，意趣盎然。但是，随着东归的进程，新疆渐渐被抛在身后。他想到又要复归久违的京师，一切都像是在做梦，似乎恍然而又真切。他在《乌鲁木齐杂诗》收尾处写下这样一首诗：

> 一笑挥鞭马似飞，梦中驰去梦中归。
> 人生事事无痕过，蕉鹿何须问是非。

悲喜交加而又不无苍凉的情绪盈溢胸怀。

写这首诗有一个由头。在新疆时，有一次纪晓岚随办事大臣巴彦弼履视军台。巴彦弼先回乌鲁木齐，纪晓岚另有公事暂时留下，跟副将梁某住在台站里。到了二更时分，有一件急递公文传来。当时台兵们都被派出去了，纪晓岚只好把梁某叫醒，让他骑马往下一站传送公文。告诉他半路上如果遇上台兵，就交付给台兵往下传递。梁某骑马跑出十多里地，遇到台兵，就转回来接着酣睡。第二天早晨醒来，梁某对纪晓岚说："我昨夜做了个梦，梦见您派我去送朝廷下达的紧急公文，我唯恐误了事，一路策马狂奔，我跑得好累。咦，我大腿上的肉现在还酸痛呢！"

梁某把真事当成梦境。逗得在场的随从们都笑了。"蕉鹿"典出《列子》。说的是有个郑国人在山野打柴，遇到一只惊跑的鹿，就追上去把鹿打死。他怕鹿被别人看见弄走，就把它藏在没水的干河沟里，盖上芭蕉叶。过了一会，那人竟找不着藏鹿的地方了，于是他以为刚才只不过做了个梦。纪晓岚在《杂诗》末尾写上这么一首，分明暗隐着人生如梦，得失无常，喜忧难定的境况。

纪晓岚新租赁那处宅子经常闹鬼。他不得不再次搬家，先住进钱陈群的双树斋。不久便赎回虎坊桥故宅，从老家接回家小。虽然全家团聚了，但是斗转星移，物是人非，旧雨星散，门庭冷落，当年文酒高会的场面一去不复返了。纪晓岚第一次感到京城的陌生。他的情绪从获赦回京的欣喜中跌落下来，深深感受着世态的苍凉。他在整理归囊时，翻捡出一方随他冬去春回的砚台，摩挲再三，为它题诗一首：

> 枯砚无嫌似铁顽，相随曾去玉门关。
> 龙沙万里交游少，只尔多情共往还。

闲来无事，清理房间，打扫墙壁上的尘土。纪晓岚惊奇地发现，老师董邦达十多年前赠给自己的一幅《秋林觅句图》还贴在那里。仔细端详那幅旧作，画上的风景竟然和乌鲁木齐秀野亭一带极其相似，真是事事有定数，命也，运也！此时先师已逝，自己也朱颜消退，感慨系之，赋诗二首：

> 霜叶微黄石骨青，孤吟自怪太零丁。
> 谁知早作西行谶，老木寒云秀野亭。

> 归来壁上拭埃尘，粉墨犹存旧写真。
> 指与儿童浑不识，朱颜非复画中人。

在纪晓岚孤寂之时，又一位好友给他带来了真情的慰藉，他就是山东长山人袁守诚。袁守诚（1736—1781年），字孝本，号曙海，历官刑部郎中、瑞州知府、内阁学士、通政司副使、山西按察使。此时他正在刑部任郎中。他和族兄袁守侗都是纪晓岚早年的文友。袁守诚于乾隆十六年（1751年）参加会试名落孙山，其后回乡侍奉老父。待他登科入仕之时，纪晓岚已经离京远成了。没想到就是这样一位二十年未曾谋面的老朋友，在这种情况下，不因他遭谴从军而鄙弃他，前来亲密交往，令纪晓岚十分感动。后来纪晓岚把自己的女儿嫁给了袁守诚的儿子，两家结为儿女亲家。

文人的习气，总是离不开书和笔。纪晓岚又利用闲居待命的机会认真读了一些书。重点批校了《苏文忠公诗集》和黄叔琳辑注的《文心雕龙》。

苏轼的诗，早在宋代就有了若干不同的版本行世。元、明两代，有人对全集本和分类本都有补正，同时也有所篡改，甚至出现了一些伪作。到了清朝，不少学者对苏诗从不同角度进行了考据、研究和批注。

早在乾隆三十一年（1766年）五月里居服丧期间，纪晓岚就已经着手点评《苏文忠公诗集》了。初阅批时用墨笔，再阅改用朱笔，三阅又改用紫笔。由于多次交叉批注，涂抹纵横，造成书页模糊，不易辨识。朋友互相传阅抄录，各以意趣取其所需，造成一些混乱。为了形成一个便于阅读的统一的苏诗点评本，纪晓岚对昔日的评点加以整理，重新誊录缮写。这是他对苏诗的第五次阅评了。

纪晓岚对苏诗的评点包括作品评价、师承源流、艺术风格、作者思想以及辨正剔伪等各个方面。评诗一千九百兰十六首，批注两万五千多字。有些文字是在点评苏诗时，随手写下的感受和意见。这些议论诚然三言两语，既无演绎归纳的程序，又无累积详举的方法，虽然散漫无系统，但往往说出了益人神智的精湛见解，含蕴着很新鲜的艺术理论。在这段时间内，纪晓岚还对黄叔琳辑注的《文心雕龙》进行了点评，时人将黄注与纪评合刊，这就是《文心雕龙》研究者所熟知的《文心雕龙》黄注纪评合刊本。

在纪评《文心雕龙》中，纪晓岚对《文心雕龙》勤加考订，提出了一些重要的意见。如《文心雕龙》向来认为成书于梁。纪晓岚指出，"据《时序》篇，此书实成于齐代，今题曰梁，盖后人所追题。犹《玉台新咏》成于梁而今本题陈徐陵耳"。这是《文心雕龙》研究史中最早提出的"《文心》成书于齐末"说。在《文心雕龙·原道》的眉批上，纪晓岚又精辟地指出："自汉以来，论文者罕能及此。彦和（即刘勰）以此发端，所见在六朝士之上。"对刘勰在文学理论上的历史性贡献给予了高度评价。他又论说道：

"齐梁文藻，日兢雕华，标自然以为宗，是彦和吃紧为人处。"这确是关于刘勰理论特色的较为逼真的认识。纪评《文心雕龙》问世后，受到《文心雕龙》研究者的普遍重视。清人黄兰修于《文心雕龙》黄注纪评本末页作跋云："昔黄鲁直谓'论文则《文心雕龙》，论史则《史通》，学者不可不读'。余谓文达之论二书，尤不可不读。"由此可见学者对纪评《文心雕龙》与《史通削繁》的高度推重。

纪评《苏文忠公诗集》与纪评《文心雕龙》凝结了纪晓岚关于文学本体，关于文学创作方法，关于文学发展史的思考。它们上承《点论李义山诗集》、《点论陈后山诗集》、《删正方虚谷瀛奎律髓》、《史通削繁》等校评作品，下启《四库全书总目》，成为纪晓岚一生思想长链中十分重要的一环。

此时的纪晓岚并不甘心埋头注书，他还时刻惦记着禄位。皇帝又去承德山庄避暑了，自己的事一直没有着落，心中不免有些惶惶然不知所措，于是他怀着忐忑不安的心情去大学士府拜谒座师刘统勋，试图打听一下口风。刘统勋对于自己的得意门生能提前赦回感到高兴。人才是他选拔的，案子又是他查办的，他对纪晓岚的前程不能漠不关心。刘统勋免不了对纪晓岚勉励一番，要他韬光养晦，等待时机。他将自己收藏的一方古砚赠给纪晓岚，以示安慰。那砚原是明朝浙江名士黄贡父的藏品。黄贡父，名汝亨，号泊玄居士、寓林居士。万历年间进士，官至江西布政司参议，一生多有著述。那方砚台的侧面有黄贡父的铭文："以静能寿，以有容能受，君子哉，吾石友。"纪晓岚如获至宝，作了一首七绝刻在砚匣上：

> 砚材何用米颠评，片石流传授受明。
> 此是乾隆辛卯岁，醉翁亲付老门生。

暑去秋来，冬天临近，纪晓岚终于等到了晋见皇帝的时机。他得知乾隆帝已于十月初起驾回銮，连忙赶往顺天府密云行宫恭迎圣驾。

乾隆皇帝在山庄避暑期间，遇上了一件激动人心的大喜事。他接到伊犁将军伊勒图奏报，远涉俄罗斯多年的蒙古土尔扈特部在其首领渥巴锡的率领下，全部来归祖国。使者已先期到了伊犁，其部众随后就到。乾隆帝非常高兴，即派使者前往伊犁迎接，并传谕渥巴锡等到山庄朝谒，责成伊犁将军做好土尔扈特回归的安置工作。

土尔扈特是额鲁特蒙古四部之一。明清之际，蒙古族分为漠北、漠南、漠西三大部分。清代称漠西蒙古为额鲁特、厄鲁特或卫拉特。卫拉特又分为四大部落：准噶尔、杜尔伯特、和硕特、土尔扈特。习惯统称四卫拉特。四部既保持联盟，又互不统属，甚至有时还发生征战。土尔扈特实力最弱，游牧于塔尔巴哈台（今新疆塔城地区）一带。明朝末年，土尔扈特在与邻国和本族准噶尔部的冲突中，为保存实力，西迁寻找新的生存空间。他们经过五年的长途迁徙，在俄罗斯伏尔加河下游的一片荒无人烟的大草原上定居繁衍，开创了自己的家园。俄罗斯政府试图招抚他们，可是他们从没有臣属俄国的想法和行动，于是控制与反控制的斗争一直在土尔扈特和俄国之间进行着。

随着俄罗斯统治力量的加强，俄国加强了控制手段。到了年轻的渥巴锡承袭土尔扈特汗位之后，他发现民间普遍流传着土尔扈特人的末日到了的哀叹。

土尔扈特虽然离开中国一个多世纪，但他们与祖国的联系始终没有间断。清朝平定新疆的消息曾令他们欢欣鼓舞。十多年前，乾隆皇帝在避暑山庄宴请土尔扈特使臣，表达了对他们以诚相待的关怀。渥巴锡为了挽救民族危亡，经过反复权衡，多次商议，决定发动武装起义，摆脱俄国的羁绊，重返同宗同教的故土，归顺大清。

乾隆三十六年（1771年）一月七日，也就是纪晓岚在乌鲁木齐整理行装准备东归之时，土尔扈特人开始了全部回归的重大行动。在经过周密的谋划之后，渥巴锡放火燃烧了自己木制的宫殿，而后部众们将带不走的物品全部点燃。土尔扈特的无数村庄燃起了熊熊大火。他们决心破釜沉舟，义无反顾。三万多户近十七万人，驾上马车、雪橇，带上驼队，组成浩浩荡荡的队伍，由横刀跃马的骑士护卫，迎着凛冽的寒风。向着太阳升起的方向出发了。

土尔扈特历经沙俄军队的追击、拦截，战胜了风雪、严寒、劳累和饥饿，行程万余里，跋涉半年多，于乾隆三十六年（1771年）六月初五到达伊犁河畔。这个时间也正是纪晓岚返回京城的时候。

对于土尔扈特的回归，乾隆皇帝给予满腔热情的欢迎，并对接待、救济和安置工作进行周密细致的安排。渥巴锡和另外几位首领被接到到承德觐见皇上，十月初，渥巴锡等人一到，乾隆帝当晚就在伊绵峪召见他们，并各有封赏。赐渥巴锡白银五千两，封为卓哩克图（蒙语英勇、勇敢之意)汗。乾隆皇帝赋诗纪其事：

> 通使曾经丙子年，兹徕统部不期然。
> 名编典属非招致，礼肆鸿胪合惠宣。
> 类已全归众蒙古，峪征嘉兆信伊绵。
> 无心蜀望犹初志，天与钦承益巩虔。

对于乾隆皇帝来说，土尔扈特部的回归具有重大意义，如他自己所记，"准噶尔自底平以来，筑城安屯，无异中国郡县。今土尔扈特复隶我藩属，于是四卫拉特之众，尽抚而有之，可谓盛矣"。土尔扈特的来归，标志着蒙古族全部归属大清。这件事生动地昭示出皇恩浩荡，威加四海，蛮夷归服，天下太平的盛世气象。乾隆帝为此亲自撰写了《土尔扈特全部归顺记》镌刻立碑，永志纪念。

就在乾隆皇帝心情最佳的时刻，纪晓岚在密云行宫朝拜了皇上。乾隆帝见到纪晓岚，不由想起十五年前君臣唱和《宴土尔扈特使臣》的事，高兴地说，土尔扈特已全部归顺了，你应该作诗纪念才是。乾隆皇帝还特意让他看了《御制土尔扈特全部归顺记》。文中明确指出，"今土尔扈特全部，舍异域投诚向化，跋涉万里而来，是归顺而非归降也"。

纪晓岚有了西戍的阅历，对土尔扈特回归之事也有所了解。他再次发挥敏捷的才思，很快写成五言排律三十六韵呈进，诗曰：

醲化超三古，元功被八纮。圣朝能格远，绝域尽输诚。

往者星弧指，俄然月窟平。威棱震瀵汜，兵气扫欃枪。

赤坂骁腾度，黄云指顾清。峰开回乐雪，迹陋受降城。

别部留余种，当年早远行。慕容随马徙，蛮氏怯蜗争。

杳隔罗叉地，空传赞普名。冰霜途久阻，葵藿意常倾。

贡籭先遥至，宸章忆载赓。初来瞻禁御，早已仰天声。

迩日乌孙部，全归定远营。随阳都似雁，出谷尽如莺。

喜近层霄路，无辞八月程。自歌唐莋曲，不假贰师征。

东道艰难达，西琛拜跪擎。露章飞入告，星使远相迎。

绥辑劳都护，金银发水衡。流离怜琐尾，奔走悯孤茕。

汤纲原常祝，尧天许再生。寒岩俱变暖，枯卉忽含萌。

踊跃瞻风意，殷勤献曝情。黄龙何须约，白马不须盟。

恰值慈云普，方恢寿宇宏。感恩齐挟纩，效祝愿称觥。

紫塞沿冰谷，丹梯觐玉京。省方随日驭，大狩侍霓旌。

益地图新启，钧天乐正鸣。殽蒸雕俎列，酒醴羽觞盈。

带砺崇封锡，衣冠异数荣。试看歌舞乐，真觉畏怀并。

从此皇风畅，弥彰帝道亨。梯航扁陬澨，寅照集寰瀛。

清宴三灵叶，升恒两曜贞。铭功葱岭石，万古峙峥嵘。

纪晓岚在诗中对"圣朝能格远，绝域尽输诚"，"益地图新启，钧天乐正鸣"的空前盛况，大贺赞颂一番。乾隆皇帝龙颜大悦，于十月初七日下谕："纪昀，着加恩赏授翰林院编修。"至此，纪晓岚又重新开始了他的仕途跋涉。

十九　蓬山徜徉　仕途踟蹰

纪晓岚被重新任命翰林院编修，回到他十四年前就已取得的职位上。历史像开玩笑似的，给他的仕途画了一个圆圈，一切又得从头开始。

翰林院是精英汇聚的所在，常被喻为仙境蓬莱。再入翰林院的纪晓岚，经过了尘世间许多事情的体验，特别是经过了远戍边徼的历练，他的心理气质发生了重大的变化。从早年才情外露、意气飞扬，趋向冷静和深沉。报国济世的志向，国家兴盛繁荣的大环境、个人及家族荣耀的社会地位，是他进取的动力；而君主的喜怒无常、宦途的惊涛骇浪，又令他胆战心惊。他的心绪处于复杂的矛盾之中。献诗得宠，重入翰林之后，他在一方玉井砚上刻下了这样的自白：

> 万里从军鬓欲斑，归来重复上蓬山。
>
> 自怜诗思如枯井，犹自崎岖一砚间。

字里行间已经没有当年那个以文章与天下胜流相驰逐的大才子的影子。当此心路徬徨之际，纪晓岚重新展观十二年前先师董邦达在沈朗为自己的画像上补成的《幽篁独坐图》。抚今追昔，感慨系之，写成长诗三百零八言：

> 我家京国四十年，俗情入骨医难瘥。
>
> 堂多隙地居无竹，此君未省曾周旋。

先生此画竟何意，忽然置我幽篁间？

当时稽首问所以，淋漓泼墨笑不言。

毋乃怪我趋营猛，讽我宴坐娱林泉。

拈花微旨虽默解，拂衣未忍犹留连。

人生快意果有失，一蹶万里随戎旃。

孤城独上望大漠，泱漭沙气黄无边。

慨然念此画中景，犹如缥缈三神仙。

枯鱼书扎寄鲂鱮，风波一失何时还？

五门谁料竟生入，鸣珂又许趋仙班。

归来展卷如再世，公羊重认黄金环。

少年意气已萧索，伤禽宁望高飞翻。

但思臣罪当废弃，骖鸾忽蹑蓬莱巅。

友朋知己尚必报，况乃圣主恩如天。

文章虽愧日荒落，江淹才尽非从前。

石渠天禄勤校录，尚冀勉涤平生愆。

以此踌躇未能去，故人空寄归来篇。

湖州妙迹挂素壁，风枝露叶横苍烟。

弹琴长啸悬日月，相从但恐终无缘。

画虽似我我非画，对之仍作他人观。

磐陀石上者谁子？杳然相望如神仙。

当初纪晓岚仕途风轻，洋洋自得，正待平步青云之际，虽然从画中隐隐感觉出老师要他收敛锋芒的劝诫，但终因留恋官场的浮华，不忍拂衣归隐，结果一蹶万里，跌了大跤。受过一次大的挫折之后，少年意气已经消退，受过伤的飞禽哪里还敢指望凌云高飞！但是圣上恩宠，让自己重进翰苑，又不得不尽心竭力地在内廷文馆为朝廷效力。从这首诗里可以看出，纪晓岚对待这次重新起用，心态是十分冷静的。

进入冷静思考的纪晓岚，减少了交游，不愿意外出参与应酬。有一天，一位老朋友登门来访，使他喜出望外。那人就是年高七十二岁的聂际茂。

聂际茂，号松岩，山东长山人。此人通晓六书，擅长篆刻，作有《司空表圣诗品印谱》。他高标自许，不轻易为人奏刀，只有遇到志同道合且使他内心佩服的人，才肯为之镌赠。聂际茂曾于乾隆十七年（1752年）游历京师。当年交游栖居于京师的山东名士还有宋清远、宋弼、田白岩、法南野、袁守侗等人。那时，纪晓岚跟他们结为好友，常在一起敲诗论文，谈狐说怪。期间，聂际茂还曾寓居在纪家一阵子。乾隆二十年（1755年）之后，两人再没见面。

聂际茂突然到来，纪晓岚有一种故人从天而降的兴奋，连声呼喊着趿拉鞋迎了出来。落座之后，聂际茂告诉纪晓岚，当年得知老朋友远戍新疆，时时牵挂，听说已经赦还，便从山东老家骑着毛驴赶来探望。纪晓岚听老人这么一说，百感交集，叹谢再三。纪晓岚深深体悟到布衣之交的清淡悠长。故友相逢，聚坐长谈，聂际茂拿出自己篆刻的《印谱》，请纪晓岚为之题诗，并当场为纪晓岚镂石治印。纪晓岚毫不怠慢，提笔在聂际茂的《印谱》上一气题下二百九十余言的长诗。诗曰：

> 阳关西出二载余，归来再直承明庐。
>
> 艰难坎坷意气减，闭门渐与交游疏。
>
> 西风昨夜到梧叶，凄然白露滋庭芜。
>
> 轩车虽复谢时辈，觞咏颇亦思吾徒。
>
> 门前剥啄者谁子？昂藏老鹤清而癯。
>
> 故人忽自半天落，踉跄蹀屣遥相呼。
>
> 忆昔把酒谈篆刻，布衣之旧晨昏俱。
>
> 迢迢一别十六载，秋鸿未寄尺素书。
>
> 谁知古道淡已久，形骸虽隔心相于。
>
> 闻我生还如再世，霜华渐欲侵髭须。
>
> 常恐从此相见少，不辞策蹇纡长途。
>
> 我闻握手再三叹，苍茫百感交斯须。

谁言草野贫贱士，乃能不逐炎凉趋。

古云书画系人品，天然高致非临摹。

岂知一艺能造极，立身常与常人殊。

向来知子殊不尽，但夸铁笔镌虫鱼。

题诗拟续印人传，较工论拙徒区区。

如今始知天下士，此人此事今皆无。

幸子老眼尚如镜，莫辞寸铁磨昆吾。

晴窗为我镂山骨，常揖颉籀相争驱。

他年片石以人重，姓名托子留寰区。

诗句抒发着个人忧郁的情怀，称赞着老友的高超技艺，颂扬着老友之间真挚的友谊。此时的纪晓岚，把贫贱之交看得非常珍贵，不再追求一味取悦皇上。

这年冬天，有人拿来一幅《八仙对弈图》请纪晓岚题诗。图上，韩湘子、何仙姑对局，五仙旁观，李铁拐则在一旁酣然大睡。纪晓岚端详良久，无限感慨涌上心头，提笔写下绝句二首：

十八年来阅宦途，此心久似水中凫。

如何才踏春明路，又看仙人对弈图。

局中局外两沉吟，犹是人间胜负心。

那似顽仙痴不省，春风蝴蝶睡乡深。

诗中有对宦海沉浮的冷静反思，流露出对超然世事的高致情怀的艳羡。纪晓岚曾为自己取过一个字号"观弈道人"。

纪晓岚在仕与隐的抉择中苦苦思索，思想陷入激烈的斗争。最终，他还是克服了退隐的意念，继续尽心竭力地为朝廷贡献着自己的才华。这是纪氏几代人热炽的经世情怀的惯性延续，也是纪晓岚顺应时潮的积极人生态度的必然取向。从他晚年著述的《阅微草堂笔记》的一些故事里，可以看出他勇于担当社会责任的经世思想。

《如是我闻》卷二里有一则故事，讲的是顺治、康熙年间有两个人做了吴三桂的间谍。吴三桂的叛乱被平息后，那二人侥幸漏网。后来二人因家事发生龃龉，声名狼藉，为乡里所不齿。纪晓岚借此发表议论，谴责跟朝廷作对的间谍以及叛臣吴三桂。指出，明朝末年的战乱使社会动荡到了无以复加的地步。圣朝（清朝）荡平天下，将万民从水深火热中拯救出来。那人享受圣朝恩泽三十多年，不该投靠吴三桂参与反叛。而吴三桂亲手杀死南明永历帝，没有资格称是反秦复仇的"楚之三户"。表明了纪晓岚顺应时代潮流，维护国家统一和社会安定，诚心拥护朝廷的政治态度。在《滦阳消夏录》卷二里，纪晓岚借顾德懋的话说：贤臣分为三等，畏法度者为下，爱名节者为次，一心向往朝廷，只知道关心国计民生，而不考虑自己祸福毁誉者为上。又说，天地生才，就是为了于世事有补，假如自古人人都像巢父、许由那样去做不关心世事的隐士，那么恐怕世界至今还洪水横流，连挂瓢饮犊的地方也找不到呢。

纪晓岚再次调顺了宦海的航船。不过，尽管他才气纵横，学富五车，胸藏三坟五典，他要想在历史上留下显耀的业绩，也还是不容易的。假如没有随之而来的《四库全书》的编纂，纪晓岚的人生宦迹或许只是平平常常，黯淡无光。然而，机遇注定要眷顾这位学界巨子，历史发展到乾隆中期，创建盛世文功的条件已经成熟。雄心勃勃的乾隆皇帝和学问渊博才识高深的纪晓岚之间又一次形成了心灵的契合。天降大任于斯人，一项重大的历史使命很快落就到了纪晓岚的肩上。

二十　四库开馆　荣膺总纂

到了乾隆中期，国家统一，社会安定，政治经济军事都发展到中国封建社会的最高峰，文化事业的勃兴成了历史的必然和时代的要求。学术界出现了收集整理贮藏古代典籍的呼声。早在乾隆初年，山东学者周永年就提出"儒藏"说，大声疾呼收藏儒家经典的必要性和迫切性。周永年（1730—1791年），字书昌，号林汲山人，山东历城人。乾隆三十六年（1771年）进士，生而好学，弃产营书，收集积累图书五万余卷。他约集曲阜人桂馥（未谷）合建了一座借书园，将自己的藏书存放在里边，广招各地学者前来阅读翻检。他通过搜集图书的实践认识到，个人藏书实属不易，"藏之一地，不能藏于天下；藏之一时，不能藏于万世"，要想让古代儒家典籍得到保存，必须依靠朝廷的力量。他倡导建立儒藏，把天下书籍征集到一起，妥善保管。他说："天下之物，未有私之而可以长据，公之而不能长存者。"呼吁集合儒书，编辑儒藏，使之与释藏、道藏鼎足而三。

朝廷方面，从康熙年间，就有了博采群书之议。康雍两朝编辑刊印了一些规模较大的类书，如《康熙字典》、《佩文韵府》、《古今图书集成》等。乾隆皇帝在武功显赫的基础上，也要通过文化事业来标榜文治，体现和张扬祖国大一统的气象。乾隆六年（1741年），曾下诏征书，要直省督抚学政，留心求访元明及本朝学人著作。三十七年（1772年）正月初四日，乾隆再次颁诏求书，诏书说："今内府藏书，插架不为不富，然古今著作之手，无虑数千百家，或逸在名山，未登柱史，正宜及时采集，汇送京师，以彰稽古右文之盛。"要求直省督抚学政加意购访。汇至朝廷后，令廷臣检核，存以备览。十月十七日，又谕各省督抚：恪遵前旨，饬催所属，速请设法访求。征书诏下，各地积极响应，纷纷将所征书籍的目录上奏朝廷。

乾隆三十七年（1772年）十一月二十五日，安徽学政朱筠上奏朝廷，提出搜集校录书籍的四条建议：其一，旧本抄本，尤当急搜；其二，金石之刻，图谱之学，在所必录；其三，中秘书籍，当标举现有者以补其余；其四，著录校雠，应当并重。

朱筠，字竹君，号笥河，朱珪胞兄，顺天大兴人。乾隆十九年（1754年）与纪晓岚同科进士，又一起在翰林院任过编修。朱筠博闻宏览，古今书籍无所不通。他建议中的第三条是说，朝廷内府本来有很多藏书，要进行整理，定出目录，宣示外廷，然后广征内府缺少的书籍，使内部整理和外部征集结合起来，互相参照，互相补充，增加朝廷藏书的存量。他所说的中秘书籍，主要是指《永乐大典》。他说：臣在翰林任职时，常翻阅前明《永乐大典》。那套书缺乏合理的编排次序，有好些书为了分类而被割裂了，然而，那里边确实保存有很多世间罕见的古书。臣请择取其中完整的若干部，分别缮写，各自为书，以备著录。

《永乐大典》是明代永乐年间朝廷命学士解缙、姚广孝等编纂的一部宏大的类书。永乐元年（1403年）七月开编，耗时六年完成。《永乐大典》以韵字为顺序将经史子集、天文地理、阴阳医卜、僧道技艺之言合为一编，共收书二万二千余卷、一万一千九百余册。《永乐大典》编成后只缮写了一部，贮藏于南京文渊阁。永乐十九年（1421年），明朝迁都北京，此书随迁存入紫禁城，贮于文楼（即乾隆时的宏义阁）。嘉靖四十一年（1562年），命大臣徐阶、高拱监督，选儒士程道南等一百人重录正副二本，五年完成。原本仍归南京。正本贮文渊阁（即清之内阁大库），副本贮皇史宬。

明亡之际，南京原本与北京文渊阁正本并毁。副本幸免于难，但经辗转搬迁，逐渐鲜为人知。清初浙江文士朱彝尊入仕进入翰林院，寻访此书不获，时常叹息："被李自成衬马蹄矣！"其后，全祖望、李绂于翰林院典籍库中发现《永乐大典》，一起抄录。李绂日读二十本。但是，这个工作没有继续下去。于是，《永乐大典》重被弃置埋没。纪晓岚在翰林院时，于敬一亭见到了《永乐大典》。每当晒书之日和值夜班时，纪晓岚就抽空去翻检。他使出过目不忘的本事，暗暗背诵，基本上记住了大致内容。朱筠翻阅《永乐大典》当在纪晓岚发现之后。对于纪晓岚发现《永乐大典》一事，纪晓岚的门生又是四库馆员的刘权之在《纪文达公遗集序》写得明白，应当不是虚妄。

朱筠的第四条建议，是讲收集、著录和校勘要同时进行，将收集每一书，加以考订，写出内容提要，给以评述，放在该书卷首。这就意味着要为编书兴师动众。因而在三十八年（1773年）正月军机大臣讨论朱筠的奏议时，东阁大学士刘统勋持反对意见。他以为此事不是当时所要办的急务，且耗时费力，主张暂且搁置。文华殿大学士于敏中则支持朱筠的建议，与刘统勋力争，于是上奏皇上。雄心勃勃的乾隆皇帝，不仅希冀在武功上超越乃祖乃父，而且亟亟期望以显赫的文治凌驾于前代帝王之上。自己若能在征书、修书方面有一番超迈前人的举动，无疑将树立起文治武功的全盛形象。朱筠之奏正合了他的心意，于是他以极大的热情支持开馆编书。他要求立即组织人员将《永乐大典》详加别择校勘，选择其中精纯完备的付梓流传，其余的也都录存汇辑，各省搜集进献上来的书以及武英殿所有官刻诸书，统统按经、史、子、集四大部分合编在一起，命名为《四库全书》。

遵照乾隆皇帝的指示，内阁决定在翰林院划出一部分房舍成立"办理四库全书处（简称四库馆）"。乾隆三十八年（1773年）润三月十一日，上谕刘统勋、刘纶、于敏中、福隆安、王际华、裴曰修等六位大臣为办理四库全书处正总裁，英廉、庆桂、张若澄、曹秀先、李友棠为副总裁。此为首届四库馆领导班子，后来进行过多次充实和调整。皇子永瑢、永璇、永瑆都出任过四库馆总裁。

四库馆相应设立了庞大的组织机构。总裁以下，有总纂官，总理编书之事；有总阅官，总理阅定各书之事；有总校官，总理校订之事；有翰林院提调官、武英殿提调官，管理提取两处藏书之事。总纂官之下有各纂修官，总校官之下有分校官。另外还有掌管图表的绘图官、负责各处书籍出入的收掌官、专任刻印装订整理之事的监造官，加上誊录者等各种工作人员，号称馆

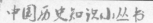

员三千。四库馆中集中了一大批学识渊博、底蕴深厚的学者。要率领这些学者，完成如此浩繁的编纂任务，必须有一个博古通今知识渊博，学识高深众望所归的大学者统揽编辑全局，总纂官成了关键性的人选。

开初不同意编书的大学士刘统勋，深知此项工程的不易。他必须刻意寻找推举称职的总纂官。刘统勋对于纪晓岚的博识多才有深切了解，因此，他首先就想到了纪晓岚。他被命为四库馆首席总裁的当日，和诸位总裁、副总裁联合上折子称：《四库全书》集艺苑之大成，考核宜归精当。……至各书详检确核，撮举大纲，编纂总目，其中繁简不一，条理纷繁，必须斟酌综核，方不致有参差挂漏。臣等公同酌议，查现在纂修翰林纪昀、提调司员陆锡熊，堪膺总办之任。

刘统勋们的推荐得到乾隆皇帝的首肯。总办亦即总纂官，纪晓岚荣膺重寄。从此，进入四库全书馆开始了他繁忙、艰难而又漫长的编书生涯。

二十一　夙兴夜寐　检校典籍

四库馆组织机构虽然庞大，但是直接担负编书工作的人员并不多。那些正副总裁，都是宗室贵亲和内阁高官，比如三位皇子来当总裁，仅表明朝廷重视，挂名而已。那些大学士和六部尚书及侍郎，也多不专司此事，唯有于敏中等少数正副总裁出力较多。大批工作人员只是办理具体劳务。这样一来，繁重的任务就落在总纂官和纂修官、校官、阅官们的身上。当朝一批顶尖级学者被选进四库馆中担当重任。如纪晓岚所说"时馆阁英俊毕预是选"。最早倡导编辑儒藏的周永年，顺理成章的进入四库馆。邵晋涵、程晋芳、陆费墀、翁方纲、王念孙、姚鼐、余集、任大椿、戴震等声望很高的文臣和学者都被选入馆。那位奏请校书的朱筠，后来在安徽学政任上出了点岔子，被降三级使用。皇上格外加恩，授翰林院编修职，进入四库馆做了纂修官。

纪晓岚的好友戴震入馆任纂修官是一个特例。其他纂修官都是进士出身，而戴震只是个举人。戴震（1723—1777年），字东原，安徽徽州休宁县人。他十岁说话，但其资质聪颖。戴震从师于婺源硕儒江永，于天文、历算、地理、音韵、文字诸学无不精研。乾隆十九年（1754年），三十二岁的戴震为躲避豪族的迫害，只身流落京城，暂住歙县会馆。京师的学者文士王鸣盛、钱大昕、王昶、朱筠等人纷纷和他结交。乾隆二十年（1755年）夏天，纪晓岚与戴震相识，论年龄，戴震长纪晓岚一岁，言谈之中，十分投机，从此开始了他们之间长达二十年披肝沥胆的交谊。

纪晓岚将生活无着的戴震接往自己家中居住，一边让他做儿子们的家庭教师，一边与他谈学论道。戴震将所著《考工记图》书稿呈纪晓岚审阅，纪晓岚看了赞叹不绝。一年后，《考工记图》在纪晓岚的支持下刻印成书，纪晓岚为之作序。由于纪晓岚深知戴震具有真才实学，极力向四库馆总裁文华殿大学士于敏中举荐戴震进馆。于敏中奏请皇上允准，戴震得以担任校刊《永乐大典》的纂修官兼分校官。由于戴震学力深厚，馆中有奇文疑义，都愿向他请教。他所校勘的《大戴礼记》、《水经注》尤为精核。他还做了许多钩沉补脱的考据，深得同馆赞佩。戴震还利用馆内资料丰富的有利条件，于编纂之余，修治学问，完成了他的学术著作《孟子字义疏证》三卷。此书具有鲜明的思想观点，从审定字义入手，从哲理上批驳理学。书中指出："尊者以理责卑，长者以理责幼，贵者以理责贱，虽失，谓之顺。卑者、幼者、贱者以理争之，虽得，谓之逆。于是下之人不能以天下之同情，天下之同欲，达之于上。上以理责其下，而在下之罪人，不胜指数。人死于法，犹有怜之者，死于理，其谁怜之！"此书一出，震动四库馆，也引起了一片争论。

乾隆四十年（1775年），戴震被特命与会试中式者一同参加殿试，赐同进士出身，改翰林院庶吉士。只惜戴震于乾隆四十二年（1777年）卒于纂修官任上，享年五十五岁。据说，十多年后，乾隆帝看了戴震所校的《水经注》，向南书房的大臣们询问戴震的情况，大臣们告诉他戴震已经死了。乾隆皇帝沉思良久，深表惋惜。纪晓岚与戴震的学术观点是相通的。若干年后，纪晓岚一次不经意地翻看戴震遗书，回想与戴震交往的往事，想起了在四库馆里共事的是是非非，写下两首绝句：

> 披肝露胆两无疑，情话分明忆旧时；
> 宦海浮沉头欲白，更无人似此公痴。

> 六经训诂倩谁明，偶展遗书百感生；
> 挥麈清谈王辅嗣，似闻轻薄郑康成。

　　纪晓岚在开馆之初，就响应朝廷号召，将自家藏书献出。当时全国朝野献书超过五百种的有四家：浙江鲍士恭、范懋柱、汪启淑，两淮马裕。献书百种以上的有九家，也多为江浙人。纪晓岚献书一百零五种，为北方献书者之冠。为表示对献书者的奖励，皇帝传谕赏给献书五百部以上的鲍士恭等四家《古今图书集成》各一部，献书一百部以上的纪晓岚等九家赏给内府初刻《佩文韵府》各一部。《佩文韵府》是康熙年间编辑刊行的大型诗韵辞书。正集四百四十卷、拾遗一百十二卷。当时的价格是，台连纸印刷的每部银十一两六钱二分九厘，初版竹纸印刷的每部银卡二两四钱六分。由于是内府藏书，称为稀世珍宝。纪晓岚在谢恩折子中称颂道："人间流播，久传艺苑之珍；天上颁宣，弥长儒林之价。兼以兰台宝弆，秘在仙都；枣本初摩，贵同祖帖。墨融古漆，真文思供御之余；纸叠轻罗，是天禄藏书之副。紫霄丹地，集僚友以传观；钿轴牙签，付子孙而世守。名题云笈，一编为百代之荣；字染天香，四海只九家之本。"

　　纪家所献的这一百零五种书，被《四库全书》著录的六十二种、存目的四十三种。纪晓岚把家藏的《花王阁剩稿》献了出来，指望高祖这部诗稿能够入编《四库全书》，流传万世。他请翁方纲为《花王阁剩稿》作序，周永年题跋，本来计划编入集部，有一位提调官向总裁王际华告发说，总纂官纪晓岚利用职权，企图登录自家的诗集。王际华取来《花王阁剩稿》审阅良久，认为："此衰世哀怨之音，少台阁富贵之气象，可毋录也。"只好改为存目。

　　按照《四库全书》的编纂程序，各纂修官先对各类书籍加以清理、甄别，包括《永乐大典》中的书、内府藏书、各省进呈及私人进献的书。然后对这些书进行详细考订校阅，为每种书撰写出《提要》初稿。《提要》叙述作者的生平事迹、本书要旨、是非得失。纂修官对所校之书还要提出应刊刻、应抄录、酌存目、毋庸存目等处理意见，最后集中送到总纂官处。总纂官对入选的各篇《提要》逐一进行认真细致的修订，从作者的年代、爵里、生平事迹，到著作的内容大旨、长短得失，乃至别本异文、典籍源流，在纂修官所撰原稿的基础上，或增或删，或分或合，反复修改；就连各篇提要的行文风格，也都字斟句酌，再三润饰。四库馆总裁于敏中曾经写信给陆锡熊说：我深知《提要》稿的修订与定稿实在困难，如果不是足下及晓岚学士，这个工作无法完成。其他诸公中虽然有人自高位置，但我是不敢信任他们的。纪晓岚不负众望，各篇提要经他笔削考核，一手删定后，无不灿然可观。

中国古籍浩如烟海。《四库全书》开编以来，每天有大量书籍涌进。原拨给四库馆的房子都被展开检校的《永乐大典》占满了，于是又把敬一亭的房舍腾出来收办运进的各种书籍。四库馆员们夜以继日地忙碌着。嗜书如命的纪晓岚面对如此众多的书籍，虽然每天紧张无懈，心情却振奋高扬。整天泡在书海里，他既为王事适我的历史机遇而欣慰，又为有补世事愿望的实现而自豪。他找到了自己的人生位置，有了用武之地。他在一方砚台上铭刻下豪情满怀的诗句：

> 检校牙签十万余，濡毫滴渴玉蟾蜍。
> 汗青头白休相笑，曾读人间未见书。

诗中牙签一词代指书籍。五代以前书籍多采用卷轴装，以木做卷轴，系以缥带和牙签（象牙或骨质）。玉蟾蜍是用来给砚台注水的玉制文具。我国最早的书籍形式是竹木简册。在竹简上写字，需先用火炙烤，使其出汗，干后再书写，称为汗青。数十方计的各类书籍，亲自检校批阅，不要笑话我头发白了，我读到了很多人间未曾见到的好书！

总纂官将各纂修官呈上来的书籍和附带的意见，检阅原书，决定各书的录存与否。将整理好的去留取舍意见呈交皇帝定夺。经皇帝审阅后决定收录的书，交缮书处抄写。

纪晓岚入馆以来的勤奋工作得到了乾隆皇帝的赞赏。四库馆开馆半年后的三十八年（1773年）八月十八日，乾隆皇帝谕令对纪晓岚和陆锡熊奖励擢拔："办理《四库全书》处将《永乐大典》内检出各书陆续进呈，朕亲加披阅，间于题评，见其考订分排具有条理，而撰述提要，粲然可观，则成于纪昀、陆锡熊之手。二人学问本优，校书亦极勤勉，甚属可嘉。纪昀曾任学士，陆锡熊现任郎中，擢加恩均授为翰林院侍读，遇缺即补，以示奖励。"纪晓岚毕竟刚从新疆赦回不久，蒙受升迁，格外高兴。他立即上折谢恩，称："一时佳话，为缙绅之所争夸；千载奇逢，实梦寐之所不及。"四十一年（1776年），乾隆帝又以纪晓岚"于《四库全书》实尽心力"，擢升为侍读学士，随后又调任侍讲学士。此外，他还不断得到皇帝的物质赏赐。

乾隆四十四年（1779年）三月，纪晓岚被擢为詹事府詹事。这虽然是一个并无实权的职位，但却是翰林官升迁的中转站。果然，仅仅一个月后，便又擢内阁学士兼礼部侍郎，从此，纪晓岚离开翰林院进入内阁。

乾隆四十六年（1781年）二月，《四库全书总目》定稿呈皇上御览，乾隆帝非常满意，称赞"颇为详核"。《四库全书总目》这部鸿篇巨制凝聚着众多纂修官的智慧和心血。但是，后来很多学者承认，《四库全书总目》其实就是纪晓岚个人的成就。因为经纪晓岚增窜删改、整齐划一之后，多人之意志已不可见，只剩下纪晓岚一个人的观点。

参加过《四库全书》编纂，担任总阅官的朱珪后来为纪晓岚作的祭文中写道："生入玉关，总持四库，万卷提纲，一手编注。"另一位四库馆员，《四库全书总目》协勘官刘权之说："吾师总撰《四库全书总目》，俱经一手裁定。"纪晓岚本人也对此直言认可，无所逊让，他在为姜白岩《诗序补义》作序时，一开篇就宣称："余于癸巳受诏校秘书，殚十年之力，始勒为《总目》二百卷，进呈乙览。"是说自己尽了十年精力，才编纂成《总目》二百卷，呈报给皇上审阅勘定。

到了乾隆四十七年（1782年），纪晓岚又奉旨编撰了《四库全书简明目录》二十卷。这样《四库总目》就有了繁简二本，阅读起来更加方便，使高深的学术能让更多的人易于接受。《四库全书总目》的撰定，奠定了纪晓岚在学术史上至高无上的地位，使他成为名冠古今的大学者。稍后一点的学者江藩在《国朝汉学师承记纪昀》里称："《四库全书提要》、《简明目录》皆出于公手。大而经史子集，以及医卜词曲之类，其评论抉奥阐幽，词明理正……可谓通儒也。"

乾隆四十六年（1781年）十二月，第一份《四库全书》完成。从开馆至此，纪晓岚已经埋头苦干了八九年的时间，这时才稍稍松了一口气。《四库全书》按经、史、子、集四部四十四类编排，共收图书三千四百六十一种、七万九千三百零九卷，存目书籍六千七百九十三种，共计九万三千五百五十卷。总共一万零二百五十四种，十七万二千八百六十卷，计八亿多字。全书采用绢面包装，四库分别选用四种不同的颜色。经部居典籍之首，如同新春更始，标以绿色；史部著作繁盛，如夏之火，标以红色；子部采集百家，有如秋实，标以蓝色；集部文稿荟萃，好比冬藏，标以灰色。整部图书用楠木做成函套夹板，以四色丝带捆扎，于乾隆四十七年（1782年）正月庋置于皇官文华殿后的文渊阁。文渊阁是专为贮藏《四库全书》而建造的，建筑结构仿照浙江宁波范氏藏书楼"天一阁"。

天一阁是范家的私人藏书楼，建在宁波范家宅院的东部。藏书楼共两层，坐北向南，砖墙结构，前后檐上下都设有门窗，梁柱都是松木和杉木。楼下凿有水池，与月湖相通，因受《易经》"天一生水，地六成之"的启示，取名天一阁。一楼六间，西间安设楼梯，东间恐受潮气也不藏书，只在中间四间摆设书橱。二楼为一大通间，以书橱相隔成间，象征天一地六。书橱前后有门，两面贮书，取其透风。橱下各摆设一块英石以吸潮气。到乾隆时期，天一阁已经有二百多年的历史了。

明嘉靖年间，浙江鄞县（在今宁波市东郊）人范钦，嗜书成癖。他的宦迹遍及大半个中国，每到一处，便精心收集当地的地方志、政书实录、时人著作及有价值的碑帖，对经史百家之书，皆兼收并蓄。范钦辞官回乡之后，为了珍藏所搜集的书籍，修筑了这处独具风格的藏书楼。其后代子孙继承范钦的家风，以藏书为乐，使得天一阁二百多年岿然屹立。乾隆三十九年（1774年），范家向朝廷献书六百余种，受到皇帝的褒奖。乾隆皇帝在《文源阁记》中写道："藏书之家颇多，而必以浙之范氏天一阁为巨擘，因辑《四库全书》，命取其阁式，以构庋贮之所。"

《四库全书》的编纂，在中国学术史上矗立起一座丰碑，对乾隆皇帝来说，也是他赫赫武功之外的一项文治盛举。二月初二，皇帝在文渊阁大宴四库馆臣，并各有赏赐。四月，开始在新入藏的《四库全书》上盖印，一方为"文渊阁宝"，一方为"乾隆御览之宝"。乾隆帝为文渊、文源、文津、文溯四个藏书阁分别谕制记文。御制《文渊阁记》全文如下：

国家荷天庥，承佑命，重熙累洽，同轨同文，所谓礼乐百年而后兴，此其时也。而礼乐兴，必借崇儒重道，以会其条贯。儒道兴，匪文莫阐。故予搜四库之书，非徒博右文之名，盖如张子房所云："为天地立心，为生民立道，为往圣继绝学，为万世开太平"，胥于是乎系。故乃下明诏，敕岳牧，访名山，搜秘简，并出天禄之旧藏，以及世家之独弆，于是浩如渊海，委若丘山，而总名之曰《四库全书》。盖以古今数千年，宇宙数万里其间所有之书虽夥，都不出四库之目也。乃抡大臣俾总司，命翰林使分校，虽督继晷之勤，仍予十年之暇。

夫不勤，则玩日愒时有所不免，而不予之暇，则又恐欲速而或失之疏略，鲁鱼亥豕因是而生。语有之：凡事豫则立。书之成，虽尚需时日，而贮书之所，则不可不宿构。宫禁之中，不得其地，爰于文华殿后建文渊阁以待之。文渊阁之名，始于胜朝，今则无其处，而内阁大学士之兼殿阁衔者，尚存其名，兹以贮书所为，名实适相副。而文华殿居其前，乃岁时经筵讲学所必临，于以枕经葄史、镜己牖民，后世子孙奉以为家法，则予所以继绳祖考觉世之殷心，化育民物返古之深意，庶在是乎！庶在是乎！

《四库全书》编纂成功，皇帝予以肯定，四库馆臣欢欣鼓舞，纪晓岚起草了一篇文稿准备上奏。他振笔疾书，洋洋近四千言，一气呵成，写得条分缕析，纤悉具备。

同馆争相传告，莫不叹服。但在上呈之前，时任总裁的和珅又安排陆锡熊、吴省兰二人合撰一篇表文。陆、吴二人写的表章，终不能令人满意，于是仍用纪晓岚原稿，按例行公文格式，署上全体总裁副总裁皇子永瑢、永璇、永瑆，以及大学士阿桂、英廉、嵇璜，领侍卫内大臣尚书福隆安、和珅，尚书梁国治，侍郎金简、董诰、曹文埴的名衔上奏。

表章以精辟的文字，概述古来文章典籍形成传续的源流，记述四库馆员细心编辑的过程，阐述《四库》编纂的重大意义。"书传仓颉，初征雨粟之祥；篆授黄钟，始贮兰灵之典。洞庭秘简，稽大禹所深藏；柱下丛编，付老聃以世守。秦操金策，圣籍虽焚，汉理珠囊，遗经故在"。"鲸钟方警，启蓬馆以晨登，鹤籥严关，焚兰膏以夜继"。四库修成，"惟全书之浩博，实括群言；合众手以经营，倏逾数载"。"六千篋璋分圭合，延阁储珍；二百卷部次州居，崇文列目"。"曰渊、曰源、曰津、曰溯，长流万古之江河；纪世纪运，纪会纪元，恒耀九霄之日月"。

表章中又多颂圣之辞，处处挠到乾隆皇帝的痒处："钦惟皇帝陛下，瑞席蔓图，神凝松栋。播威棱于十曲，响震灵夔；洽文德于四溟，北开神鷟"。"十行丹诏，遍征汲古之家；七录缃囊，广启献书之路"。"凡词臣之奏进，误点丹黄；一经圣主之品题，立分白黑"。"元元本本，总归圣主之持衡；是是非非，尽扫迂儒之胶柱"。

乾隆四十七年七月十九日，表章呈奏。乾隆皇帝看了，非常高兴，觉得写出此等文字，非纪晓岚莫属，传旨军机处，着即查明此表到底为何人所撰？军机处当日回奏称，此表为陆锡熊、吴省兰同撰，由纪晓岚改定。次日，皇帝下谕，对三人予以赏赐。这篇《钦定四库全书告成恭进表》收入《四库全书》卷首。它凝结着纪晓岚近十年的心血和欢欣。表文本来没署纪晓岚的名字，后来纪树馨编辑《纪文达公遗集》，将本文收入集中。纪晓岚的门人刘权，了解这件事的背景，专门为此文写了后记，说明情况。

第一份《四库全书》告竣，事情还远远没有结束。皇上又命再缮写三份，分别贮藏于圆明园的文源阁、承德避暑山庄的文津阁、盛京（沈阳）皇宫的文溯阁。要求第二、三、四份《四库全书》六年内完成入贮。结果文溯阁于乾隆四十七年（1782年）工竣，当年书成贮阁，是为第二份。第三份为文源阁藏书，完成于四十八年（1783年）。第四份四十九年（1784年）书成，藏于文津阁。另外又从《四库全书》中择精华四百六十四种，缮写编成《四库全书荟要》两部，一藏皇宫御花园摛藻堂，一贮圆明园味腴书屋。以上为宫廷藏书。

为了便于民间学子阅读，乾隆皇帝又命缩小规格，誊录《四库全书》副本三部，分置于镇江金山寺文宗阁、扬州大观堂文汇阁和杭州圣因寺文澜阁，此为南三阁。乾隆四十九年（1784年）二月二十一日，内阁奉上谕：

前因江浙为人文渊薮，特降谕旨，发给内帑，缮写《四库全书》三分，于扬州文汇阁、镇江文宗阁、杭州文澜阁各藏度一分。原以嘉惠士林，俾得就近抄录传观，用光文治。第恐地方大吏过于珍护，读书嗜古之士，无由得窥美富，广布流传，是千缃万帙，徒为插架之供，无裨观摩之实，殊非朕崇文典学，传示无穷之意。将来全书缮竣，分贮三阁后，如有愿读中秘书者，许其陆续领出，广为传写。全书本有总目，易于检查，只须派委妥员董司其事，设立收发档案，登注明晰，并晓谕借钞，士子加意珍惜，毋到遗失污损，俾艺林多士，均得殚见洽闻，以副朕乐育人才、稽古右文之至意。钦此。

这样一来，就使民间学子可以比较方便地阅读这一煌煌胜典，进一步反映乾隆盛世的繁荣景象。但是操作起来，给四库馆增加了很大的工作量。馆中有六百名誊录人员，规定每人每天抄录一千字，五年抄一百八十万字。五年为一阶段，对每个人的工作做出总结，根据业绩予以议叙，即论功授官。先后参与抄写的人员达三千八百之多。抄录之外，还要校对装订，更麻烦的工作是抽挖、改写和修整。

更艰巨的任务和更艰难的磨砺还等待着纪晓岚。

◼◼◼ 二十二　游刃内廷　殊被恩荣 ◼◼◼

纪晓岚在四库馆屡屡升迁，得以进入内阁中枢，除了靠他卓绝的才学和敬业精神之外，还得益于修炼精熟的内省功夫。因为编纂《四库》，不仅是一项十分繁重的工作，还是个充满风险的差事。

清朝康熙、雍正两朝大兴文字狱。乾隆二十年（1755年）发生胡中藻案，恢复以文字之过惩治大臣的恶例。三十四年（1769年），乾隆帝审阅已故学者钱谦益所著《初学集》、《有学集》等书，认为其中诋诽本朝之处不一而足，传谕各督抚在各地查缴销毁，又开毁书之例。

四库馆开，朝廷在征书之时，寓禁于征，销毁了大量所谓违碍书籍。乾隆四十三年（1778年）闰六月十九日，乾隆帝再次谕令各省督抚，要求务须实力查办违碍书籍。谕令指出："但恐此等违碍书籍外间尚有存留，而僻壤穷乡未必能家喻户晓。此时续行缴出，仍可遵前旨不加究治，若匿不呈出，后经发觉，即难轻逭。"可见查缴范围之广，连穷乡僻壤也不放过。当年十一月初一日，谕内阁通知各督抚，确定了查缴违碍书籍的时限，"予限二年，实力查缴。如限期满后仍有隐匿存留违逆之书，一经发觉，必将收藏者从重治罪，不能复邀宽典。且唯于承办之督抚是问：这就给地方官员施加了很大的压力，在全国形成了一张严密的文网。同时在编纂《四库全书》过程中，要求对违碍书籍及一般书籍中的违碍文章、词句、文字，分别实行全毁、抽毁、删改等不同的处理办法。这就将四库馆员置于风口浪尖之上，稍有不慎，就出纰漏。因而包括纪晓岚在内的纂修官们，动不动就遭斥责、降级、罚俸，甚至交部议处，使这些人终日提心吊胆，惶惶不安。

纪晓岚作为一代通儒，对古籍珍惜如命。对于朝廷禁毁书籍的做法，他心中自有滴血之痛，面对严厉专横的乾隆皇帝，他又无可奈何。他那渊博的学识和丰富的阅历，又使他老成练达，能够从容自如地在错综复杂的环境之中游刃。

纪晓岚的门人赵慎畛在《榆巢杂识》中记载：在京师做官的人，没有不想跻身于九卿之列的。座师纪河间说过："九列人多修到，但能修到竖着出京城乃佳耳。何皆横着出去也？吁！"多么悲壮惨烈的人生思考。

纪晓岚在为亲家卢谦（字撝之，卢见曾之子）所作的墓志铭中写道："金，百炼而精；人，百炼而成。见道者明，守道者贞。"卢谦和他都受卢见曾案的牵累而遭谪戍，又都三年赦还。卢谦全家遭难，比纪晓岚所受打击更重。卢谦被赦还之后任过祁州知州、广平府同知。冷署清贫，自己都差点养不起自己，但他仍然恪尽职守，从不沮丧畏缩。纪晓岚对他在逆境中生存的能力非常钦佩，说"求能坦然顺受者，百不一二也"。

纪晓岚通晓《易经》。他认为"圣人作《易》，言人事也，非言天道也，为众人言也，非为圣人言也。……圣人以阴阳之消长，示人事之进退，俾知趋避而已，此儒家之本旨也"。纪晓岚做人以谨慎为大要，虽然身为《四库》总纂，但大事不敢自作主张。他知道，职务只是一种责任，切不可以位高而得意忘形。他在《自题秋山独眺图》一诗中写有这样的话：

> 立久心茫茫，悄然生恐惧。
> 置身岂不高，时有蹉跌虑。

他在心中，悬起一口警钟，时时诫示自己。

四库馆初开不久，纪晓岚就遇到一件悬乎的事。盐山县王珣献书出了岔子，差点牵涉上他。乾隆三十九年（1774年）九月，直隶盐山县回民王珣让其兄王琦进京献书。王琦投帖于户部侍郎金简府中，声称家中藏神书《滕王阁赋》和神联一副。这些狂话引起了大臣们的警觉，细查他献的三本诗文，发现里边有很多狂诞悖逆之词。王氏兄弟被逮捕审讯。王珣在供词中，口口声声说跟纪翰林有交往。他说自家祖上有乩仙所写的围屏十扇,上写《滕王阁赋》,还有"神鬼咸钦"四字。说乩仙告知:"纪翰林与王珣俱是圣门弟子,纪昀是子贡转世,王珣是颜回转世。"因此王珣曾派家人把仙书仙字送给纪翰林,纪翰林没收,之后又多次和纪翰林联系。

王珣以"读书不就,遂捏造乩仙对联字幅,希图哄骗银钱,甚至敢于编造悖逆字迹,妄肆诋毁本朝,尤为丧心病狂,情实可恶",被判斩刑,王琦发往乌鲁木齐给兵丁为奴。好在主审此案的大学士、《四库全书》正总裁于敏中,没有滥加株连,使纪晓岚侥幸脱过一劫,可是在后来的编纂工作中,却难免一次次受到责罚。

乾隆四十二年(1777年)十月,乾隆就纪晓岚等人所进呈宋人李荐《济南集》中《咏凤凰台》诗直呼汉武帝名字一事,大为光火,谕旨指责纪晓岚:"秦始皇焚书坑儒,其酷虐不可枚举,号为无道,秦后之人深恶痛绝,因而显斥其名,尚无不可……至汉武帝,在汉室当为振作之主,且兴贤用能,独持纲纪,虽黩武惑溺神仙,乃其小疵,岂得直书其名,与秦政、曹丕并论乎?"皇上如此吹毛求疵,纪晓岚哪里还敢懈怠。他在检校其他书籍中把"夷狄"这样满族人敏感的字句小心翼翼的改掉了,谁知,这又惹烦了乾隆,在十一月十四日的上谕中说:"前日披览四库全书馆所进《宗泽集》,内将'夷'字改写'彝'字,'狄'字改写'敌'字。昨阅《杨继盛集》内改写亦然,而此两集中又有不改者,殊不可解。'夷狄'二字,屡见于经书,若有心改避,转为非理。如《论语》'夷狄之有君',《孟子》'东夷西狄',又岂能改易!亦何必改易!"

你看,这样做也不对,那样做也不行,馆臣们都感到左右为难,无所适从。纪晓岚无可奈何地承受着这一切。

有个"智解老头子"的故事在野史中广为传播。说在炎热的夏天,纪晓岚等人在四库馆里编书忙得汗流浃背,常常脱下衣服纳凉。乾隆皇帝听内监说起此事,想去戏弄一下。这天纪晓岚正光着膀子与同僚谈笑,忽听太监高喊:皇上驾到!大家仓皇披衣,纪眼睛近视,慌乱间找不着衣服。眼看皇帝进来了,便急忙钻到桌案底下,小声喘息不敢动弹。乾隆皇帝一坐坐了两个小时不走，后来故意不言语了。纪晓岚热得实在耐不住了，伸出脑袋窥探，问："老头子走了吗？"乾隆帝哈哈大笑说："好你个纪昀！竟敢出此轻薄之语，岂不该杀？快给我出来！"纪晓岚说："臣还没穿衣服呢。"乾隆帝命内监帮他把衣裳穿上。纪晓岚匍匐在地。乾隆帝厉声问道："'老头子'如何解释？"纪晓岚从容不迫地脱下帽子一边磕头一边大声说："万寿无疆之为老，顶天立地之为头，父天母地之为子。"几句话又把皇帝哄乐了。

纪晓岚这种近乎圆滑的性格，正是在那种环境中练就的生存的一种智慧。他作为一位出身低微的汉族文人，能荣登高位并保善终，才华和智慧是两个不可或缺的条件。

避暑山庄文津阁《四库全书》自乾隆四十九年（1784年）入存，一直由纪晓岚负责检校。乾隆五十二年（1787年）五月，乾隆皇帝驻跸热河，到文津阁翻阅《四库全书》，发现其中有很多错误，于是，派扈从的皇子和军机大臣，再去认真查阅。和珅在《尚书古文疏证》一书内查出有引用钱谦益、李清观点的文字没有删去。钱谦益、李清都做过明朝大臣，入清后又不与清朝廷合作，保留他们的言论是违禁的。和珅立即向皇上报告，乾隆帝非常生气。纪晓岚诚恐诚惶，接连写了两封认错折子上奏。十二日，乾隆帝又传谕内阁，令在京皇子和大臣仔细检查文渊、文源两阁的书籍。结果去了二百余人详查，又挑出一大堆毛病。四库馆有关人员受到严责，三阁藏书错讹即行换写篇页，其装订挖改的工作，由纪晓岚、陆锡熊两位总纂官用自己的俸银分赔。

皇帝认为纪晓岚曾因编书有功受过奖赏，这次查出的错误连篇累牍，不能逃脱责任，对他仅仅责罚赔写已经是便宜他了。此后纪晓岚又多次掏钱赔写文津阁藏书。

《四库全书》总校官武英殿提调陆费墀，因工作纰漏，已多次遭到责罚，当时正在老家浙江桐乡守孝。皇上认为他作为总校官，比纪晓岚、陆锡熊的错误责任更重，命将运往江南文澜、文汇、文宗三阁的《四库全书》所有面页装订木匣刻字等项费用，都由陆费墀自己出资罚赔。

屡屡发生赔罚的事，各纂修官之间免不了发生推诿责任的现象，经常

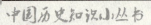

有人说某件事不是我干的，张冠李戴了。纪晓岚题了一首诗贴在墙壁上调侃道：

　　　　张冠李戴且休论，李老先生听我言。
　　　　毕竟尊冠何处去？他人戴着也衔冤。

　　当年猴气十足的纪晓岚常用这些诙谐的词句侮慢同僚。如今他已经把滑稽当成调整心态游刃宦场的武器了。

　　有一次纪晓岚为思考问题在走廊里来回踱步，廊下传来打鼾声。他循声过去一看，原来是一位老军睡卧在那里。纪晓岚上前把他推醒，问他，梦乡里游玩得快活吗？老军回答说，快活。纪晓岚把手中的书本翻开让他认字。老军摇摇头说，我不识字。于是纪晓岚感叹道："人生识字忧患始，你不识字，乐莫甚焉。"

　　那位总校官陆费墀被一次次严厉的惩罚压得喘不过气来。随后，皇帝又发现他的一些过失，干脆将他革职。在沉重的打击下，陆费墀郁郁成疾，没多久便离开人世。死后，乾隆帝还命人查抄他的家产，除留下千两银家用外，其余资财一律没收，添补江南三阁办书的经费。

　　跟纪晓岚共同担任总纂官的陆锡熊，因多次受到呵斥、罚赔和交部议处，整天杯弓蛇影。乾隆五十七年（1792年）正月，他前往盛京文溯阁校书。当时山海关外冰雪遍野，天寒地冻，陆锡熊本是南方人，当时已年近六旬，经不住寒冷，于路途之中染病，赶到盛京，不治而亡。

　　乾隆五十七年（1792年）三月初二，纪晓岚在朝房和同僚们闲聊，说："从前陶渊明曾经给自己作挽歌，我也自题一联：'浮沉宦海如鸥鸟，生死书丛似蠹鱼'，待我百年之后，各位将这副对联书下来，悼念我也就可以了。"可见纪晓岚已把"生死书丛"当成了自己的精神寄托。在场的刘墉说："如果用此联来悼念陆耳山（锡熊），倒是很确切。"过了三天，陆锡熊的死讯就真的传来了。

　　陆锡熊去世，使纪晓岚有"兔死狐悲"之痛。他为陆锡熊遗像题写长诗一首，深切悼念两情相契的老朋友："蓬莱三岛昔共到，开元四库曾同编。两心别有胶漆契，多年皆似金石坚。"悼诗如实叙述了两人兴趣、性格的不同："性情嗜好各一偏，如火自热泉自寒。"其中很重要的一句是："羡君雅调清到骨，笑我俗病医难痊"。

其实这个"俗"，正是纪晓岚应付环境、调整心态的灵丹妙药。纪晓岚在《阅微草堂·滦阳续录》里提到了翰林院诸多禁忌的事。比如说，院堂不开中门，开了于掌院不利；左角门久闭不开，开启者必遭谴谪；门前沙堤中，有土凝结成丸，如果弄碎，必损翰林；原心亭之西南隅，翰林有父母者，不可设坐，坐则有刑克。时任翰林院学士的陆锡熊不信这一套，偏要到那里坐，结果，很快他父亲亡故了。

这本是世俗的东西，陆锡熊作为一个学者，不屑一顾是正常的，可纪晓岚则另有见解。他认为，"君子之于世也，可随俗者随，不必苟异，不可随俗者不随，亦不必苟同"。（《滦阳消夏录》卷六）相比之下，纪晓岚比陆锡熊有更强的灵活性和适应能力。

陆锡熊生前，纪晓岚时不时跟他开个玩笑，以解除烦恼，活跃气氛。一天陆锡熊对纪晓岚说，刚才看见有人在四眼井边饮马，你善对对子，这"四眼井"拿什么对呀？纪晓岚说，就用阁下尊号来对呀："饮马四眼井，驮人陆耳山，岂不正好。"陆锡熊号耳山，陆又读作六，"四眼井"对"陆耳山"工整奇巧，于是二人相视大笑。面对老同事的遗像，纪晓岚无限苦衷涌上心头，诗的末尾沉痛地写下这样两句话：

徘徊不寐坐长叹，伊谁解识余辛酸？

《四库》开馆以来，共有三位总纂官：纪晓岚、陆锡熊、孙士毅。孙士毅原任云南巡抚，因对云南总督李侍尧贪污案有未奏之责被革职，原定发配伊犁，皇上格外加恩，于乾隆四十五年（1780年）五月，命自带生活费在四库馆效力。四十八年（1783年）即出任广西巡抚，离开四库馆。陆锡熊又过早的去世，只有纪晓岚在《四库全书》总纂官的位置上，含辛茹苦，披荆斩棘，以坚韧不拔的精神，支撑局面，终于使自己成为《四库全书》编纂工程的总其成者，也成为殊被恩荣，屡蒙升迁的幸运之臣。

乾隆五十年（1785年）正月初六，乾隆皇帝为了显示国家景运昌期，援六十年前康熙皇帝之例，在乾清宫举行千叟宴。王公大臣、外藩使臣以及士商兵民，年六十以上的三千九百多人与会。六十二岁的纪晓岚参加千叟宴。

七十多年前，康熙皇帝六十岁寿辰那年首开千叟宴，预宴者一千九百多人，成为传颂一时的盛事。那年，纪晓岚的父亲纪容舒参加万寿恩科乡试，在京城见过千叟宴盛典。今天，纪晓岚能参与其中，并且就在这天由兵部侍郎擢升为左都御史，倍感荣耀，作《乙巳正月预千叟宴恭纪》八首记述当时欣喜的心情。今录其中二首如下：

早岁登金马，中年出玉关。余生蒙曲贷，词苑许得还。
嘉宴陪传斝，鸿恩忆赐环。都缘天再造，今得预仙班。

圣相征千叟，衣冠会日畿。家庭时诵说，闻见尚依稀。
今日沾天酒，微臣侍禁闱。簪毫颂绳武，万载并光辉。

“金马”即金马门，汉武帝得大宛马，命铸铜马立于鲁班门，称金马门，后以代称官署之门。第一首诗叙述自己早年登科入仕，中年发配新疆，后蒙宽免，再入翰林院。如今得以参与盛宴，感谢皇帝大恩。第二首，回忆父亲诵说当年圣祖皇帝举办千叟宴的往事，今日侍宴宫廷，将这件继承先皇的盛事记下来，使万代流传。“簪毫”即簪笔，古代朝见，插笔于冠，以备记事。“绳武”，继承祖先的意思，典出《诗经大雅》：“昭兹来许，绳其祖武。”

纪晓岚自五十岁进四库馆，到逝世之前，一直为《四库全书》操劳。与其他馆臣相比，他为《四库全书》的编纂出力最大，得益也最多，晚年得以跻身内阁中枢，在更高的层面上展开宦海游弋。

二十三 苦心孤诣 著述《阅微》

乾隆五十四年（1789年）夏天，纪晓岚又去热河文津阁校勘《四库全书》。自从两年前乾隆皇帝在热河对文津阁《四库全书》查出问题以来，纪晓岚和陆锡熊、陆费墀多次对各阁《四库全书》进行复校、改写、装订和整理。去年秋天，纪晓岚在文津阁《四库全书》又中找出一些纰漏，回京安排赔写，到了夏日炎炎的季节，他重返热河。

这时和珅已经窃据高位，官场腐败严重，乾隆盛世出现衰败的危机。面对积重难返的吏治腐败，愈演愈烈的官场倾轧和没完没了地修改篇帙浩繁的《四库全书》，纪晓岚感到疲惫和厌烦。文津阁《四库全书》已校理多次，这回无非督促馆吏做些题签排架的工作，纪晓岚有了闲暇。他以拳拳救世之心，追忆旧时见闻，进行冷静思考，随手记录下来，取名《滦阳消夏录》。

《滦阳消夏录》共写了六卷，还没等仔细推敲订稿，就被书商们得了去，悄悄刊印上市了。人们争相购阅，还有不少跟纪晓岚熟识的人向他提供新的素材。读者的积极反馈，进一步激发了他的创作兴趣，之后的两年时间里，纪晓岚补缀旧闻，又写成四卷，名曰《如是我闻》。

从此，一发而不可收，乾隆五十七年（1792年）六月，纪晓岚借住在女婿袁煦在圆明园附近的槐西老屋里，又写出四卷。故将书冠名《槐西杂志》。五十八年（1793年），成《姑妄听之》四卷，嘉庆三年（1798年）又作《滦阳续录》六卷。就这样纪晓岚断断续续用了八九年时间，一共写成五种笔记，二十四卷，近四十万字。

《滦阳消夏录》、《如是我闻》、《槐西杂志》三种书稿，都由书吏抄写交私人刊刻。其中讹误颇多，有的还任意标加题目。待《姑妄听之》写成，纪晓岚门生顺天府大兴县人盛时彦拿去刻印，并为之作跋。跋语称："河间先生点校秘书二十余年，学问文章，名满天下。而天性孤峭，不甚喜交游，退食之余，焚香扫地，杜门著述而已。年近七十，不复以词赋经心，唯时追录旧闻，以消闲送老。"纪晓岚对盛时彦刻印的书比较满意。之后盛时彦又将五种笔记合为一编，经纪晓岚审看后，冠以《阅微草堂笔记》，于嘉庆五年（1800年）付梓。此为《阅微草堂笔记》初刻本。此后，又有多种版本的《阅微草堂笔记》刊行于世。

《阅微草堂笔记》之名，缘于纪晓岚在北京虎坊桥住宅中的"阅微草堂"。

雍正十二年（1734年），十一岁的纪晓岚随父亲进京，住进虎坊桥东边的一处宅院（即今北京市宣武区纪晓岚故居）。那里原是岳钟琪将军的府第。岳钟琪是一位沉毅多智的武将。雍正十年（1732年），岳钟琪在征讨准噶尔的战争中，因调度失当打了败仗，被革职交兵部拘禁。大学士鄂尔泰奏请斩岳钟琪，幸亏雍正皇帝手下留情，改监候，他才保住性命。乾隆即位之后，岳钟琪重被起用，再掌兵符。纪晓岚随父进京之那年，岳钟琪正在监禁中，那处宅院就在那时易手纪氏。纪晓岚视学福建、谪戍新疆，两度将宅院赁出，但始终未卖，直到逝世，他在那里前后共住了六十余年。

纪晓岚写过《京邸杂题》诗六首，提到他家府邸中的六个堂斋名号。计有：孤桐馆、槐安国、生云精舍、阅微草堂、绿意轩、三十六亭。其中题阅微草堂的诗是：

> 读书如游山，触目皆可悦。
> 千岩与万壑，焉得穷曲折。
> 烟霞涤荡久，亦觉心胸阔。
> 所以闭柴荆，微言终日阅。

可见阅微草堂是他家的书房。乾隆二十四年至二十七年（1759—1762

年）间，纪晓岚的外甥马葆善等几位后生跟纪晓岚在阅微草堂读书。期间，纪晓岚编辑了《唐人试律说》、《庚辰集》两部研究试帖诗的书。纪晓岚在他收藏的砚台上刻过很多"阅微草堂"字样。今北京琉璃厂中国书店收藏一帧"阅微草堂"木制匾额，是纪晓岚的朋友、书法家桂馥于嘉庆元年（1796年）二月题写的旧物。纪宅中其他几个斋号已鲜为人知，而"阅微草堂"则成了纪晓岚北京那处故居的代名词。如今北京纪晓岚故居已被列为北京市文物保护单位。

《阅微草堂笔记》经盛时彦刻印之后，迅速流行开来。它与《聊斋志异》、《石头记》，成为清朝最流行的三部小说。

《聊斋志异》当时已是流行了近百年的文言鬼狐小说。作者蒲松龄善于以丰富的想象力构建离奇的情节，又在离奇的情节中，通过细腻的描写，塑造生动活泼的艺术形象。纪晓岚承认其为"才子之笔"。《聊斋志异》创作于康熙年间，未及脱稿，便在作者朋友圈内传阅，得到诗坛领袖渔洋山人王士禛的赏识，更推动了它的传播。

《石头记》是曹雪芹创作于乾隆年间的白话小说，先有许多抄本流传，到了乾隆四十九年（1784年），梦觉主人序本将书名题为《红楼梦》。乾隆五十六年（1791年），程伟元以活字排印。乾隆末年、嘉庆初年，《红楼梦》已经遍传海内，出现家家喜闻、处处争购的盛况。当时流行的小说还有袁枚的《子不语》等。

纪晓岚本不想著书，即使偶尔为别人写篇序文或碑记、墓表之类的东西，也将文稿随手弃掷。他自己曾说："吾自校理秘书，纵观古今著述，知作者固已大备，后之人竭其心思才力，要不出古人之范围。其自谓过之者，皆不自量之甚也。"至丁写作《阅微草堂笔记》，纪晓岚认为那不叫著书，只是杂记。他有《书〈滦阳消夏录〉后二首》诗云：

> 半生心力坐消磨，纸上烟云过眼多。
> 拟筑书仓今老矣，只应说鬼似东坡。

前因后果验无差，琐记搜罗鬼一车。

传语洛闽门弟子，稗官原不入儒家。

清人张维屏《听松庐文钞》中对此有过一番分析。他认为纪晓岚一生精力具见于《四库全书提要》，已不必再著书。而他不著书，又要作杂记，"此文达公之深心也"。他说，考据辩论之书已经很完备了，可是那些书一般人不喜欢读，而稗官小说谈狐说鬼之类的书，则人人爱看，所以纪晓岚就写这类的东西，把劝诫之方、箴规之意，寄托其中，故《阅微草堂笔记》可以说是"觉梦之清钟，迷津之宝筏"。

《阅微草堂笔记》涉猎广泛，内容丰富：地方风情、宦海波澜、典章古物、医巫星相、狐精鬼怪、逸闻趣事无所不包。全书记述了一千二百多则故事。由于纪晓岚学问淹贯，博极群书，该书虽称消闲遣日之作，而立法甚严，尚质黜华，追踪晋宋，直承六朝志怪小说的传统，侧重记录见闻，应笔成章，常常测鬼神之情状，发人间之幽微，托狐鬼以抒己见。由于纪晓岚文才卓绝，使用随笔体写作，信手拈来，不刻意为文，创造了一种洗练明快，清新淡雅的文体，虽以文言写成，却颇有老妪都解之概，成为中国古典笔记中的极品。

现代文学巨匠鲁迅先生对《阅微草堂笔记》评价甚高，认为本书得以流行，不是借助作者位高望重。他说纪晓岚"很有可以佩服的地方：他生在乾隆间法纪最严的时代，竟敢借文章以攻击社会上不通的礼法、荒谬的习俗，以当时的眼光看去，真算得很有魄力的一个人"。

纪晓岚阅历丰富，洞悉人情世态。《阅微草堂笔记》长于深刻入微地揭示形形色色的病态社会。其深度广度均为同时代作者所不可比拟。凡此种种，皆超越了作者自己申明的"大旨期不乘于风教"，"或有益于劝惩"的范围，成为一座思想文化的宝库。

纪晓岚处世贵宽，论人欲恕，不轻易指名道姓地指责别人。对于《聊斋志异》，一方面他称"留仙（蒲松龄）之才，余诚莫逮其万一"，另一方面，他又不赞同《聊斋》的写作方法，说："《聊斋志异》盛行一时，然才子之笔，非著书者之笔也。……燕昵之词，媟狎之态，细微曲折，摹绘如生。使出自言，似无此理，使作者代言，则何从而闻见之？"

纪晓岚批判蒲松龄的写作方法，在于标榜自己所写都是真实的。当代学者余秋雨先生指出："有的学者借此断言他对艺术创作的基本规律缺乏了解，显然是不妥的。其实，他是在表达一种对'叙事角度'和'叙事身份'的学术困惑，这也是他留给艺文领域的一个未解之谜。《聊斋志异》提供的是一条成功的道路，而他思考的范围要大得多。他凭借《聊斋志异》提出这个困惑，却没有看轻这部小说的价值，甚至谦虚地坦诚'留仙（蒲松龄）之才，余诚莫逮其万一'。事实上，直到今天，西方第一流的文艺学家还在小说的'叙事角度'和'叙事身份'上不断地进行学术探索。在我看来，纪昀提出的是一个深刻的实践课题：笔记小说，究竟应该有多少成分接近于戏剧中的代言体，又有多少成分接近于散文中的自述体？这个问题延续到今天就更加深奥了：一般的代言体小说，包括戏剧、电影在内，能否吸收笔记小说的某种'叙事角度'和'叙事身份'？反过来，散文化的历史叙述，能不能也有这种吸收？其实，司马迁在《史记》中早就做了成功的示范，可见这个问题隐隐地贯穿古今。纪昀感觉到了它的存在，极其难得。大学者毕竟是大学者。"

根据笔者多年来对《阅微草堂笔记》所写故实的考察，发现书中涉及的人名地名，个个查之有据，无一虚构。尽管书中写到大量虚幻的狐鬼精怪，看似无迹可察，但这些故事的发生地和提供人都是真实的。

对于《聊斋》和《阅微》两书的异同和各自的特色，后世文人有很多评价。孙犁先生称这两部书是异曲同工的两大绝调。提到《阅微草堂笔记》的写作艺术，孙犁说："至于文字之简洁锋利，说理之透彻周密，是只有纪昀的文笔才能达到的。我常常想，清代枯燥的考证之学，影响所及，使文学失去了许多生机。但是这种一针见血、无懈可击的刀笔文风，却是清朝文字的一大特色。"据《谢觉哉日记》记载，毛泽东在延安时期曾将《阅微草堂笔记》带在身上阅读，评价该书"文字尚可玩味"。余秋雨评价《阅微草堂笔记》的艺术特点是："结构松软、散逸、自由、随意，具有极大的多元容量，体现了中国传统美学中散点透视、闲庭信步的风尚。在语言风格上，洗尽浮彩，毫不张扬，一味平易简洁，却蕴涵着闪烁的情趣和机锋，真有一种历尽千山的大匠风致，返朴归真的恬淡醇香。"

《阅微草堂笔记》对后世的影响也非常之大。不少人以这种体裁著书。其中成就较大的有：乐均的《耳食录》、许元仲的《三异笔记》、俞鸿渐的《印雪轩随笔》、俞樾的《右台仙馆笔记》、梁恭臣的《池上草堂笔记》等等。不过后来这些著作，旨趣已大有出入了，所以鲁迅先生评论纪晓岚的《阅微草堂笔记》，"后来无人能夺其席"。

《阅微草堂笔记》对官场倾轧、攻讦、排挤，种种机械，令人生危的现实有深刻的揭示。在《滦阳消夏录》卷五里，纪晓岚假借文昌司禄之神对官场弊病进行深刻剖析：因为热衷仕途，那些强悍的必然要仗恃权利，仗恃权利的，必然凶狠而刚愎自用；那些懦弱的必然要设法巩固自己的地位，巩固地位的，必然阴险而狡诈。因为恃权、固位，必然急于竞进，拼力相争，相互倾轧。有倾轧势必有排挤，有了排挤也就不问人贤与不贤，只问是同党还是异党；不管事情可与不可，只计较自己的胜负与否。这样一来，流弊就大的没法说了。《滦阳消夏录》卷三里，记载某御史因贪赃枉法被处死。有位负责审讯他的官员白天打盹儿，恍惚中见到那个死去的御史，便惊恐的问："难道你还有冤屈吗？"鬼魂说："我没有冤屈。"官员问："那你还来找我干什么？"鬼魂说："我对你有不满的地方。"那位官员说："一同审问你的有七八个人，和你我交情差不多的也有两三位，你为什么独独怨恨于我？"鬼魂说："我与你一向不和。但是咱俩平时只不过在仕途上互相倾轧，并没有不共戴天之仇。可是我被拘审之际，你虽然说过为了避嫌不参与审问，脸上却露出洋洋得意之色；当我判定死罪后，你表面上虚词慰问，却掩盖不住轻薄我的情绪。别人借法律置我于死地，你却用隐蔽的快意看我去死，患难之际，这是最伤人心的，我怎能不怨恨你！"《滦阳消夏录》卷二里有一则小品，淡淡几笔，深刻揭露了人凶于鬼的残酷现实：有一个人因逃避仇家而逃进深山藏匿，当时月白风清，那人看见一个鬼，吓得趴在白杨树下不敢起来。鬼忽然看见了他，就说："先生为什么不出来？"那人战战兢兢的说回答："我怕您！"鬼说："最可怕的莫过于人，鬼有什么可怕的？逼得先生颠沛到这个地步的，是人呢？还是鬼呢？"说罢一笑而隐。

纪晓岚对官吏们碌碌无为，唯求自我保全也是深恶痛绝的。《滦阳消夏录》卷一里记有阎王痛斥庸吏的事：北村郑苏仙做梦到了阴间，正赶上阎王审理案犯。有一个身穿官服的人昂然上殿。他自称做官所到之处，仅饮一杯清水，可以说无愧于鬼神。阎王爷冷笑着对他说："朝廷设官是为了治理人民，就连那些管理驿站和掌管水闸的小官，也都有兴利除弊的责任。如果说不贪钱就是好官，在公堂上立一木偶，连水也不喝，岂不比你更好吗？"

《阅微草堂笔记》对穷苦人惨遭迫害的客观现实也有深刻的揭露。比如被反绑双手拉到市上当作猪羊来卖的"菜人"，捆缚手脚放到案板上等待杀了做菜的少妇。《如是我闻》里写到一个富家女孩，五六岁时被人拐卖做了婢女。过了五六年找回来时"视其肌肤，鞭痕、杖痕、剪痕、锥痕、烙痕、烫痕、爪痕、齿痕遍体如刻画，其母抱之泣数日。"其实女孩的母亲对待属下的奴婢也是极其残酷的。她使唤的婢女，身上没有不带血痕的。还有个官宦人家，婢女们有了过失，不用鞭打，而是命她们脱下裤子，裸露着身子躺在地上，羞辱她们。纪晓岚的笔下，这些害人者最后都受到了恶报。

《阅微草堂笔记》里也有对"痴儿騃女，情有所钟"的人间爱情的深切同情。《滦阳续录》卷五里有一则故事说，某位官员先为一对小奴小婢配婚，那一对青年男女在廊下相遇也不回避，被主人看见，犹笑容未敛，于是以"于礼不可"为由而严厉责打，致二人先后病死。纪晓岚就此事发表议论说：饮食男女，人生之大欲存焉。那些呆男痴女们，情有所钟，只要不是大悖谬于礼教，就不应对他们过分苛求。把人逼死了还用"礼教不允许"这样的陈词滥调来为自己辩护，简直是假道学。

透过《阅微草堂笔记》，我们看到作者是一位富于洞察力的，感情丰富的，具有社会良知的思想家。

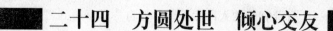
二十四　方圆处世　倾心交友

纪晓岚自乾隆四十四年（1779年）四月跻身内阁，先任内阁学士兼礼部侍郎，后擢兵部侍郎。乾隆五十年（1785年）正月，升任左都御史。五十二年（1787年）补授礼部尚书。从此，纪晓岚官居从一品，成为朝廷枢要。经历了几十年仕途颠簸和人生的风雨砥砺的纪晓岚，愈加老成持重。他在为兵部主事蒋东桥所作寿序中承认自己："老而阅历世途，意气消歇，不复与胜流相角。"纪晓岚的门生、安徽怀宁人汪德钺在《纪晓岚师八十寿序》里写有这样的话：

> 吾师居台宪之首，据宗伯、司马之尊，登其堂萧然如寒素，察其舆马、衣服、饮食，备数而已，其俭也若此。精力绝人，巨细毕究，自束发以逮服官，书卷则寝食不离，簿书亦钩考维严，其勤也又若此。性耽阒寂，不乐与名流相征逐，公退后，闭门独坐，冲然自得，其静也又若此。

在这位门生、下司的眼中，纪晓岚俨然一个性情孤寂的廉吏硕儒。这与当年那个"与天下胜流相驰逐，座客恒满，文酒之会无虚夕"，"时以诗句相唱和"的风流才子简直判若两人。但是，他绝没有变成一介老朽。纪晓岚给人留下如《寿序》中所描述的"公众形象"，说明他自省修炼功夫十分精到纯熟。纪晓岚在一方圆池砚上刻下这样的铭言：

> 池中规，砚中矩，智欲圆而行欲方，我闻古语。

智虑周到圆通，自为端方不苟，正如老子所说："智圆者，无不知也；行方者，有不为也"。

纪晓岚的思想观念很正统，治学态度很严谨，又身居高位，所处的环境并不轻松。因而他必须行为端方，一丝不苟，不可为所欲为。同时他的内心世界又丰富多彩，生活态度也充满趣味，因而他很会权变圆通。

乾隆皇帝天禀聪明，乾纲独断，最恨朋党。他在执政之初，帝位稍一牢固即先后将辅政大臣鄂尔泰、张廷玉治罪和申斥，并对鄂、张的弟子、子侄等亲信给予打击和限制。以峻法究治胡中藻、鄂昌结党案。乾隆帝严究朋党，致使朝臣们人人自危，并造成互相攻讦恶习。纪晓岚置身内阁中枢，进入斗争漩涡，不能不格外谨慎，但他没有畏葸不前。从容应对各种复杂的情况，以轻松的态度对待不轻松的环境是他的本领。乾隆五十八年（1793年）五月，纪晓岚偶然翻捡出自己早年写的一首题画诗。那是乾隆二十七年（1762年）七月，纪晓岚托沈朗画了一张《桐阴观弈图》，他在上面题诗曰：

> 不断丁丁落子声，纹楸终日几输赢。
> 道人闲坐桐阴看，一笑凉风木末生。

那时纪晓岚的争胜心正强。让人画画的本意是观看谁胜谁负。后来他读到王安石的《棋》诗，从中悟出胜负也只是幻象的道理。王安石在钟山的故宅叫半山，所以王安石又称王半山。有一次王安石在钟山与道士下棋。道士说："彼亦不敢先，此亦不敢先，惟其不敢先，是以无所争。故能入于不死不生。"王安石笑着说："此特棋谜也"，随即写了一首诗："莫将戏事扰真情，且可随缘道我赢。战罢两奁收黑白，一枰何处有亏成？"纪晓岚把王安石的诗抄写下来和自题的观弈诗收在一起，放置多年。如今重新翻看这些旧物，对世事如棋局有了更深的认识，便提笔又写了两首诗：

> 桐阴观弈偶传神，已怅流光近四旬。

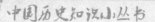
今日鬃鬃头欲白，画中又是少年人。

一枰何处有成亏？世事如棋老渐知。
画里儿童今长大，可能早解半山诗。

汪德钺说他的老师不乐与名流相征逐，也仅仅是说纪晓岚晚年不经常跟人们以酒食相邀而已。他的交游不再像年轻时那样轻狂那样张扬那样表面化。实际上，纪晓岚在交际场上仍然很活跃，他与当朝许多名士都有密切交往，只不过他们的交往更加睿智更加高雅更加理性化了。

纪晓岚跟刘墉就是一对交情颇深的好友。他们可以算是险恶宦海中的知音。嘉庆四年（1799年）十一月，朝鲜使节回国向国王汇报清国情况，书状官徐修介绍说"朝臣中，一辞公论，刚方正直推刘墉，风流儒雅推纪昀"。

刘墉（1720—1805年），字崇如，号石庵，山东诸城人，比纪晓岚年长四岁。纪晓岚与刘墉之间的关系，应从刘墉父亲刘统勋那辈提起。刘统勋是纪晓岚的座师，为官刚正不阿，声震朝野，在经办纪晓岚等人泄密案时，对自己的门生不徇私情。四库馆开，他又举贤不避亲，首荐纪晓岚为总纂官。就在乾隆三十八年（1773年）冬天，刘统勋病逝于上朝途中。纪晓岚为恩师献上一副沉痛的挽联：

岱色苍茫众山小，天容惨淡大星沉。

刘墉虽然出身仕宦，仕途也屡经坎坷。下过监狱，遭过流放，做过知府、巡抚、总督等地方官员。晚年进入内阁任工部尚书、吏部尚书、体仁阁大学士，是一位重要阁臣。纪晓岚、刘墉同在内阁中枢为官，面对把持朝政作威作福的和珅，只能虚与委蛇。两人之间对于政事肯定有交流和沟通，但有些事又不好明言。对于他们之间的文墨之交，史书留下很多记载。刘墉是著名书法家，纪晓岚则不善书法，但纪晓岚特别喜欢听刘墉谈论书法。乾隆六十年（1795年），刘墉用他那浑厚的书法抄写《般若波罗蜜多心经》一卷，写上"纪尚书持诵"字样，赠与纪晓岚。纪晓岚在《书刘石庵相国临王右军帖后》写道：

诗文，晚境多颓唐；书画，则晚境多高妙。倪迂写竹似芦；石田翁题咏之笔每侵画位，脱略畦封，独以神迹天机所触，别趣横生，几几乎不自觉也。石庵今岁八十四，余今八十，相交之久，无如我二人者。余不能书，而喜闻石庵论书。盖其始点规画矩，余见之；久而拟议变化，摆脱蹊径，余亦见之。今则手与笔忘，心与手忘，虽石庵不自知，亦不能自言矣。此所临摹，以临摹为奇焉耳，勿以似不似求之。

纪晓岚与刘墉经常联袂为他人题写诗文，撰书墓志。文美书精，相得益彰。乾隆五十九年（1794年）六月，原左都御史李缓之子李之栻请刘墉为父母合葬书写墓志铭。刘墉说，必须是纪晓岚尚书撰写的铭文，他才肯操管书丹。纪晓岚在所作的墓志铭中记下了这件事，并且谦虚地写道："余文何足当石庵书？石庵书又何取余文？"

近年在沧州纪晓岚祖居地景城村纪氏祖茔出土了三合纪晓岚家人墓志。其中纪晴湖（暐）墓志铭即由纪晓岚撰文，刘墉书丹。该墓志刊于嘉庆元年（1796年），刘墉时年七十七岁，任吏部尚书。为纪暐墓志篆盖者是太子少保、军机大臣、户部尚书董诰。如此显赫的人物，为一个没有功名的人书篆墓志，显然是看纪晓岚的面子，证明他们之间的关系非同一般。纪懋园（昭）墓志铭，由詹事府詹事兼翰林院侍读学士翁方纲撰文、篆盖并书丹，刊于乾隆五十一年（1786年）、纪理含（汝备，晴湖之子）墓志铭由纪晓岚撰文，太仆寺少卿赵秉冲篆盖，内阁学士兼礼部尚书陈万全书丹，刊于嘉庆四年（1799年）。另外，1975年在河北南皮县出土的郝子明墓志，刊于乾隆四十八年（1783年），也由纪晓岚撰文，翁方纲篆盖，书丹者是朱珪。

以上这些遗物，都是铁定的真实记录。它从一个侧面反映出纪晓岚那一个时期的交际状况。

董诰是纪晓岚受业师董邦达的儿子。纪晓岚和董诰在翰林院、四库馆都曾共事，在内阁又都是同声相应的廉吏直臣。嘉庆元年（1796年），乾隆皇帝传位于皇十五子永琰（登极后，改"永"为"颙"），自称太上皇。他要给新皇帝选个汉臣大学士，原定朱珪，因和珅从中作梗而未能实现。在其他几位候选人中，论资历，刘墉、纪晓岚、彭元瑞都比董诰为深，但太上皇认为刘墉"不肯实心任事"，纪晓岚"读书多，不明理"，彭元瑞"不自检束"，只有董诰堪任，于是命董诰为东阁大学士。太上皇在上谕中还告诫说："刘墉、纪昀、彭元瑞皆当扪心内省，益加愧励。"乾隆帝把董诰与纪晓岚等三人似乎置于对立位置上，岂不知刘墉他们的消极是有原因的。就在这一年，董诰、刘墉联手为纪晓岚之兄书篆墓志，就足以证明，他们之间心灵相通，并无芥蒂。

翁方纲，字正三，号覃溪，大兴人。是著名书法家、金石学家、考据家和诗人。他的诗学理论称"肌理"说，主张以缜密细致的手法作诗。纪晓岚与翁方纲在翰林院、四库馆共事多年，诗词唱和甚多。就因翁比纪早中进士两年，纪晓岚把比自己小九岁的翁方纲尊称"覃溪前辈"。有一次翁方纲拿着朱彝尊、毛奇龄两位前代诗人的画像让纪晓岚题诗。纪晓岚题诗两首，其中第二首写道：

二老风流寄画图，生绡淡墨几传摹。
吾曹亦似书中蠹，可得他年写照无？

待纪晓岚逝世后，他的表弟张桂岩真的为他画了一张遗像。画像上的纪晓岚左手端着一方砚台，老态龙钟，神情肃穆。嘉庆十八年（1813年），年高八十一岁的翁方纲为老友的遗像题取名《纪文达公洗砚遗照》，题写了一首二百言长诗，以志怀念。诗起首便赞誉道："皤皤黄阁老，峨峨鼎彝器。早岁献王宫，诗礼富根植。"忆及二人顺天乡试初次结识的往事，充满崇敬之情："卯秋举首时，砚席恭邻次。半夜吟啸声，千仞云霄气。"翁方纲为郝子明墓志篆盖时，任朝议大夫、司经局洗马，掌局事。司经局是詹事府内一个掌管经籍典制图书收藏等事的机构，其长官称"洗马"，属五品官员。

朱珪（1731—1807年），字石君，大兴人，与纪晓岚同举于乾隆十二年（1747年）顺天乡试。朱珪虽未列为榜，但在考试结束，主考官复命时，将纪、朱两人的才名同时报告给皇上，所以二人很早就受到皇帝的青睐。乾隆十三年（1748年），朱珪中进士，屡膺重任，曾为皇子永琰即嘉庆皇帝的师傅。为郝子明书写墓志铭时朱珪任翰林院侍讲学士、福建学政。郝子明名湛，字子明。他和纪晓岚、朱珪、翁方纲都是同年举人。后来郝子明未能入仕，在纪府作西宾达二十年。朱珪和翁方纲为郝子明篆书墓志当然也是看纪晓岚的面子。嘉庆即位后，朱珪宠遇颇隆，荣升大学士。《大清畿辅先哲传》称翁方纲、朱珪、纪晓岚"鼎峙而三，诚一代伟人"。

纪晓岚不仅与这些在朝文士亲密交往，他和已经下野的很多旧友也保持着联系。山东平原人董元度，号曲江，是一位性情洒脱，不计名位，不愿受约束的人。董元度乾隆十七年（1752年）进士，在翰林院三十余年。期间常常乞假南游，来往于苏扬之间，曾寄寓于卢见曾两淮盐运使署中。董元度与王昶结识，把盏论诗，不知疲倦。董元度与翁方纲同科进士，二人曾经一同在纪晓岚家中住过，相与掀髯抵掌，淋漓浩唱，关系十分融洽。乾隆四十七年（1782年）秋，董元度辞离翰林院回东昌府（今山东聊城市）任教授。翁方纲等人在京城南东湖柳村的崇效寺设宴送行。身负《四库全书》总纂官重任的纪晓岚，在百忙中抽空赶去参加送别宴会。周永年、邵二云、蒋士铨等文士也都到了场，欢言尽日，恋恋不忍离别。分别之后，纪晓岚与董元度常有诗文相寄。董晚年生活困顿，纪晓岚在《寄董曲江》诗中将他和先贤魏衍相比附："名士为官原洒落，词人垂老半饥寒。只应雪夜哦新句，且付彭城魏衍看。"宋朝彭城人魏衍，一生不事举业，以经籍自娱，是一位洒脱文人，名重乡里。在《阅微草堂笔记》里，纪晓岚多次提到这位喜戏谑、性洒脱的好朋友。

王昶也是与纪晓岚交往颇深的好友。他和纪晓岚同年进士，又是同龄，乾隆三十三年（1768年）又都因卢见曾案一同被革职。王昶随云贵总督阿桂去军营效力，乾隆四十一年（1776年）还京擢鸿胪寺卿。乾隆四十二年（1777年）正月初四，纪晓岚和王昶、曹学闵、曹文埴聚会小饮。王昶赋诗记之：

> 频年元夕渺天涯，裙屐重来赏物华。
>
> 喜听笙箫连爆竹，更移帘幕护梅花。
>
> 新诗共爱湘灵瑟，异事如乘博望槎。
>
> 凭仗诸君蠲宿疾，敢辞轰饮醉流霞。

乾隆五十三年（1788年），王昶外任江西布政使，纪晓岚邀集在京同年为王昶饯行。王昶又作《纪晓岚大宗伯招诸同年夜集》诗一首：

> 万里归来谒紫宫，霓裳仙侣此宵同。
>
> 分别即久情难尽，怅触多端语不穷。
>
> 琴鹤无能宣化雨，莼鲈有梦待秋风。
>
> 西江幸与东华近，时盼音书寄楚鸿。

乾隆五十四年（1789年），王昶迁礼部侍郎。五十八年（1793年）辞官归里。嘉庆元年（1796年）九月，刑部左侍郎李封卒。纪晓岚怀着沉痛的心情为这位同年撰写墓志铭。他念及中进士四十三年来，故交零落，有若晨星，颇感惆怅。提起几位或告病、或辞归的同年好友王鸣盛、钱大昕、王昶等归隐的人，"回忆少年，文酒之会，杳若前生"。身居高位的纪晓岚与他们从未断过联系。嘉庆四年（1799年），王昶来京参加乾隆的葬礼，纪晓岚再次与老友聚会。老友曹学闵早已故去，其子曹锡龄设宴招待他们。王昶写诗感叹："松龄精神嘉未老，莼鲈归隐病难痊。星辰屈指无多在，旧雨关情喜后贤。"

纪晓岚从来不摆大学者的架子，与社会各类人士都能够倾心相交，譬如好佛学、擅画鬼的扬州八怪之一罗两峰；不媚官、不爱钱，德高技绝的沧州画家张桂岩。纪晓岚还交结了几位朝鲜朋友。朝鲜当时是清朝的属国，年年派使臣来中国。纪晓岚作为礼部尚书，外国使臣来朝，他负责接待，使臣们去圆明园觐见皇帝，他要充任押班，随同前往。在和这些使臣打交道中，纪晓岚没有天朝大国的凌人盛气，他认为，"文士谈气，应无中外之歧"。由于朝鲜与中国属同文之国，文字沟通没有障碍。纪晓岚和朝鲜诗人交往较多。

纪晓岚最早结识的朝鲜人是学者兼诗人朴齐家。朴齐家先后四次随使团来华。乾隆四十三年（1778年），朴齐家第一次到北京就慕名拜访了担任《四库全书》总纂官的纪晓岚。二人一见如故。朴齐家回国时纪晓岚写诗相送。朴齐家回国后写了《北学议》，盛赞中国的繁荣。几年后纪晓岚想起这位外国朋友，又作诗《怀朴齐家》：

> 偶然相见即相亲，别后匆匆又几春。
>
> 倒屣常迎天下士，吟诗最忆海东人。
>
> 关河两地无书札，名姓频年问使臣。
>
> 可有新篇怀我未？老父双鬓渐如银。

另一位与纪晓岚交往频繁的朝鲜诗人是柳得恭。此人才华出众、学识渊博，任朝鲜奎章阁检书官。他随使团来华常去京城琉璃厂买书。乾隆五十五年（1790年），柳得恭随冬至正使金履素来北京。他在琉璃厂"五柳居"书店与中国文人聚会，得与纪晓岚直接笔谈。据他自己讲，有的书别人弄不明白何人编刻，何种义例，唯独纪晓岚"取诸腹笥，年经月纬，始终源流，洞如烛照"。是说书籍的各种情况都装在纪晓岚的肚子里，如同灯烛照着，明明白白的。纪晓岚对柳得恭的才华也很赏识，特意要他到家中做客。柳得恭回国纪晓岚赋诗送别，盼他早日再来！

> 古有鸡林相，能知白傅诗。
>
> 俗原娴赋咏，汝更富文辞。
>
> 序谢三都赋，才愧一字师。
>
> 唯应期再至，时说小姑祠。

嘉庆六年（1801年），柳得恭再次出使北京，他千里迢迢给老友"纪大烟袋"带来朝鲜关西烟叶。

纪晓岚和朝鲜诗人洪良浩的交往更加长久深厚。洪良浩，字汉诗，号耳溪，和纪晓岚同庚。他于乾隆五十九年（1794年）以冬至使兼谢恩使的身份出使北京。礼部尚书纪晓岚负责接待。洪良浩有很深的汉学功底。他把自己的诗文集赠给纪晓岚，并请他作序。纪晓岚慨然应允，分别写了《耳溪诗集序》、《耳溪文集序》，对洪良浩的诗文给予很高的评价。称赞他的诗体近中唐遗响。五言吐词天拔，秀削绝人；七言亮节微情；古体纵横似东坡，而平易近人足资劝诫，又多如白居易。文章不仿古人，方圆自造，唯意所如，虽畅所欲言，而大旨则主于明道。洪良浩回国之后，曾多次向纪晓岚奉书致问；纪晓岚也不断回信、赠诗，倾吐对挚友的怀念之情。其中一首《寄怀洪良浩》的诗写道：

> 金门握别惜匆匆，白首论交二老翁。
> 圣代原无中外别，迂儒恰喜性情同。
> 长吟消夜青灯下，远梦怀人紫瀣东。
> 两遇归鸿都少暇，缄情惟藉一诗筒。

诗文酬答之外，纪晓岚还借朝鲜使节回国之机，给洪良浩捎去四样小礼品：水蛀砚、水中丞（小水盂）、搔背、茶注各一件，并各系小诗一首曰：

> 紫云割下岩，水蛀穴如蠹。
> 锋芒虽欲平，贵尔形模古。

> 哆腹水易容，缩口尘不染。
> 久贮仍清泉，君子悟防检。

> 指爪肖麻姑，藉以搔背痒。

铦利彼所能，操纵仍吾掌。

老披一品衣，能无劳案牍？
香茗时一浇，亦足涤烦溽。

体现了纪晓岚对远隔千山万水的老友真挚的友谊。

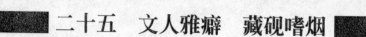

二十五　文人雅癖　藏砚嗜烟

古来文人墨客多有雅癖，纪晓岚也不例外，他嗜好吸烟，喜欢藏砚。

纪晓岚本不善书法，却喜欢与书法家谈论书道，更好品赏砚台。他把自己的一个书房取名"九十九砚斋"。他收藏的砚台，有皇帝赏赐的，有师友馈赠的，有门生敬献的，也有跟同僚抢夺的。当然，他也向别人赠送，也有被抢走的。经他的手到底有多少方砚，没人能说清楚。纪晓岚藏砚，把玩之余，常在上面铭刻文字。那些铭文，造微入妙，标格新奇，言简意赅；多有精辟警策之句，亦有含蓄隐奥之语。那是他学问淹通、世事洞明、胸怀旷达、城府高深的自然流露。

比如他在一方琴形砚上铭刻的："无弦琴，不在音，仿琢研，置墨林，浸太清，练余心。"在井栏砚上铭刻的："惟井及泉，挹焉弗竭。惟勤以浚之，弥甘以洌。"在竹节砚上刻的"介如石，直如竹，史氏笔，挠不曲。"都富有哲理。在另一琴形砚刻上："空山鼓琴，沉思忽往，含毫邈然，作如是想。"在一椭圆形砚刻上："刻鸟镂花，弥工弥俗，我思古人，斲雕为朴，"引人遐思。其他如"桐生朝阳，凤鸣高冈，卷阿效咏，周以世冒，勖哉君子，仰企召康，四门宏辟，邦家之光"；"花首称梅，果先数荔。惟其韵高，故其品贵。此故微矣，非色香味。可悟谈诗，不著一字"；"龙无定形，云无定态，形态万变，云龙不改。文无定法，是即法在，无骋尔才，横流沧海。"等铭文都是才情浓郁，韵味悠长。

民国五年（1916年），李浚之编印的《阅微草堂砚谱》石印版刊行，民国要员徐世昌为之作序。《砚谱》共收录一百方纪晓岚藏砚拓片，其中含有大量砚铭。但该书所收还不是纪晓岚藏砚的全部。

砚虽居文房四宝之末，但由于它适合把玩，故备受文人钟爱。砚在中国已有五千多年的历史，唐宋以来出现了优质材料的端、歙、洮和澄泥名砚。五代时期开始有人在砚上镌刻铭文，明清时期藏砚作铭酿成风气。嘉庆九年（1804）五月十日，纪晓岚在刘墉赠与的一方砚上铭刻下这样一段话：

余与石庵皆好蓄砚，每互相赠送，亦互相攘夺，虽至爱不能割，然彼此均恬不为意也。太平卿相，不以声色贷利相矜，而唯以此事为笑乐，殆亦后来之佳话欤？

纪晓岚藏砚，当然要选取上好的材质和精良的制作。凭他的地位和名望，想得到端溪上品、龙尾精粹，不会太难。他还注重收集一些稀有品类，诸如青州红丝、齐都淄石、吉林松花、新疆白龙堆石等等。而更让他心仪容动的则是那些经古今名人使用、收藏、摩挲过的珍品。

乾隆三十六年（1771年）刘统勋赠给他的那一方砚台，原为明朝浙江名士黄汝亨所用旧物，纪晓岚视若珍宝。若干年后，他还拿出来向自己的门生们炫耀。大学士阿桂赠给他一方瓦砚，从材质上看，算不上佳品，可纪晓岚却十分看重它，他在上面作铭曰：

上相西征，用草露布，归以赠予，用编《四库》。虽片瓦哉，予奇其遭遇。

因为这方砚曾随阿桂西征建立军功，所以就有了传奇经历，值得珍视。

乾隆三十二年（1767年）纪晓岚丁忧期满回到京城之后，做过"三通"馆提调官兼纂修官。三通，是指《通典》、《通志》、《文献通考》三部记载典章制度的古书。当时裘曰修得知他负责续修《通志》，就把自己珍藏多年的一方古砚送给他。纪晓岚发现砚腹之内刻有"夹漈草堂"四字。始知那是南宋著名学者《通志》的编撰人郑樵用过的砚台。

郑樵是福建莆田人，晚年卜居于莆田西北的夹漈山上精心编撰《通志》，故世称夹漈先生。时隔六百年，这方砚台先后陪伴《通志》编撰者和续修者，可算是历史的奇缘。纪晓岚的朋友邵齐然在那方砚上作铭记其诗："墨绣斑斑阅人几，觚棱刓缺字不毁。夹漈有灵式凭此，六百年后待吾子。"纪晓岚也刻上一段铭言："惟其书之传，乃传其砚。郁攸乎予心，匪物之玩。"多年以后，纪晓岚的学生福建人吴孱提，要求拓下这方乡贤古砚上的砚铭带回福建。纪晓岚再次忆起旧事，为之题诗一首：

> 博物推渔仲，当年实寡双。
> 空堂传夹漈，遗砚落西江。
> 好古逢闽士，拓铭归海邦。
> 如同乡祭酒，相对坐吟窗。

纪晓岚是一个善于在宦海惊波中自我放松、随时找寻乐趣的人。大学士阿桂的孙子那彦成，号绎堂，也是一位喜好藏砚的人。乾隆六十年（1795年）的一天，纪晓岚跟那彦成一同在贡院聚奎堂阅卷，见他有一方好砚，便顺手夺来。绎堂舍不得给他，便用另一方砚去赎换。此前那彦成曾从刘墉那里抢过一方好砚。纪晓岚在那彦成送来的那方砚上铭记其事："绎堂尝攫取石庵砚，后与余阅卷聚奎堂，有砚至佳，余亦攫取之。绎堂爱不能割，出此砚以赎。因书以记一时之谐戏，且以证螳螂黄雀之喻诚至言也。"并回赠一诗：

> 机心一动生诸缘，扰扰黄雀螳螂蝉。
> 楚人失弓楚人得，何妨作是平等观。
> 因君忽忆米老颠，王略一帖轻据船。
> 玉蟾蜍滴相思泪，却自区区爱砚山。

诗中既有螳螂捕蝉，黄雀在后的谐谑，又有楚人失弓楚人得之的洒脱。

楚人失弓事说的是楚共王出猎，把弓丢了，随从们请求把弓找回来。共王说，楚国人丢了弓，还会让楚国人拾了去，何必找它。这本是一种洒脱的态度，可孔子听到这个故事后说："可惜楚共王心胸还不够大，人丢了弓，只要让人得去就行，管他是不是楚国人。"纪晓岚引用这个典故，是要表明，他们互相夺砚，并非要做守物之奴，只是求其洒脱趣味而已。

纪晓岚在《阅微草堂笔记》里写过高凤翰受收藏之累的故事：

山东胶州高凤翰是一位书画篆刻艺术家，喜好收藏。他梦见汉朝司马相如登门造访。不几天，他无意间得到一方古印，古泽斑驳，篆法精妙，正是"司马相如"之印。高凤翰如获至宝，日夜贴身携带，从不轻易示人。他仕途很不顺畅，做过安徽绩溪县令，被人弹告罢官下过狱，后在两淮盐运司做个小官。有一天，高凤翰去见两淮盐运使卢见曾。卢见曾本是一位雅好收藏的人物。他听说高凤翰有方古印，就提出要看一看。高凤翰不好推却，只得把那方古印递了上去。卢见曾持印在手，反复把玩。高凤翰见他久无归还之意，慌忙跪地恳求："大人，凤翰平生广交朋友，身边之物没有不能与人共享的，唯有老婆和此印例外！"卢见曾听了，鄙夷地一笑说："谁要你的东西，你这个人啊，怎么痴呆到这个份儿上！"说着把那方玉印还给了他。

纪晓岚写这则故事的用意是十分清楚的：收藏不要成为累赘。

纪晓岚跟好友董元度有一段对话讲得明白："大地山河，佛氏尚以为泡影，区区者何足云。我百年后，倘图书器玩，散落人间，使赏鉴家指点摩挲曰：'此纪晓岚故物。'是亦佳话，何所恨哉！"而董元度则比纪晓岚更加洒脱："君作是言，名心尚在。余则谓消闲遣日，不能不借此自娱。至我已弗存，其他何有？任其饱虫鼠委泥沙耳。故我书无印记，砚无铭识，正如好花朗月，胜水名山，偶与我逢，便为我有。迨云烟过眼，不复问为谁家物矣。何能镌号题名，为后人作计哉！"纪晓岚对董元度的态度深为叹服，称赞他"尤为洒脱"。

嘉庆八年（1803年），刘墉送给纪晓岚一方宋代古砚。砚匣上刻有自书的一段话："送上古砚一方，领取韩稿一部，砚乃朴茂沉雄之极，譬之文极，有如此也。晓岚四兄大人，弟墉拜呈。"奉上一方极品砚台，换取一部绝妙书稿，文士之交，何其高雅！

一方方精美的砚台，成了纪晓岚生活中不可或缺的侣友，也是他经历的记录和交往的见证。谪戍乌鲁木齐，他有印房草奏草檄"红丝砚水不曾凝"的经历；赦还京师，有枯砚与他"多情共往还"的感叹；拜见恩师刘统勋，又有以砚相赠"醉翁亲付老门生"的安慰；侍奉皇帝，多次蒙受"也捧君王赐砚回"的荣耀；纂书四库馆，他在砚上刻下"曾读人间未见书"的自豪。众多的题砚诗和砚铭，还寄托着他对友人的情谊。

有一方圆角长方形歙砚，记录着纪晓岚与友人鲍树堂交往的一段佳话。鲍树堂是安徽歙县人，在朝做过内阁中书，任过御史，得与纪晓岚相识。鲍氏为徽州旧族。鲍树堂的父亲鲍志道（号肯园）靠经商脱贫致富，任两淮总盐商十年，名重淮扬。鲍志道慷慨好义，曾出巨资修复紫阳、山间两书院，并疏河筑路，善举甚多。纪晓岚曾为鲍氏写过《鲍氏世孝祠跋》和《棠樾鲍氏宣忠堂支谱序》。鲍树堂回赠家乡特产歙砚作为谢礼。纪晓岚在那方砚上作铭记载此事：余为鲍树堂跋世孝祠记，树堂以此砚润笔。喜其柔腻，无新坑刚燥之气。因为之铭曰："勿曰罗文，遽为端紫，我视魏征，妩媚如此。"翁方纲的儿子收藏家翁树培也在上面铭刻一段文字："歙砚日稀，尔何其寿？古貌古心，如逢耆旧。龙尾旧坑久绝，故歙砚较端砚为难得，此石犹前代物也。"

嘉庆六年（1801年）十月，鲍志道去世。鲍树堂将父亲的行状寄给纪晓岚，求他为亡父作一篇家传，并请撰父母合葬墓表。纪晓岚随即写成《鲍肯园先生小传》和《中仪大夫赐三品服肯园鲍公暨配汪淑人墓表》两篇文章。事后，鲍树堂派人往纪府回谢，告知《墓表》已经刻石，由书法家漕运总督铁保书写。同时又送去一方上好旧石歙砚。纪晓岚于嘉庆七年（1802年）十月十日回复鲍树堂一封书信，信中写道：

上次承惠歙砚，已手为铭识，述所自来。石庵相国亦极把玩赞叹，今又承致此旧石，欣忭何似。

惟一生书似方平，不免有负此二砚耳。

纪晓岚与各界人士结成砚缘，但是并不把那些文房之宝当成私物密藏，常以好砚赠与朋友或门生。纪晓岚后来把当年裘曰修送的那方南宋郑樵用过的夹漈草堂古砚，转赠给了自己的门生福建林育万。他以洒脱的态度赋诗曰：

> 题字模糊一砚存，土花曾是亲手扪。
> 于今到处人珍袭，何必流传付子孙。

乾隆四十九年（1784年），纪晓岚出任会试副主考官。揭榜之后，众门生聚于纪家修后进之礼。席间，纪晓岚取出当年刘统勋送给他的那方砚台对众人说："这是我的座师刘文正公赠给我的。我身后也不打算传给子孙，只想传给弟子。不知在座的哪位有幸能获得此砚？"新科状元茹棻起身说道："何不现在就赠给学生我收藏？"纪晓岚大笑道："我明明说要待身后传给弟子，而你马上就要，我还没死呢？"

这就是纪晓岚的收藏之乐。

纪晓岚的特殊嗜好是吸烟。他的烟瘾之大、烟量之大、烟具之大，都是空前绝后的。

烟草，原产南美，明朝万历末年由菲律宾传入我国福建，音译"淡巴菰"。吸烟有治风寒痛湿的功效，又能刺激精神，醒能使醉，醉能使醒，饥能使饱，饱能使饥。吸烟者很容易上瘾，因而一经传入，迅速风靡大江南北，逐渐传到北方的边境要塞。一时间全国上下人人叼着烟管喷云吐雾，经常有被烟熏醉扑倒的。崇祯时曾下令严禁，未能奏效。进入清朝，北京人十有八九的嗜烟。王士禛在《香祖笔记》中记载："公卿士大夫，下逮舆隶妇女，无不嗜旱烟。"乾隆年间，来过中国的朝鲜人朴趾源在《热河日记》里记述，中国有三厄：一缠足为足厄，二戴网巾为头厄，三吸烟为口厄。

吸烟的盛行促进了相关的产业和艺术的形成。逐渐有了种烟草的、制烟丝的、造烟具的。就烟具而言，乾隆以前，一般用木管、竹管，装上铜烟锅做成烟袋。后来从甘肃兰州又兴起一种水烟袋，用铜管贮水，隔水呼吸。旱烟袋大小不等，以京师西天成家为最。水烟袋用白铜制造的，以苏州汪云从家的最著名，湖北汉口也有专门精制水烟袋的。

纪晓岚就是在吸烟风行的大环境中加入烟民行列的。清人黄钧宰《金壶浪墨》中写道："烟草……自国初通行以来，烟量之宏、烟具之大，以纪河间为第一。"

纪晓岚的烟袋有多大，清人笔记里多有记载。一般的说法是，他那只大烟袋锅可以盛三四两烟叶，装满一锅，从圆明园走到家中抽不尽。一般的烟袋，管长三十至五十厘米，烟锅大如栗子，只可装一捏烟丝。吸一袋烟的功夫，两三分钟足矣。从圆明园到虎坊桥，不管骑马还是坐轿，怎么也得一个时辰。可见纪晓岚的烟袋之大，确是超乎寻常。怪不得他荣膺纪大烟袋的雅号。

据说有一次纪晓岚把那支大烟袋丢失了，仆人们急得不得了，纪晓岚反倒不慌不忙。他吩咐仆人明早儿到东小市上去找，保准能找到。结果，第二天，那杆大烟袋果然在地摊上出现了。原来，纪晓岚自己心中有数，京城里不会有第二个如此巨大的烟袋，任何人捡了去也无法消受，所以能容易就物归原主了。

有一次，纪晓岚和一位亲戚搞起了吸烟比赛。那位亲戚姓王，喜欢抽一种兰花烟。所谓兰花烟，是将珠兰掺入烟丝之中，吸时有一股香气。那人自以为烟量宏大，要跟纪晓岚比试比试。纪晓岚笑着说："我这么大的烟斗跟你那小烟斗怎么相比？"二人就用各自的烟袋，以一小时为限，看谁吸得多。结果，纪晓岚吸了七大斗，姓王的亲戚用小烟斗也只吸了九斗。

纪晓岚在被贬谪发配新疆期间，也没间断对烟的享受。乌鲁木齐地区开初流行川烟和汉中烟，后来崇尚北套烟。到纪晓岚去的时候当地人已经自己种植烟草了。那烟味道十分浓厚，而且别有一股清远之意，胜过其他地方产的烟。纪晓岚在《乌鲁木齐杂诗》中对那种烟给予很高的赞誉：

露叶翩翩翠色铺，小园多种淡巴菰。

红潮晕颊浓于酒，别调氤氲亦自殊。

纪晓岚用过的大烟袋，到民国年间，还有实物存在。杭州收藏家陈汉第
（宇仲恕）就曾收藏过一件。金兆蕃为之写了一篇《纪大烟斗歌》。他在自
序中称：纪文达嗜烟，截枸杞干为筒，范铜为斗，绝大，当时目为"纪大
斗"。其歌云：

口腹之欲饮食外，通人徇俗长物在。

三薰三沐虬屈蟠，一喷一醒云破靆。

谁谓枸杞千载根犬形，挺此贞干犹通灵。

怡神调息理呼吸，得者岂足扶颓龄。

斑然狸首丽以十六字，阅微老人之所铭。

老人嗜此名于时，口犹有泽手所持。

大斗大斗尔过老人寿，百卌年后吾犹及见之。

吾及见之由陈侯，续铭郑重工雕镂。

吉莫靴焚那有此，水晶管脆非其俦。

吾从陈侯得借一，一斗流连半窗日。

幻人吐火吾未能，群鹤何来集君室？

由诗歌可知，烟杆上刻有纪晓岚手书的铭文十六个字。陈汉第曾为那只
烟袋作过拓片。拓片近年被收藏家公诸报刊，从上面可以看出那十六字是
"牙首铜锅，赤于常火。可以疗疾，可以作戈"。署款还有"阅微草堂制"
五字。陈汉第共为大烟袋作了三张拓片，一张毁于战火，一张去了台湾，另
一张辗转到了上海收藏家谢冷梅先生手中。拓片上题跋众多，书画家吴湖帆
的题跋记载着拓片的传承关系：

河间纪文达昀以名进士官相国，文章才调莫不美誉，放诞风流，韵事尤

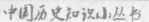

多。此古藤烟管有铭十六言,纪文达平日不离手之良伴。此"纪大斗"所以盛称一时也。流传至今,已逾百载,为杭州陈仲恕君所得,拓赠番禺叶遐庵先生。先生转赠及余者,丁丑六月,吴湖帆识。

叶遐庵,名恭绰,是他把烟管拓片转赠给吴湖帆,吴又于1944年赠给弟子黄兆熊。1976年,黄先生割爱将部分藏品赠与谢冷梅,于是这一珍贵的文物传到谢先生手中。2004年9月,烟袋拓片现身上海市民间收藏精品展会,使更多的人目睹了二百年前纪大学士手中这杆大烟袋的风采神韵。从拓片上可以看出,大烟袋全长一百零三厘米,其中烟管八十一厘米,烟锅直径三厘米。当然,这仅仅是纪晓岚所用过的烟袋之一,只可见纪氏烟具之一斑。

金兆蕃《纪大烟斗歌》末尾两句"幻人吐火吾未能,群鹤何来集君室?"缘于《阅微草堂笔记》里的一则故事。纪晓岚在《阅微草堂笔记》末尾附有纪汝佶写的笔记六则,以纪念自己的亡儿,可能是出于自己的偏爱,其中选了一个吸烟能手喷云吐雾的故事。说的是乾隆二十三年(1758年)五月二十八日,纪汝佶到吴林塘家参加吴先生的五十寿筵。在诸多的宾客中,有一位能以吸烟做游戏的人。那人六十多岁,南方口音,谈吐风雅。一会儿,仆人给那人拿来一把很大的水烟袋。他往烟锅里装了足有四两旱烟,然后点着火抽起来。一边抽,一边把烟大口大口往肚子里咽。大约一顿饭的功夫,烟抽完了,又要来一大碗煮的苦茶喝下去。然后,他对主人说,待我唤来仙鹤一对,为先生贺寿。说罢张口一喷,便有两只仙鹤飞了出来,环绕屋角,翩翩飞舞。接着,那人又喷吐出一个旋转的烟圈,有盘子那么大,那两只鹤便像穿梭一样从烟圈中飞过来飞过去。一会儿,那人喉咙里嘎嘎有声,忽地吐出一股青烟。这烟急冲而上,又散作水波状云雾。仔细一看,却又像一群一寸长的小仙鹤,左右翱翔,过了很长时间才渐渐消失。在座的客人无不惊讶,都说从来没看见过如此精彩的表演。

嗜烟之外,纪晓岚的生活习性有许多怪异之处。他不善饮酒,不食鸭肉,不吃谷食。面,只偶尔吃一点,大米则未尝上口,特别喜欢吃猪肉,用饭时,上十盘猪肉,煮一壶茶水就可以了。

二十六　励学擢英　宽政爱民

晚年的仕宦生涯中，纪晓岚三任礼部尚书，两任兵部尚书，五次掌管都察院，并赐紫禁城骑马，一直置身内阁中枢，荣宠至极。纪晓岚又多次担当为国擢才的重任。他一如既往，竭尽心力，注重人才的培养与选拔。纪晓岚在西戍之前，已经有了四持文衡的经历。乾隆四十九年（1784年）春天，甲辰会试届期，纪晓岚又一次充任副考官。正考官是内阁大学士蔡新、礼部尚书德保。他和胡高望分别以兵部侍郎、工部侍郎衔担任副考官。上呈录取名单时，却由纪晓岚撰写序言。

在《甲辰会试录序》中，纪晓岚对于自己重被任命为考官表达了感激之情："伏念臣北地庸才，过蒙知遇，出入翰林者近三十载，凡文字之役，率得簪笔敬从。中间自蹈愆尤，复荷皇上弃瑕录用，典校秘书，叠被恩荣。洊佐司马，方自愧未效涓埃，兹复简任文衡，弥增悚仄。"对于科考录取标准，他坚持："其逞辩才、骛杂学，流于伪体者不取；貌袭先正而空疏无物，割剥理学之字句，而饾饤剽窃，似正体而实伪体者，亦不取。期无戾于通经致用之本意而已。"按例，会试阅卷完毕，由考官们拟定发榜的名单，呈皇上御览，钦定前十名后放榜。草榜初定，纪晓岚赋诗二首：

甲乙编排几度更，蕊珠仙榜造初成。
范韩本自无私见，瑜亮才能得定评。
隔幕闻歌先击节，垂帘对影未知名。
旁人应笑耽花癖，刚到含苞便有情。

老眼摩挲力欲殚，今朝草创九还丹。

杜诗韩笔都堪爱，王后卢前恐未安。

相马争夸尘外赏，观棋谁信局中难。

年尼八百加赢二，颗颗曾经仔细看。

　　年届六旬的纪晓岚，尽管老眼昏花，但他爱才成癖，仍然十分认真地仔细审阅每一份试卷。他对才气初露的士子，寄予深切的爱惜之情。本场会试中，江苏阳湖（今武进县）考生洪亮吉的试卷受到纪晓岚的青睐。纪晓岚主张把该卷置于第一名。但是，该房师阅卷太慢，卷子荐上来的最迟。监试的御史产生怀疑，要把洪亮吉的卷子放到四十名之后。纪晓岚坚决不答应，以致与监试官发生争吵，弄得不可开交。另一位副考官胡高望出面调停，结果竟把洪卷弃置不录。纪晓岚深感痛惜，在卷尾赋《惜春词》六首以寄惋惜之意。其中有这样两句："万紫千红号花海，冠春毕竟让槐黄。"散场后，纪晓岚又到洪亮吉住处相访，温言慰抚。

　　洪亮吉（1746—1809年），字君直，号北江。自幼聪颖好学，四岁能识七八百字，六岁学习《论语》。早年父亲去世，跟随母亲艰难度日。上一届辛丑会试同考官圈定他为江南第二名，却被主考官驳下，这一次又被磨磨蹭蹭的阅卷官给耽误了。纪晓岚的诚挚之情使洪亮吉深受感动。他后来在《岁暮怀人》诗中写到纪晓岚：

子云笔扎君卿舌，当代无人可并论。

直阁新衔同掌院，曲台故事号专门。

研心十载僬皇览，快意千篇续琐言。

只我最饶知己感，下春高第枉高轩。

　　六年后的乾隆八旬万寿恩科，洪亮吉高中一甲二名榜眼，授编修，印证了纪晓岚的如炬眼光。

洪亮吉在经史、音韵、训诂及地理学上颇多建树，对社会问题亦有深入的研究。乾隆五十七年（1792年），洪亮吉出任贵州学政。期间写了《意言》二十篇，其中《治平》、《生计》两篇专门探讨人口问题。他提出的人口繁衍与粮食增产之间矛盾的理论，比英国的人口学家马尔萨斯的《人口原理》早了五年。洪亮吉性梗介，有气节，敢直言，因而屡受颠踬。后因上书言事被戍伊犁。流放期间，洪亮吉又写作了四部著作：《伊犁日记》、《天山客话》、《万里荷戈集》、《百日赐环集》。

纪晓岚由洪亮吉落第之事，联想到科场考试难免沧海遗珠，写下《甲辰会试定榜后题所未中诸卷》一诗，对名落孙山的士子给予真诚的勉励：

> 纵横朱墨委尘埃，临到缄题更一开。
> 花是亲栽皆爱惜，鹤因远别暂徘徊。
> 书生遇合虽由命，圣代公明岂弃才？
> 荏苒三年一弹指，龙门结队驾风雷。

这年秋天，纪晓岚又充任武会试知贡举。武举科考始于唐长安二年（702年）。武则天诏令设武举，由兵部主考，考试内容有长垛（靶射）、骑射、马枪、步射、言谈、负重、翘关及身材相貌等项。此后，武举作为常科，与进士、明经等科处于同等地位。唐玄宗开元十九年（731年），诏试武贡士。华州郭子仪以武举中第，官至朔方节度使。后来在平定安史之乱中，郭子仪立了大功，赐封汾阳王。此为武举入仕建功立业最卓著的事例。后来除五代、元朝外，历朝沿袭。到了宋朝神宗年间，武举添置了谋略理论知识的考试。考《孙子》、《吴子》、《司马法》、《尉缭子》、《黄石公三略》、《姜太公六韬》、《唐李问对》等"武经七书"。宋朝在武举考试中设武进士、武状元等，一如文科会试。

清朝自顺治三年（1646年）同时开文、武科考试。武科与文科一样，也分为童试、乡试、会试和殿试。会试正科三年一次，逢丑、辰、未、戌年秋季九月举行。考试分内外场。外场考武功，考官由大学士、都统担任，内场考武经七书，考官由翰林院、詹事府、都察院等内三院官员担任。

知贡举只掌管考场事务，不负责阅卷取士。本次武会试中有人画了一幅《春风桃李图》。纪晓岚在上面题诗曰：

桃李何曾属老夫，隔墙花影枉描摹。
春风还幸曾相识，权当先生为补图。

本年春天，乾隆皇帝六巡江浙，在杭州检阅绿营武备。绿营兵本想在皇帝面前露露脸，结果射箭的，脱靶虚发；骑马的，翻身坠地，丑态百出，洋相毕露。乾隆帝大为恼火，回京之后，在武举殿试中，严格掌握。武科殿试外场考马、步、射、弓、刀、石等武艺，内场考时务策。殿试中，江苏泰州人刘荣庆项项以"双好"通过，得中武状元。

刘荣庆高榜得中，捷报一路传到泰州，乡里轰动起来，刘家宾客盈门。贺喜的人中一位老者，发现刘荣庆的弟弟刘国庆仪表不凡，称赞说："国庆文韬武功也不错，将来定能得中武科，做个武进士。"刘国庆听了，毫不客气地说："大丈夫应考，要得中，必当高中榜首。"当时人们只当他年少气盛，发此小儿狂语。谁知，刘国庆自己却认真起来，不避寒暑，刻苦锻炼，体魄日健，武艺高强，又将兵书韬略认真钻研，烂熟于心。

按例，乾隆五十五年（1790年）为庚戌会试正科，因那一年正值乾隆皇帝八旬万寿，改为恩科，将正科提前到五十四年（1789年）举行。纪晓岚充任本场武会试正考官。刘国庆赴京赶考，以高强的武功技压群雄，得中武进士，又在乾隆皇帝亲自主持的殿试中，独领风骚，摘取武状元桂冠。同胞兄弟二人，接连中了武状元，在乾隆一朝传为佳话。

嘉庆四年（1799年）己未科武会试，纪晓岚再任主考官。当时，川陕楚等地的白莲教起义方兴未艾，地方官吏以搜捕为名，多方勒索，习教和不习教的民众都被逼得无路可走，出现官逼民反的局面。嘉庆皇帝发现八旗军官多为贪婪之徒，和地方官吏一样寡廉鲜耻，营私肥橐，榨取民膏，以致原有起事反叛的尚未平息，又驱使更多的百姓参加叛党。在这种情况下，朝廷急需军事人才，于是晓谕各州县，招乡勇、办团练，同时仍把武会试视为招揽中下级军官的重要渠道。

纪晓岚在《己未武会试录序》里指出："我朝以武功定天下，百余年来，元勋宿将，虽多不由武科，而武科起家之人，时亦有树奇功、建伟绩者……国家用人不一途，而武居其一；武之进身不一途，而武科居其一。"作为主考官，纪晓岚认真选拔有用之才，内外场兼顾，希望所取之士，有勇知方，能为国家解除内忧外患派上用场。本场武会试殿赐武进士六十四名，武状元为直隶阜城人李云龙，授头等侍卫。纪晓岚作《己未武会试阅卷》诗八首，录三首如下：

> 弯弧盘马气飞扬，射策还登凤味堂。
> 蜀道正需貔虎将，此中可有郭汾阳？
>
> 雄才满眼总貔貅，未识谁当作状头？
> 毕竟有人居第一，天街十里跃骅骝。
>
> 春宫桃李满城开，争看摩空作赋才。
> 投笔班超重握管，一般也夺锦标回。

科举取士，最主要的还是文科考试。嘉庆元年（1796年）、七年（1802年），纪晓岚又先后两次充任会试正考官。此时的纪晓岚已是耄耋老人。他深知士子登科的不易，对于试卷的审阅和处置更加恭谨、细致。他曾于嘉庆元年丙辰科阅卷后写下这样的话：

> 儒生上进，路仅存斯，孤寒之士，性命系之。
> 进退予夺，责在主司，如云有命，操柄者谁？
> 意见偏谬，或不自知，至于劳瘁，则不敢辞。
> 句句圈点，卷卷加批，一行不阅，神鬼难欺。

本科所取之士，关系最密者有陈鹤、汪德钺、赵慎畛、汪守和等。纪晓岚与这些门生都保持着密切的联系。陈鹤后来为《纪文达公遗集》作序，称"我师河间纪文达公，以学问文章著声公卿间四十余年，国家大著作非公莫属。"

嘉庆壬戌科会试阅卷后，纪晓岚又作诗六首，表达了作为朝廷老臣尽心竭力为国擢才的诚挚之情。请看其中二首：

> 拭月挑灯夜向晨，官奴莫讶太艰辛。
>
> 应知今日持衡手，原是当年下第人。
>
> 誓约齐心向所愿，丁宁识曲听其真。
>
> 颜标错认如难免，恕我明春是八旬。

> 虽曾辛苦检书仓，四库编摩老渐忘。
>
> 稽古未能追马郑，论诗安敢斥苏黄。
>
> 曲江春宴花无数，辽海秋风泪几行。
>
> 多少遗珠收不尽，中宵辗转漏声长。

由于纪晓岚对士子关爱呵护，因而深受儒林士子的崇敬，一些在纪晓岚任考官时未被取中的人，也愿意投在他的门下。比如李腾蛟、洪亮吉、伊秉绶，都曾是纪晓岚任考官时的落第之人，可他们跟纪晓岚却有着非同一般的亲密关系。除担任乡试、会试主考官之外，纪晓岚还多次担任庶吉士散馆考试和殿试读卷官。他不端架子，没有显贵气，富有亲和力，到了晚年，他的门生故旧遍布朝野。乾隆五十八年（1793年）癸丑科会试，纪晓岚虽没有担任考官，可是在殿试中，他以左都御史的身份担任读卷官。该科状元江南吴县潘世恩，称纪晓岚为受知师。潘世恩状元及第，即授翰林院修撰。之后他请假回乡娶妻，临行之前，以《秋帆归兴图》向纪晓岚求题诗。宋代以后，翰林院又称玉堂。状元及第而后娶妻，恰应"金榜题名"和"洞房花烛"之人生双喜。清康熙年间，史贻直入翰林院，回乡娶妻前，绘《玉堂归娶图》

征诗。此后也常有人援此先例。而今潘世恩却以《秋帆归兴图》求诗，纪晓岚认为画中之景与本事颇不相应，融贯为难。但还是满足了门生的要求，题以四绝，将秋景与喜事巧妙地结合起来：

> 蹀躞骄骢看杏花，樱桃会后暂还家。
> 烟波一片孤帆影，便是仙人贯月查。
>
> 放眼澄江万里秋，飘然一叶似渔舟。
> 谁知水驿停桡处，楼上珠帘总上钩。
>
> 推蓬看唱采菱歌，十八王郎衣锦过。
> 游女无须频掷果，从来丹桂近嫦娥。
>
> 莲烛携来照洞房，宫袍新染麝兰香。
> 得看天际归舟画，应悟箜篌字两行。

纪晓岚晚年官职屡升，官高而位显，他自己谦虚地承认，"余老矣，叨列六卿，久无建白，平生恒内愧"。他毕竟是以文章学术著称，不属能吏干臣。但是，他为官仁厚，关心贫弱，在力所能及的范围之内，做了不少护民扶弱的好事。他认为，教民之道，因其势，则行之易；拂其势，则行之难。

康乾盛世，到了乾隆后期已经显现出衰落的迹象。乾隆晚年，宠信权臣和珅，吏治败坏，贪贿成风。在那种形势之下，纪晓岚严于律己，清白节俭，不随浊流，是难能可贵的。纪晓岚自称为官几十年，没有敢给他送礼的。他的门生汪德钺说他"舆马、衣服、饮食备数而已"。出使清国的朝鲜使者都对纪晓岚也有好评。乾隆六十年（1795年），朝鲜书状官沈兴永在向国内的报告中写道：

> 纪尚书昀，文艺超伦，清白节俭，一敝裘七八年。

从乡村走出去的纪晓岚，虽然出身富庶之家，毕竟对民间疾苦耳闻目睹。他也曾亲眼见过许多在贫病交加中挣扎的贫苦百姓。身登庙堂的纪晓岚，同情贫弱的良知未曾泯灭，时时关切着民间的疾苦。乾隆四十九年（1784年），皇帝六巡江浙，朝廷免除直隶、山东等皇帝经过地方的额赋，并豁免顺天十二府州属旧借仓谷粮。刚进入内阁两年时任兵部左侍郎的纪晓岚，上折子替百姓谢恩。其后，每逢朝廷减免地方税赋或发放救济，他都及时上折谢恩。

这种行为流传到民间，纪晓岚成了一个呵护桑梓同情百姓的大善官。有一则久传不衰的故事说，某年献县大旱，颗粒不收，地方官员到京城求纪晓岚想想办法。正好那年皇帝南巡，车驾行至献县城里停了下来。一会儿侍卫来报，说是众百姓挡住去路。乾隆帝掀开轿帘一看，见一群人抬着关帝塑像游行，后边还有十几个人抬着一根用黄纸包裹着的大圆木。乾隆帝未解其意，叫过随驾的纪晓岚询问。纪晓岚回禀说，老天久旱不雨，这是百姓们在祈雨呢！万岁何不顺应民心，也去关帝像前拜一拜，祈求上苍普降甘霖。乾隆帝觉得也有道理，于是传谕拜谒关帝。众百姓连忙把关帝像摆好，退到两厢。这时乾隆帝下得车辇，但见一条黄色圆木横在关帝像前。

纪晓岚故意叫过一个百姓问话。那人说："这是做房梁的粗木，只要关帝显灵降雨，我们就重修庙宇，再塑金身。这木梁用黄纸包裹称作'黄梁'。"乾隆帝见状，开口说道："这样叫朕如何上前参拜关帝，速速来人，撤去黄梁！"话音未落，纪晓岚急忙上前跪倒，高声说道："多谢万岁免征皇粮之恩！"众百姓一齐跪倒，山呼万岁。

乾隆皇帝立刻明白这又是纪晓岚搞的名堂，但念他护持乡里的一片苦心，也为显示皇帝"金口玉言"和皇家的恩典，顺水推舟，免除了河间府当年的皇粮。

还有一个纪晓岚逗刘墉的故事也很有趣。有一天他故意在皇帝面前和刘墉吹牛说，直隶的物产比山东强，比如说萝卜吧，还是直隶出产的个大。刘墉不服气，皇帝就叫他二人各自把家乡出产的萝卜拿来当场比试。到了规定的日子，刘墉找来一个山东省最大的萝卜到皇帝面前炫耀。纪晓岚则从怀里掏出一个又干又小的萝卜，哭丧着脸说："我认输了，怪我不了解下情，今年直隶大旱，几乎颗粒不收，我家乡的人们费了好大劲才找到这么个大萝卜。"乾隆皇帝说："那就传谕免了直隶的皇粮吧，山东省今年征双粮！"

在正史里也记载有纪晓岚救护灾民的事迹。乾隆五十六年（1791年）夏天到五十七年（1792年）春天，直隶河间、沧州直到山东宁津一带，发生大面积长时间干旱。赤地千里，寸禾不生。三月，纪晓岚去热河文津阁校《四库全书》，四月底回京复命。返京的路上，碰到许多灾民拖儿带女，往关外逃荒。待回到京城，又见城里聚集着大批难民，沿街乞讨的，卖儿卖女的，人满为患，情势汹汹，社会极不安定。

此时朝廷已作了安排，准备从北运京师的漕粮中截下五十万石作赈灾之用，后来又决定再增拨二十万石。但是按照定例，京师煮粥赈灾，自十月初一开始，到次年三月二十日结束，在全城设粥厂十处，每天煮米十石。可是眼下形势十分危急，许多灾民嗷嗷待哺，生命垂危，时距十月为期尚远，如墨守成规，恐生变故。于是纪晓岚赶紧奏上一本，请求先于京城官仓支取粮食一万石，于六月中旬提前放赈。每天煮粥三石，暂解燃眉之急。到了十月每天再增一石，粥厂也在定例十处之外于城外增设五处。

建议得到允准。开赈之后，由各御史负责监办。身为左都御史的纪晓岚又亲自督察。他发现有些虎狼小吏，往往不顾灾民生死，中饱私囊，个别监赈御史玩忽职守，放任纵容。纪晓岚怒火中烧，一本参奏上去，将那些不负责任的监赈御史治罪撤职。督察中，纪晓岚发现监察御史王秀岩特别卖力气。他负责广宁门（即今广安门）外大井粥厂，地处交通要道，流民川流不息。王秀岩精心安排，亲自指挥，日夜操劳，赈济事务井井有条。纪晓岚对他予以褒奖。

纪晓岚对待节妇烈女，也有着与众不同的见解和态度。一方面，他无法突破千百年来封建主义的传统观念，认为"夫为妻纲"是天经地义的圣训；另一方面，他赞成两情相悦的恩爱，对妇女的内心世界有细致入微的体察，反对宋儒理学的苛刻。他的宽恕之心，常常流露在对节妇烈妇的褒扬和赞颂之中。

嘉庆四年（1799年），他为亡侄纪汝备暨侄媳张氏撰写墓志铭。汝备，字理含，纪蹥之子，二十一岁亡故。纪晓岚称他"平生循谨无过失，然无卓绝之行可以勒石"，"既志其妇，自不能不系其夫，徒书其夫，又不关作志之本意"，所以他就把志文的主要内容用来记载和褒奖汝备之妇张氏。

张氏十九岁守寡，孀居三十七年，纪晓岚对她寄予了深切的同情。他写道：

世之论者谓"节孝为女子本分"。是则诚然，然……彼青灯忍泪，白首完贞，凄风苦雨，阅数十年如一日，非心如铁石者不能。……论者又谓"贫贱之家节孝难，富贵之家节孝易"。然以境遇论，贫贱者身无所倚，仰事俯畜无所资，其艰苦诚为至极。以人情论，则艰苦者无逸志，而富贵者席丰履厚，以萧索孤寂之身，日见繁华奢丽之事，姑姊娣姒，寒暖迥殊，则炫而易摇，仆隶婢妪，炎凉各异，则激而生悔……而理含之妇，能始终一心……所为不加人数等乎？其葬也，于理当志。

在《阅微草堂笔记·槐西杂志》里，纪晓岚写了直隶交河县一位节妇的故事。给她修建牌坊那天，好多亲友前来祝贺。有一位表姊妹悄悄地问那节妇："你如今已白首完节，在你守寡的四十多年里，看见别人花花月月的，你动过心吗？"节妇说："人非草木，岂得无情。但是我觉得礼教不可违逾，义气不能背负，能够自我克制，也就是了。"纪晓岚认为这位节妇的话光明磊落，如白日青天，皎然不自欺。

纪晓岚的仁厚思想，还表现在对烈女的旌表上。寡妇守节，烈女抗暴，按例应当受到旌表。作为礼部尚书的纪晓岚正好掌管此事。按照惯例，妇女被奸，即不在旌表之列。纪晓岚于嘉庆八年（1803年）上了一道折子。他认为"其猝遭强暴，力不能支，捆缚捺抑，竟被奸污者，虽始终不屈，仍复见戕，则例不旌表"的规定不公平。因为一个孱弱妇女，面对歹徒的强暴，往往无能为力。"譬如忠臣烈士，誓不从贼，而四体縶缚，众手把持，强使跪拜"，难道也算向敌人屈膝下拜吗？他说作为礼部的长官，负有旌表的职责，"每遇此等案件，不敢不照例核办。而揆情度理，于心终觉不安"。他提请皇上将此事交大学士九卿科道评议，对于不屈见戕的妇女量予旌表。

这个奏议得到了嘉庆皇帝的允准。这种做法虽然不能从根本上解决妇女社会地位极为低下的状况，但从中可以看出纪晓岚内心深处细腻的人道精神和宽厚仁爱的为政思想。

二十七 立身醇谨 不入浊流

乾隆四十一年（1776年）正月，一位名不见经传的年轻官员进入内阁，充任户部右侍郎。他就是当时二十七岁的和珅。一年之内，和珅接连晋升：三月擢升军机大臣，入军机处办事；四月授总管内务府大臣，管理皇家事务；八月任镶黄旗副都统；十一月授国史馆副总裁，戴一品朝冠；十二月兼任总管内务府三旗官兵事务，赐紫禁城骑马。其荣宠程度令人瞠目。这年，纪晓岚调任侍讲学士，又充文渊阁直阁事，正在专心致志地编纂《四库全书》。具有二十多年京官资历，年过半百的纪晓岚，对于资浅名微、刚入宦场没有几年的和珅，也许未甚在意。哪知数年之后的乾隆四十五年（1780年）十月，和珅竟然当上了四库馆正总裁，成了纪晓岚的顶头上司。乾隆五十二年（1787年）五月，和珅到文津阁查阅《四库全书》，在《尚书古文疏证》中挑出书中引用钱谦益和李清的言论未删除，向乾隆帝汇报之后，亲自给彭元瑞和纪晓岚写信，毫不客气地指出："此系纪昀原办，不能辞咎。"并要纪晓岚自行赔写，使纪晓岚尝到了这位权势熏天的满族新贵的厉害。

和珅能迅速蹿红，说明他并非等闲之辈。和珅，原名善保，字致斋，姓钮钴禄氏，满洲正红旗人，祖籍东北英额峪（今属辽宁省清原满族自治县）。他的高祖尼雅哈纳因军功被赐"巴图鲁"，为后代挣下一个三等轻车都尉的世袭职位。父亲常保，曾任福建副都统，是位武官。和珅十九岁上父亲病亡，之前母亲已经亡故，与继母关系不睦。他和弟弟和琳相依为命，从小就养成了自立能力。和珅十岁进咸安宫官学读书。咸安宫官学是个典型的贵族学校，设在皇宫西华门内，专门招收内务府官员和八旗官员子弟中的优秀者就学。和珅身材适中，面目白皙，风度倜傥，言语诙谐，天性聪颖，博闻强记，多才多艺，是咸安宫官学学员中的佼佼者。他勤奋好学，熟记《四书》、《五经》，精通诗词、书法、绘画，熟谙满、汉、蒙、藏等多种文字，与那些养尊处优的八旗纨绔子弟截然不同。

和珅的发迹颇有点传奇色彩。乾隆三十四年（1769年），和珅承袭三等轻车尉。三十七年（1772年）被授三等侍卫，挑补粘竿处。粘竿处是"上虞备用处"的简称，有十名侍卫组成，是专门负责皇帝出入驾行仪仗一类事务的武官。

有一天，皇帝忽然要起驾出行，仓促之间，侍卫们手忙脚乱，竟然找不到黄罗伞盖。乾隆帝龙颜震怒，高声责问："这是谁的过失？！"

扈从的侍卫和差员们一个个吓得面如土色，匍伏在地，哪里还敢吭声。这时内中忽有一人朗声答道："典守者不得辞其咎！"这个人就是和珅。乾隆帝细看此人，仪度俊雅、神态自若，心想这班人中竟然有如此明白事理，又胆魄不凡的人物，于是心生喜欢，即刻命他总管仪仗，授三等侍卫。

得到皇帝青睐的和珅，官阶一路飙升，三年之中步步高升，担任过了粘杆处侍卫、乾清门侍卫、御前侍卫，被授正蓝旗满洲都统，军机大臣，乾隆四十一年（1776年）进入朝廷中枢，成为内阁要员。十年后，和珅被授为文华殿大学士，与老资格大臣阿桂、于敏中、嵇璜等人同列宰辅。因为他既是军机大臣，又是大学士，所以成为了名副其实的"真宰相"。

野史中，传说和珅见宠于乾隆帝，另有一段隐情。据说还是雍正年间，年纪二十来岁的皇子弘历，即后来的乾隆皇帝有事进宫，看见一个面貌娇艳的妃子正在对镜梳妆。情窦初开的弘历禁不住怦然心动。他从后边凑上去用两手捂住那妃子的双眼。妃子大吃一惊，情急之中用梳子向脑后猛打过去，正好击中弘历的额头。太后发现弘历额头有伤，严加盘问，知是妃子所为。太后认定是年轻的妃子放荡地调戏爱子，非常生气，于是赐她自尽。弘历急得团团转，又无计可施。他回到书房用手指染上朱砂，又急速赶到那妃子住所。可怜的妃子已经吊在帛缕上气绝身亡。弘历把手指上的朱砂印在她的脖颈上，悲痛地说："是我害死了你，如果魂魄有灵，待你来生再与我相聚吧。"

事情一晃过去了四十多年。当和珅出现在乾隆帝面前时，一种似曾相识的感觉袭上他的心头，此人与那死去的妃子面貌极其相似。乾隆帝命和珅跪近御座细看，令人惊奇的是，他的脖颈上竟有一块朱砂红记。从此，乾隆帝把和珅视为心中情人转世，因而对他百般爱惜。

和珅气量狭小，为人阴险，手段毒辣，但机智聪敏，办事十分干练。这位日后的天下第一大贪官，入阁之初却以反贪干将而名震朝堂。乾隆四十五年（1780年）正月，云南粮储道海宁告云贵总督李侍尧贪纵营私。乾隆皇帝命和珅偕刑部侍郎喀凝阿前往云南查处。李侍尧出身名门贵族，在朝做过户部尚书、刑部尚书，外放任过湖广、两广总督，荣膺武英殿大学士衔，地位高，资格老。其人还有过人的精敏和机警，会见属僚时，几句对话就可以识辨对方才能的高下。拥几高坐，点评所辖各地的情况，以及某人的私弊，如同亲眼所见，准确无误，所以下属们都怕他。和珅远涉李侍尧辖地查案，如同虎口拔牙，难度之大，可想而知。

和珅毕竟非同寻常，他一到昆明，先把李侍尧的管家拘捕起来，严刑拷问，掌握了李侍尧贪污营私的第一手证据。李侍尧不得不俯首认罪。和珅很快查实李侍尧"贪黩营私，婪索财物，盈千累万"。李侍尧被革职治罪。和珅又劾奏云南巡抚孙士毅亲见李侍尧受贿，置若罔闻，掩盖贪风，不予奏闻。云南吏治废坏，各府、州、县多有亏空，须彻底详查。多么坚决、彻底反贪的治世能臣！同时，他还对云贵两省的设关、盐务、钱法、税务，以及中缅、中越贸易……都提出了有价值的建议。深得乾隆帝的首肯与赏识。最后，李侍尧被判斩监候，孙士毅先拟发配伊犁，后从宽处理自带费用在四库全书处效力。和珅则因查办有功，乾隆帝本想让他做云贵总督，又考虑到是他办的案，再说自己也离不开和珅，因此便擢升和珅为户部尚书、议政大臣、御前大臣兼镶蓝旗满洲都统。

乾隆四十六年（1781年）四月，甘肃发生了以苏四十三为首的回民起义。朝廷命官军征讨，和珅被命为钦差大臣前往督师。一仗下来，官军败绩。总兵图钦保阵亡，和珅隐匿不奏。乾隆皇帝得知之后，传旨申饬道："和珅在途次所奉谕旨甚多，均未奏及。岂不知朕于数千里外，悬悬勤注乎？"后来大学士阿桂奉命督师至军，责怪和珅。乾隆帝知二人不和，调和珅回京，仍然信任有加，命其兼署兵部尚书。和珅领教了乾隆帝的厉害，明白只要哄好皇帝一个人，就能够使自己立于不败之地。

和珅之所以能肆意弄权，祸国殃民，跟乾隆皇帝刚愎自用喜欢吹捧大有关系。

中国历史上，似乎越有作为的皇帝，就越专制独裁。乾隆帝开创了中国封建社会的全盛局面，无疑是一位有作为、有能力的英明君主。乾隆皇帝名弘历，自幼聪明，青少年时期受到过严格的教育。他的才能非常全面：懂经史，好诗文，善书画，通音律，精鉴赏；会说汉满维蒙藏等多种语言。他勤习武事，善于骑射，身体健康，精力过人。作为君主，他勤于政事，老成持重，运筹帷幄，多谋善断，又有能力驱遣群臣，独断朝纲。弘历二十五岁登上皇帝宝座，决心弘扬乃祖、乃父的基业，不做傀儡皇帝。登极两三年内即找岔子将辅政的亲王允礼、允禄等人削职夺权。接着收拾了辅政大臣鄂尔泰和张廷玉。把大权牢牢掌握在自己手中，建立起专制独裁的统治。乾隆帝执政期间，采取了一些有利于社会安定、国家统一的措施，促使康乾盛世发展到巅峰，这样就使得他逐渐滋生了好大喜功、崇尚浮华的作风。多次巡游安乐、连年用兵，造成巨大靡费，国力日损。在歌舞升平的背后，酝酿着衰乱的危机。乾隆五十七年（1792年），清军在西藏反击廓尔喀（今尼泊尔）的战争中取得胜利。乾隆帝御制《十全记》，将他执政五十七年来十次用兵归纳为"十全武功"。其中包括两次征服准噶尔，一次平定回部，两次扫荡金川，一次平定台湾，一次降服缅甸，一次征战安南（即越南），两次击退廓尔喀。从此，乾隆帝以"十全老人"自诩，臣僚们也因此称颂为"鼎盛"，以满足乾隆皇帝自炫功业的心理。乾隆皇帝沉浸在自我陶醉和群臣们的赞颂声中，听不得半点逆耳之言。

文武全才的乾隆皇帝，视群臣如草芥，叱辱臣下如奴隶。他在上谕中动不动就骂臣下"该杀的！"他曾经叱责纪晓岚："朕以汝文学尚优，故使领

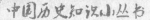
四库书，实不过以倡优蓄之，汝何敢妄谈国事！"倡优本是供人娱乐的歌舞杂技艺人，属于贱民之列，将一位内阁大臣比做倡优，何等刻薄！笑峨《清代外史》说，乾隆帝执政六十年间，群臣能不受辱者，唯刘统勋一人。实际上刘统勋也未能幸免。

乾隆十九年（1754年），刘统勋以太子太傅衔协办陕甘总督事。二十年（1755年），因平定准噶尔有功充准噶尔方略副总裁，受命去巴里坤、哈密勘查驻兵事宜。九月，回部阿睦尔撒纳起兵叛乱。定西将军永常自木垒撤退巴里坤。刘统勋不明军事情势，提出放弃巴里坤退守哈密的主张。乾隆皇帝得报大怒，降旨将永常、刘统勋革职解京治罪。并将二人在京的子弟们逮捕，刘墉曾因此入狱。还将家财查抄作为补偿军需马匹之用。后来宽免了刘统勋，命往军营办理军需，效力赎罪。第二年，刑部尚书出缺，乾隆皇帝考虑到刘统勋对军事并不娴熟，撤军的责任不在他身上，于是又让他充任刑部尚书，发还了查抄的家财。为了这件事乾隆皇帝写了一首《嘲刘统勋》诗：

集赛伊犁历一过，珠崖请弃意如何？
我非勤远惟观火，卿误养奸作止戈。
究胜寒蝉原所谅，堪称老马可无讹。
犇牛（即骆驼也）骑进阳关矣，只恨难为叩角歌。

乾隆皇帝就是这样，随意将大臣们玩弄于股掌之上。

和珅很会揣摩皇帝的心理，投其所好，大肆吹捧奉承，竭力铺张奢华。乾隆五十五年（1790年）八月十三日是皇帝的八十寿辰。和珅和工部尚书金简总管庆典事宜。和珅把庆典安排得豪华隆重，有声有色。其活动项目之多、时间之长、规模之大，都是前所未有的。靡费之巨，连乾隆帝自己也说："朕心转觉不安。"和珅处处博取皇帝欢心，皇帝也就越加信任纵容他。使得他肆无忌惮的玩弄权术，大肆侵吞资财。以致上行下效，官场贪贿成风。

和珅与阿桂同为内阁大学士、军机大臣，名义上以大学士阿桂为首，和珅次之。但是，由于阿桂经常被派往外地办差，而和珅善于玩弄权术，又兼管有实权的吏、户二部，和珅就成了实际上的执政者。和珅通知各省奏事，均须抄送折稿一份投送军机处，由此控制了全部章奏。和珅秉政，时风为之一变。朝中自亲王以下，多向和珅纳贿求庇护。例如，肃亲王永锡，恐不能袭王爵，便向和珅贿赠前门外铺面两所。工部尚书金简，为巴结和珅，天天以美食宴请和珅。翰林院编修吴省兰，曾任咸安宫官学教习，当时和珅是咸安宫官学的学生。和珅发达之后，吴省兰竟同哥哥吴省钦一同投靠和珅门下，反拜和珅为师。一时间，和珅的家里几乎成了官场交易的黑市。以至有人形象地描绘，和珅每日入署，士大夫中那些善意走门路的人，都在道旁侍立。因为清朝官服的前胸后背上有标志官阶的补子，所以把那些侍立者称为"补子胡同"。有位山东历城的县令，以两千金行贿和珅的看门人，探得和珅的行踪，于和珅回府之时，自呈手板，长跪门前，和珅却对其不屑一顾。可见巴结和珅也不容易，七品芝麻官拍马屁都不够资格。

纪晓岚历来鄙视谄媚小人，对那些趋附和珅的群小，冷眼相观。野史里记载了一则纪晓岚诗讽汪翰林的故事。汪翰林是个厚颜无耻之徒。于敏中大学士掌权时，他让妻子去拜于相国的小妾为干娘；梁国治大学士秉政时，他又让妻子去认梁国治做干爹。冬天天冷，汪妻把朝珠先在怀中温热再给相国戴上。正式拜认义父那天，好多客人在场。汪妻行完拜见礼，从怀中掏出珊瑚念珠双手献上。梁相国历来清廉自守，见此情景，羞得面红耳赤，慌忙站起来躲避。汪妻拿着念珠追到大厅里，终于将那串念珠给干爹套在脖子上。满堂宾客，大惊失措。纪晓岚为此事作了一首辛辣的讽刺诗：

昔曾相府拜干娘，今日干爹又姓梁。
赫奕门楣新吏部，凄凉池馆旧中堂。
君如有意应怜妾，奴岂无颜只为郎。
百八念珠亲手捧，探来犹带乳花香。

慑于乾隆皇帝的淫威，纪晓岚不敢与和珅公开争斗，但是能够保持距

离，不入浊流，洁身自好。不只纪晓岚，当时内阁一些勋臣耆宿都对和珅有所抵制。清浊之间泾渭分明。

武英殿大学士阿桂，战功累累，威名显赫，六十岁拜相。和珅任大学士时，阿桂已任大学士十年，是为首辅。阿桂立身严谨，恭谨事上，毫无骄惬之气。他极其蔑视和珅，每逢上朝，总要与和珅拉开十步以上距离，以示耻与同列。和珅故意找他搭话，他也只敷衍几句，不肯靠近和珅半步。王杰，乾隆二十六年（1761年）状元，五十二年（1787年）拜东阁大学士，为人廉洁持正。和珅把持军机处，好多事都擅自决断，同僚们大都忍隐不语，王杰遇到不公的事则敢于拼力相争。有一次在军机处值班，和珅上前跟他套近乎，拉住他的手说："你的手怎么这么柔软？"王杰一脸严肃地说："我的手虽好，却不会搂钱！"弄得和珅好不尴尬。职位仅次于和珅的文渊阁大学士嵇璜，是一位年近八旬的耆臣，为官操守清廉，宅中清贫。他对和珅所作所为看不惯，又无力与之抗衡，只有坚持不与同流。一次和珅求嵇璜为自家堂柱上书写一副楹联。嵇璜处事世故、圆滑，书法上乘，不好推辞，只得拿着和珅给的宣纸回到宅中。他先不写字，而是请翰林院学士们到家中饮酒。席间，书童上前说："大人，墨已研好，请写字吧。"嵇璜呵斥道："没见我这儿招待客人吗？"众人细问缘故，嵇璜把和珅求字之事告诉大家。宾客们说，既然如此，那就写吧。在写字的过程中，书童又将墨水碰洒在宣纸上。嵇璜怒斥书童，众人解劝方罢。第二天，嵇璜将污纸还给和珅，表示歉意。实际上这是嵇璜做的戏。他不想给和珅写字，又得找个说得过去的理由。

伍弥泰，那位做过乌鲁木齐办事大臣的蒙古族武将，入阁做东阁大学士后，也不愿与和珅沾染。据说伍弥泰的女儿就是和珅的继母。有了这层关系，伍弥泰的儿子在家中有急事时向和珅借了两千银子。伍弥泰知道后，立即派人把相当价值的田契送给和珅。伍弥泰跟儿子们说：我们虽与和珅有亲戚关系，但绝不能沾他的光！

相比之下，老臣当中倒是刘墉、纪晓岚、董诰、彭元瑞等人锋芒不露，虚与委蛇，因此和珅常拿自己的诗作，找他们润色。有一次和珅将自作七古诗一首请董诰改订。董诰又转交给来京暂住的好友王惕甫，并附信一封，嘱咐王惕甫无须多动笔，但择不要紧处签注三五条即送过来。董诰不愿给和珅改诗，只好请别人帮忙，应付而已。从中可以看出董诰立朝委曲之苦心。实际上董诰对和珅擅政早就深恶痛绝，他常常独自一人在室内徘徊。有一次他在值班室用笏板猛击桌案，象牙笏板为之断裂。

刘墉也不买和珅的账。他门庭清峻，但性格诙谐，常常以谑语讽刺和珅，和珅有时也让他三分。和珅掌朝，喜欢奢华。他要求大臣们上朝时，服装必须洁净鲜明，以至于形成一股风气。上朝时大臣们个个穿得争奇斗艳，唯独刘墉不听那一套。有一年新年过后，天降大雪，浮泥遍地。刘墉探知和珅应召入宫，故意穿上一身破旧衣服，在和珅要经过的途中在一片泥水路处迎候。等和珅的轿子到了，刘墉让人上前投递名片，并下轿说："过年去府上拜年，没能遇见中堂大人，今天在这儿给您磕头了。"和珅本不想下轿，见刘墉下拜，急忙下来还礼，结果把崭新的裘皮大衣和绣花袄弄得满是污泥。和珅只好带着一身泥巴去见皇上。他向皇上告刘墉的状，乾隆帝也只解劝几句了事。

在民间传说中，纪晓岚与和珅是一对冤家。民间故事讲的那些纪晓岚智斗和珅的故事，虽然有些粗俗，却也生动有趣。譬如有一则故事说，纪晓岚上朝经过和宅，见和珅正在门洞里站着。纪晓岚让轿夫停轿，自己上前跟和珅打招呼，顺便对和珅说："昨晚帮亲戚家写分单，因家产是用抓阄的方式分开的，可就是忘记'阄'字怎样写了，特向和大人请教。"和珅得意地笑了笑说："不就是门里边一个龟字吗！"纪晓岚一拍脑门，说："对呀，门里边有一个龟呀。"说罢嘻嘻一笑。待和珅回过味儿来，纪晓岚已上轿走了。

《清朝野史大观》里有个纪晓岚题额戏和珅的故事。说是有一次，和珅求纪晓岚为他府中新修的亭子上题写匾额，纪晓岚就给他写了"竹苞"两个大字，并郑重其事地告诉和珅说，此语出自《诗经·小雅·斯干》，那诗是歌颂国王宫室落成的，内有"如竹苞矣，如松茂矣"两句。后人常以"竹苞松茂"连用，今特用此诗意庆贺和大人园林落成。事后有一天乾隆帝来到和

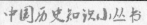

府。和珅以此向皇帝炫耀，说纪晓岚为我家题匾额了。乾隆帝仔细端详着那帧匾额，忽然哈哈大笑起来，说："和珅，这是纪晓岚在骂你呢，你看，这竹苞二字，拆开来念，不正是'个个草包'吗？"

这故事应该说是后人为褒贬和珅而编造出来的。因为有些事是经不起推敲的，一则和珅不可能请纪晓岚题匾额，纪晓岚并不善书法，品级也低；二则凭纪晓岚的性格不会这样直白地得罪权贵和珅。可它却反映出，在社会舆论中，纪晓岚与和珅就不是一条线上的人。

和珅专权，上面有专横的乾隆皇帝袒护，下面有谄媚之徒巴结，可是在内阁高层老臣中，他是孤立的。一些耆宿老臣，不屑与和珅为伍，又不愿去触动他，很大成分上是投鼠忌器。嘉庆四年（1799年）和珅垮台之时，阿桂、嵇璜已经辞世。朝鲜书状官徐有闻在《闻见别单》中写道：

和珅专权数十年，内外诸臣，无不趋走，惟王杰、刘墉、董诰、朱珪、纪昀、铁保、玉保等诸人，终不依附。

二十八 抵制权奸 泾渭分明

纪晓岚不仅不趋附和珅，还对那些敢于向权奸斗争的下级官员给予同情、爱护和支持。

乾隆五十一年（1786年）六月，监察御史曹锡宝，上疏参劾和珅的家人刘全"恃势营私，衣服、车马、居室皆逾制"，狠狠地捋了一把老虎的胡须。

曹锡宝（1719—1792年），字鸿书，号剑亭，上海（原江南南汇县）人，人很耿直，胸怀潇洒，办事认真。乾隆二十二年（1757年）进士，但仕途颠连。乾隆四十年（1775年）当了个山东督粮道，又因旗丁斗殴命案降为部员使用，命在四库全书处行走。到乾隆五十年（1785年），曹锡宝以六十七岁高龄参与千叟宴，之后特旨授陕西道监察御史。御史的职责就是监察百官，整肃吏治的。曹锡宝认为和珅是吏治腐败的罪魁祸首，决心参他一本，但他又十分清楚，和珅是块难啃的骨头，决定先从和府管家刘全身上打开缺口。

刘全是和府的老家人，外号刘秃子，车夫出身。还在和珅青少年时期，刘全就风里来雨里去地照管他，因而深得和珅倚重。如今和珅权势熏天，正所谓主子多大，奴才多大，刘全自然狗仗人势，为所欲为。他不但主管和家的对外事务，还代理原属和珅管理的崇文门的税收。依靠敲诈勒索，刘全渐渐积累起自己的财富。他在和府附近的兴化寺街，为自己修了一处深宅大院。他身上的穿戴、出行的车马，都远远超过一个仆人的规格。

曹锡宝想以此为突破口，触动一下和珅。奏折写好以后，曹锡宝先拿给同乡吴省钦看，本想让他参谋参谋，出出主意，谁知吴省钦为了巴结权贵，竟然出卖朋友，向和珅告了密。正在热河陪伴皇上的和珅得信后立即把刘全调到热河安排毁灭证据。其实和珅只是吃了一场虚惊，皇上根本不想追究和珅。曹锡宝的奏折递到正在热河避暑的乾隆帝手中，引起了他的警觉。曹锡宝奏劾刘全，意在和珅，这是再明白不过的了。俗语说，打狗还得看主人。和珅是刘全的主人，乾隆帝则是和珅的主人。我刚提拔重用和珅，你就参劾，真是岂有此理！于是没等查清事实，就指责起曹锡宝："如果见全儿倚仗主子的势力，有招摇撞骗的情事，何妨指出实据，列款严参，为什么尽说些空话！或许你的本意就是想参劾和珅而又不敢明言，故以家人为由，隐约其辞，旁敲侧击，指望将来查办可以波及到你所要达到的目的吧！"接着乾隆帝又联系到去年刚发生过的"海升殴妻案"，怀疑到纪晓岚身上：

　　或竟系纪昀因上年海升殴死伊妻吴雅氏一案，和珅前往验出真伤，心怀仇恨，嗾令曹锡宝参奏，以为报复之计乎？此乃朕揣度之意，若不出此，则曹锡宝之奏何由而来？着留京王大臣，详悉访查询问，务得实在情节，朕于此案总期根究明白，并非因此一虚言欲治和珅，更非欲为和珅开脱。

　　说是不为和珅开脱，这道给军机大臣们的谕旨，其倾向性不是明显的吗？

　　纪晓岚是都察院左都御史，曹御史是他的属下，难怪乾隆帝这样猜疑。纪晓岚这个左都御史当得很不清静。去年正月，纪晓岚得预千叟宴，并荣幸地得到了这个官衔。当时他高兴得一口气写了八首恭纪诗。不过到底是久经官场的老手，他深知高处不胜寒的道理，在诗中写有这样两句话：

当筵看坐次，感悚两相兼。

　　果然，没过三个月，就发生了一起看似简单，却非常棘手的人命案件。乾隆五十年（1785年）四月，员外郎海升与妻子吴雅氏发生争执，导致其妻死去。海升报官说妻子是自缢而死。步军统领衙门接报，将此案提交刑部处理。死者吴雅氏的弟弟贵宁，认为其姐死因不明，拒不签字具结。

事情闹大了，乾隆帝让纪晓岚会同刑部侍郎景禄、杜玉林，带着刑部熟谙办案的员外郎王士棻等人前往开棺检验。验罢，纪晓岚等人以"臣等公同检验，伤痕实系缢死"上奏。贵宁不肯罢休，声言海升是大学士阿桂的亲戚，刑部有意包庇罪犯，讨好阿桂。和珅此时自然是煽风点火，这正是他攻击阿桂的好时机。当时阿桂在外视察河工，并不在京，不可能为了这等小事去授意办案人员。乾隆帝也深知这一点，但他最讨厌臣僚们互相依附，决定派人重新勘察。于是具有丰富鞫狱经验的户部侍郎曹文埴被安排复查此案。检验结果说是痕迹不清。随后又令和珅等率员再勘，之后，严讯海升。最后定案为海升将妻子殴打致死。为了此事，阿桂受到罚俸五年的处分。纪晓岚也遭到乾隆帝的斥责，但原谅他"刑名事件本非谙悉，且系目光短视，于检验时未能详悉阅看，即以刑部堂官所言随同附和，着交部严加议处。"

纪晓岚在接办此案时，的确有些敷衍。因为他同情海升为人耿直憨厚，海升的妻子又十分泼悍。海升与阿桂为姻亲，纪晓岚也会有所偏护。阿桂的父亲阿克敦是纪晓岚的座师。阿桂的为人又深为纪晓岚所敬重。他不希望把事情闹大，故在验尸时，并未上前细看，任凭司员们察定就是了。皇上虽下旨将纪晓岚交部议严处，但后来似乎没有给他什么处分，而刑部里的两位同年，却受到了严厉打击。

刑部右侍郎杜玉林、员外郎王士棻，都是纪晓岚同榜进士。海升杀妻案发生后，先拟定杜玉林谪戍，由王士棻接任其职。随着责任的深究，王士棻也被牵连进去，竟与杜玉林一同发配伊犁。乾隆帝在谕旨中称："王士棻在刑部年久，前因出差回京召见，观其人尚有才干，方欲量加擢用……乃于复验时，回护固执，装点尸伤，逢迎阿桂。该员等均罪无可逭。"一年以后，杜、王二人俱被赦还。杜玉林死于途中，王士棻于嘉庆元年（1796年）死于刑部员外郎任上。王士棻死后纪晓岚为其撰写墓志铭，称他"刑名三四十年，所平反不可以缕数。官刑部时，鞫狱定谳，虽小事必虚公周密"。王士棻办案周密，复勘时又固执己见，说明此案另有隐情。乾隆帝既然承认纪晓岚因海升案忌恨和珅，说明和珅在海升案子上是起了重要作用的。那位曹文埴，安徽歙县人，出身于盐商之家，乾隆二十五年（1760年）进士。曹文埴在朝历任几个部的侍郎官，海案之后被擢为户部尚书，和珅加紧了对他的拉拢。曹文埴不肯依附，告病还乡，离开了朝廷这块是非之地。

再回到曹锡宝弹劾案上来。这一次乾隆帝为了袒护和珅，竟不顾万岁之尊，在发给军机大臣的谕旨中为一个下人辩护起来："和珅家人全儿，久在崇文门代伊主办理税务多年，其例有应得之项，稍有聚蓄亦属事理之常。至于盖造房间数十间居住，亦属人情之常，其服用居室，稍有润饰，亦若事理所有。概以车服房舍之故，查拿治罪，则在京大臣之仆，安得人人而禁乏！"曹锡宝原以为和珅是腐败的罪魁祸首，这会儿该明白了，当时贪风之盛、吏治之坏，实源自这位"英明君主"。曹锡宝受到追查，原告变成了被告。乾隆皇帝让留京的皇子和大臣们严查曹锡宝之奏，是否由纪晓岚指使？又问曹锡宝所说刘全住房服用甚是完美，究竟是听谁说的？进而又联系到阿桂。让派人去刘全家查访之后，再去阿桂家看阿桂的管家人住房有多少。曹锡宝为什么偏对和珅的仆人如此留意？

这简直是强词夺理说，刘全早已毁灭了罪证，上哪里去查看？万般无奈，曹锡宝只好承认参奏不实，说参劾的目的是为了让和中堂防微杜渐。乾隆帝对这话更不愿听，认为我信任的大臣，用得着你来教训？最后的结果是，曹锡宝没打着狐狸弄了一身臊，自己落了一个革职留任的处分。

早在乾隆四十六年（1781年），朝廷处理原大理寺卿尹嘉铨文字狱时，乾隆帝就说过，"本朝纲纪整肃，无名臣亦无奸臣"。皇帝英明，无需仰赖名臣，也不会容纳奸臣。他自以为洞察一切，既然自己信任和珅，就用不着别人说三道四。

纪晓岚没有曹锡宝那样直露，可他们的心是相通的。曹锡宝事件的发生，使其他忠直大臣明白，有乾隆皇帝做后台，谁拿和珅也没办法。朱珪在曹锡宝死后为他写的墓志铭中描述出当时的形势："和（珅）当路已十余年，中外无一人敢投鼠者。闻公此举，皆咋舌，嗫不能吐气。一二有心人，仰屋窃叹而已。"

纪晓岚应属有心人之列。没过多久，纪晓岚的左都御史也被拿下，改任礼部尚书。性本潇洒的曹锡宝，又去寄情山水。有一次他拿着一幅《绿波花雾图》求纪晓岚题诗。纪晓岚在画上题诗二首：

> 醉携红袖泛春江，人面桃花照影双。
> 名士风流真放达，兰舟不著碧纱窗。
>
> 洒落襟怀坎壈身，闲情偶付梦游春。
> 如何乐府传桃叶，只赋罗裙打桨人。

乾隆五十五年（1790年）十一月，又发生了一起内阁学士尹壮图参奏案。尹壮图，云南蒙自人，曾任《四库全书》总阅官。先是尹壮图回故里丁父忧，这年九月服阙回京，授内阁学士。尹壮图回到京城，大肆铺张的圣上八十大寿庆典刚刚结束。乾隆帝仍沉浸在歌功颂德的洋洋自得之中。不识时务的尹壮图根据自己回乡所见所闻上奏一本。奏折说：

近年以来，风气日趋浮华，人心习成狡诈。属员以夤缘为能，上司以逢迎为喜。踵事增华，夸多斗奢，百弊丛生，科敛竟溢陋规之外。上下通同一气，势不容不交结权贵以作护身之符。此督抚所以竭力趋奉和珅，而官民受困之原委也。

尹壮图以一片忧国忧民的赤诚之心，批评当时的"自行认罪银"制度。他揭露说，近来以严罚示惩，反而宽纵了犯罪，比如督抚犯了贪污罪，不即刻严惩，而是罚数万两银子了事，这就助长了贪贿之风。故请废除自行议罪银之例。

这一下揭了乾隆帝的逆鳞。他恼羞成怒，严厉追究尹壮图，让他把"将其所指督抚何人？逢迎上司者何人？一一指实。"尹状图认了死理，再次上奏说："各督抚声名狼藉，吏治废弛，各省风气大抵皆然。"乾隆皇帝更加恼怒，这岂不是否定我执政五十多年以来的一派大好形势！

乾隆帝非要尹壮图指出具体事实不可，决定派户部侍郎庆成随他到各省盘查，庆成乃和珅党羽。再说，此事闹得满城风雨，各地官员都预先得到消息，和珅也通知党徒，做好掩饰的准备。尹壮图在没有朝廷支持的情况下，庆成又多方从中作梗，他们下去泛泛一查，如何能揭开贪黩黑幕？最后尹壮图只好自认倒霉，承认虚诳，奏请领罪。和珅欲置其于死地而后快，奏拟斩决。乾隆帝还算网开一面，把他降职留用。之后尹壮图以母亲年老，乞假归籍，乾隆帝顺水推舟，把他打发回老家去了。

由此可见，晚年的乾隆皇帝虚荣心更强，权力欲更大。只喜欢粉饰太平，自称"至现在纲纪整肃，内外大臣实无敢有营私玩法者"。

值得一提的是有一位暗自与和珅作对的监察御史，名叫钱沣。他的事迹可歌可泣，但是在和珅发觉他与自己过不去后，对其百般刁难、折磨，最后病故，也有人说，他就是被和珅谋害而死的。

钱沣（1740—1795年）字东注，号南园，云南昆明人。乾隆三十六年进士，曾任翰林院庶吉士、国史馆纂修、江南道监察御史、通政司副使、湖南学政等官。他一生为官清廉，刚直不阿，虚怀若谷，嫉恶扬善，敢于与恶势力斗争。他曾以无私无畏的精神，弹劾陕西巡抚毕沅"瞻徇养患"、"甘心从同"、"知而不举"，包庇陕甘总督勒尔谨与浙江巡抚王亶望"捐监冒赈"共同贪污的罪行，最后取得了成功。他还弹劾过山东巡抚国泰、布政使于易简贪污营私、招权纳贿、吏治败坏等罪行，也取得了胜利。而王亶望、国泰等人均是和珅的私党，这不能不引起和珅嫉恨。和珅曾对钱沣软硬兼施，百般拉拢，但钱沣始终不买账。钱沣在乾隆五十九年（1794年），看到军机处几位大臣不合，阿桂、王杰、董诰为一方；和珅、福长安为一方，严重对立，乃至到了无法在一起办公的地步，于是他想以此为突破口，掀起一股"倒和"浪潮。是年十一月，他向乾隆帝呈上了《请复军机处旧规疏》，请求军机大臣重新回到军机处，共同办公。这实际触及到了当时朝政极为敏感的核心问题，实质上是把矛头指向了当政的和珅。其实这也是钱沣参劾和珅的第一步，他采取的办法，是层层剥皮，由外及里，由浅入深方法，这一奏折得到了乾隆帝首肯，他谕令军机大臣们必须集中到军机处办理公事。并特命钱沣以军机章京身份，稽查军机大臣与所有司员是否按旨行事。钱沣也深知要撼动和珅并非易事，前途充满了艰辛与危险，但是他决定勇往直前，奋斗到底，积极搜集有关和珅的各种贪腐证据，准备弹劾和珅的奏折。钱沣对和珅采取咄咄逼人的攻势，必然引起和珅的警觉与嫉恨，但是他又不能公开对钱沣下手。于是他利用手中的权力，给钱沣穿小鞋，在军机处内凡遇苦差、累活，全部让钱沣承担，使其不得歇息。本来钱沣就重病在身，这时又发生了并发症，遍体俱生脓疮，头发脱落了十分之七。乾隆六十年（1795年）夏，他又带病跟随乾隆帝到避暑山庄，非常劳累，月底回到京城后，便再也支持不住了。卧床不起，是年九月十八日猝然辞世。在他死后有人在他枕头底下，发现了长达几千字的奏疏草稿一件，内中列举了和珅罪状二十余款。可惜后来不知为何人窃去，付之一炬了。也有人说，和珅得知钱沣要弹劾自己，遂派人将其毒死了。对于钱沣的死因，乾隆帝并没有深究。纪晓岚曾任左都御史，钱沣也是他的下属，因此对于钱沣辞世十分惋惜，深表同情，但无能为力，只好听之任之。

有了皇上的纵容、袒护，和珅之流更加肆无忌惮。这年朝鲜冬至正使金覆素记载道："皇帝若有咳唾之时，和珅以溺器进之，纪纲可知。皇帝穷奢极侈，故赋重役烦，生民困苦，不自聊活矣。"纪晓岚和那些忠直之臣只得把愤懑压在心底。

形势很快发生了转机，乾隆帝死后，新君嘉庆帝以迅雷不及掩耳之势果断地铲除了和珅。

乾隆帝即位之初，曾焚香告天，说若得位六十年，即当传位嗣子，不敢上同康熙帝六十一年纪元之数。乾隆六十年（1795年）九月，八十五岁的乾隆皇帝正式宣布于明年归政，传位给皇太子。第二年正月，十五皇子永琰（即位后改颙琰）登极，改元嘉庆，乾隆帝改称太上皇。

皇帝易位，最恐慌的是和珅。他见太上皇谕旨里有："归政后，凡遇军国大事，及用人行政诸大端，岂能置之不问？仍当躬亲指教"之语，心里稍许踏实了些。但是，他的末日毕竟不远了。野史记载，在皇帝传禅的庆典上，刘墉又露了一次峥嵘。开初乾隆皇帝不肯交出传国玉玺。刘墉说，"古今安有无大宝之天子？”命令典礼暂停，他直奔乾清宫，找到乾隆皇帝说：“陛下，请把玉玺交给新皇帝，传禅位而不传玉玺，天下人知道了，陛下怎么解释？”乾隆皇帝因先前有许诺，不得不让出皇位。可是到了关键的时刻，他还是贪恋皇权，把住那颗象征着至高无上皇权的玉玺不肯撒手。刘墉据理力争，谈了半天才把玉玺要了过来，使得嘉庆皇帝手握玉玺登上皇帝宝座。

嘉庆四年（1799年）正月初三，八十九岁的太上皇弘历一命归天。在中国历史上占有重要地位的乾隆时代宣告结束。乾隆皇帝创建了辉煌的业绩，也给后人留下一个烂摊子。辉煌一时的“康乾盛世”到此终止，清朝统治从此一蹶不振。

宫廷内部一场重大变局马上就开始了。

嘉庆皇帝早就对和珅怀恨在心。先是和珅探知乾隆帝内定永琰为太子，及时给永琰送去一柄玉如意，以示通风报信向嘉庆讨好。嘉庆帝洞悉其意，对和珅这种做法非常厌恶。嘉庆帝即位后，和珅又利用太上皇钳制新皇帝。嘉庆帝原想让体仁阁大学士刘墉主管吏部，和珅在太上皇面前百般挑拨，结果让和珅的死党福长安做了吏部尚书。太上皇准备调朱珪入朝做大学士。嘉庆帝得知后非常高兴，写诗向老师表示祝贺。和珅通过吴省兰把嘉庆帝写的诗抄来，向太上皇告密说，太上皇要提拔朱珪做大学士，诏书未发，嗣皇帝就写诗向他的师傅示恩了。太上皇听了非常生气，人是我提拔的人，你却要卖恩讨好，这不是培植私党吗？于是招来大学士董诰问道，你久管刑部，说说像嘉庆这种行为，违背了大清律哪条哪款？董诰听了大吃一惊，连忙叩头说道：“人在激动的时候容易说过头的话，请太上皇息怒，待您心平气和时，臣再向您解释。”等过了一会，太上皇情绪平静下来了。董诰说，朱珪给皇上做了五年师傅。学生和老师之间是有感情的。皇上诗稿中绝无过当之言。学生得知老师升迁做诗祝贺，也在情理之中。太上皇听了董诰的话，也不好再说什么，但是，朱珪入朝的事搁置下来了。后来又找了个借口把朱珪由两广总督，降为安徽巡抚。

嘉庆帝与众老臣一样，碍着太上皇在世，不好动和珅。正月初八，太上皇驾崩的第五天，嘉庆帝就采取果断措施，将和珅逮捕下狱。

正月十五，一轮明月高悬夜空。和珅在清冷的牢房里，望着窗外的清辉，感叹万端，写出如下两首诗：

> 夜色明如许，嗟余困不申。
> 百年原是梦，廿载枉劳神。
> 室暗难挨晓，墙高不见春。
> 星辰环冷月，缧绁泣孤臣。
> 对景伤前事，怀才误此身。
> 余生料无几，空负九重仁。

> 今夕是何夕，元宵又一春。
> 可怜此夜月，分外照愁人。
> 思与更俱永，恩随节共新。
> 圣明幽隐烛，缧绁有孤臣。

嘉庆皇帝看了诗稿，批道："小有才，却不懂得做君子的大道理。"三天后，判定犯有二十条罪状的和珅被赐自裁。面对横梁上那条索命的白练，他想起老皇帝禅位时跟他说的一段话："朕与你有宿缘，所以对你宠爱一生，但朕百年之后，别人一定容不了你，你应早作打算。"如今一切都晚了，他苦笑着走向死亡，留下这样一首绝命诗：

> 五十年来幻梦真，今朝撒手谢红尘，
> 他时水泛含龙日，认取香烟是后身。

一代巨贪和珅，结束了他耻辱的一生。

这时曹锡宝已经辞世七年。嘉庆皇帝追封他为副都御使。尹壮图尚健在，被召回京师，加给事中衔。因他家老母年事已高，仍许归里终养。临行特赐给折匣，准许他随时通过驿站传递奏折。

尹壮图再次辞官归里。临行之前去纪晓岚府上告别，并请纪晓岚为其母写篇寿文，因为后年是他母亲的八十大寿。尹壮图的父亲尹松林与纪晓岚同年进士，又一起进入翰林院。尹壮图入仕之后，父亲经常让他带上所作诗赋去向纪晓岚请教，两家关系很好。尹壮图奏事免官，纪晓岚心存同情，却爱莫能助。此次正好用为尹母写寿序之机，为尹壮图奏事案作一篇翻案文章，一吐胸中块垒。

他在《尹太夫人八十序》中，详细记述了当年尹壮图上书奏事的缘由：

当年尹壮图的父亲亡故，他侍奉母亲回老家守孝。丁忧期满之后，他有心告假在家，奉养年事已高的母亲，不再做官了。他的母亲尹太夫人说："你父子两代受皇恩，不能不报。你不去做官是因为我老了吗？我还健壮着哪；你以为京城离我们的家太远吗？往返路程也只不过三四个月。我自个也能来去。"说的尹壮图低着头不敢回答，但还是不收拾行囊。母亲催促再三，尹壮图这才跪着掏出一篇文稿，说："进入官场以来，每见那些外任的官吏，没有不以谋取私利为快的。我将这些情况写出来了，不上奏吧，心里总是放不下；上奏吧，又怕只是书生之见，未必符合当前世情政务。弄不好反令母亲为儿担忧。所以我宁可不去做官了。"太夫人挨着几案坐着，要过那文稿看了一遍，抖抖衣服站立起来说："我儿如果能上奏这样的奏章，即使遭受祸殃，我也不会后悔；即使连同我一起受祸，我也没有遗憾。你赶快去吧，从今以后，你就把我置之度外，我也把你置之度外，没有什么不可以上奏的！"尹壮图毅然抗疏，原因就在这里。

多么忠贞的门庭，多么悲壮的举动！结果一片忠君爱国与忧民之心，被严重地挫伤了，尹家果然受了祸。纪晓岚感叹道：

士大夫间有窃惜尹君不为太夫人计者，是乌知尹君，又乌知太夫人哉！

在寿文的结尾处，纪晓岚表达了他的意图："或以此序据实成文，差胜于泛泛颂祝。"

由此可以看出，纪晓岚不是一味歌功颂德，阿谀奉承。他对任何事都有自己冷静的思考和独立的见解。他又很会保护自己，时机不成熟，他可以引而不发，时机一到，他会旗帜鲜明。

二十九　终老朝堂　备极哀荣

收拾了和珅，嘉庆皇帝命举行太上皇的殡葬大礼。嘉庆四年（1799年）五月十三日，王公大臣到观德殿殡所进香行祭。七十六岁高龄的礼部尚书纪晓岚拜祭灵前，失声痛哭，涕泪滂沱。

纪晓岚自入仕以来，一直伴随着乾隆皇帝，也算君臣相知。乾隆帝天资闳远，六岁即可背诵《爱莲说》等古代诗文，特别喜欢作诗，每写一首诗，就让儒臣们注释，有时其用典深奥，难倒众臣。纪晓岚学问淹贯，常与乾隆帝诗文唱和。他的许多恭和诗、御览诗和表章奏折写得词章华丽，且显示出极其深厚的学识功力，深得乾隆帝的赞许。乾隆帝承认纪晓岚学问素优，对他另眼看待，屡次宽宥他的过错，并且常常破例擢拔。

乾隆帝虽然独断，但为政勤勉。他每天必于卯时起床，晨起进膳后，先阅部院奏折及各督抚折子，然后再依次召见诸大臣。每天要召见四五拨人，最后召见军机大臣，指示机务。铨选文武官员时，他让兵部和吏部的官员引见，亲自询问。纪晓岚追随乾隆皇帝创建了盛世局面，他在乾隆帝的支持下，完成了编纂《四库全书》的千古宏业，为乾隆盛世增添了一笔重彩。纪晓岚由衷地拥护乾隆皇帝维护国家统一、促进社会发展的正确决策，竭尽全力维护社会安定。西成期间所作的《乌鲁木齐杂诗》，体现了对朝廷统一西域，促进新疆和平发展的赞颂。晚年著述的《阅微草堂笔记》，主旨是期于劝诫，敦促和谐。尽管纪晓岚多次受到乾隆帝的斥责和处分，但在那个尚没有民主意识，奉行"君为臣纲"信条的时代环境中，他似乎并没有什么怨言。

如今乾隆皇帝撒手人寰，怎不让纪晓岚悲痛万分？同时纪晓岚也十分清楚地意识到，大清王朝已经辉煌不再，颓势难挽，思前想后，自然是涕泪难禁。

乾隆帝殡葬期间，纪晓岚和一些久别的老朋友得以相聚。这年二月，已经告病还乡七八年的王昶来京哭送太上皇。王昶从云南军中还京以后，任过吏部主事，做过几个省的按察使、布政使一类的地方官员。因其生性好文，潜心经术，又善作诗，成为著名诗人。其诗兼宗杜韩苏陆，为吴中七子之一。王昶逐渐淡漠官场，于乾隆五十八年（1793年）告老还乡，专以诗文交游、吟诵著述为乐。太上皇葬礼完毕，王昶又要南归，同年曹学闵之子翰林学士曹锡龄设宴为其饯行，特请纪晓岚作陪，王昶即席赋诗一首：

> 霓裳咏罢大罗天，燕羽差池四十年。
>
> 松鹤精神嘉未老，莼鲈归隐病难痊。
>
> 晨星曲指无多在，旧雨关情喜后贤。
>
> 幸得春明同把盏，莫辞坐到烛花偏。

外任多年的朱珪，也回到京城。乾隆皇帝晏驾，嘉庆帝立即传谕朱珪进京，委以吏部尚书重任。朱珪与纪晓岚同列六卿，二人接触增多，加深了相互的了解，关系愈加亲密。

朱珪的文才与纪晓岚不相上下。刘统勋曾向乾隆帝举荐说，北方直隶一带的文士大多朴实迟钝，而朱筠、朱珪兄弟与纪昀、翁方纲等人都学问渊博。乾隆帝说，纪晓岚、翁方纲等，文士而已，朱珪不但文学好，品行也端方，所以朱珪被委以地方军政大任。也是纪晓岚与朱珪生来有缘，纪晓岚视学福建时，朱珪正在那里任粮道官。二人又在同一年丁父忧。纪晓岚自乌鲁木齐赦还，途经山西，朱珪正在山西任布政使。他留纪晓岚在官署中小住几日。乾隆四十一年（1776年），朝廷设文渊阁直阁事二员，纪、朱又同时充任。就在那一年，朱珪任上书房师傅，专教十五皇子永琰，即后来的嘉庆皇帝。朱珪的教育指导，对日后惩治和珅奠定了基础。纪晓岚和朱珪都多次充任考官，但他对朱珪的文才从内心里并不服气，颇有点文人相轻的味道。嘉庆六年（1801年），有一次朱珪卧病，纪晓岚进府探视，在朱珪家看到朱珪作的一些文章，深为叹服，连连说过去对朱珪了解不深，是自己的过错。

在纪晓岚生命进入尾声的几年里，不仅老朋友们身居要职，他那些门生后辈，也都成了气候，有些人就在他身边工作。乾隆二十五年（1760年），纪晓岚任同考官时录取的门生刘权之，进入内阁充任礼部侍郎。嘉庆元年（1796年）取中的门生汪德钺，做了礼部主事。那位乾隆五十八年（1793年）纪晓岚充任殿试阅卷官时状元及第的潘世恩，于嘉庆六年（1801年）任礼部侍郎。嘉庆八年（1803年）四月，潘世恩和纪晓岚一起，办理《四库全书》的善后工作。本月初二日，嘉庆皇帝传谕内阁，着将皇考高宗（乾隆皇帝驾崩后庙号高宗）的《圣制诗文》及续办《方略》、《纪略》等书，续缮于《四库全书》内。明确指出："尚书纪昀系办《四库全书》熟手，着即详悉查明，开单具奏。"纪晓岚随即上奏折称："伏思《四库全书》包罗今古，实高宗纯皇帝超轶百代之鸿规。所有纂辑告成以后，尧文丕焕，与岁具增，圣制钦定诸篇，自应续行添入，以昭示来兹。"并提出续缮工作的十条意见。四月初七日，皇帝又命添派军机大臣庆桂、董诰以及朱珪、戴衢亭、英和、钱樾、潘世恩会同纪晓岚一起办理。

从《四库全书》开编以来，纪晓岚已为这部鸿篇巨制耗费了三十年精力。难怪很多清朝文人都说纪晓岚一生精力悉注于《四库全书》。到年底，补编缮写工作完毕。嘉庆九年（1804年）二月，各藏书阁的《四库全书》排架工作才算完成。此时，纪晓岚已经快要走到生命的尽头了。

嘉庆八年（1803年）六月十五日，纪晓岚八十寿辰，皇帝特命上驷院卿常贵到纪家颁赐珍品。纪晓岚在谢恩折子中写道："登大宝八年之内，温纶于今岁连宣；计文阶一品之中，旷典惟微臣首荷。"友朋戚谊门生属吏纷纷前来祝寿。寿庆虽不铺张，却很高雅。礼部的官员制文为祝，祝文中称赞纪大宗伯"六艺起家，八文华国，集成一品，光辅两朝。以著作酬特达之知，以道德迓方来之福"。门生汪德钺为恩师写的《寿序》，专从道德文章方面做了详述。前大学士梁诗正的儿子书法家梁同书，为纪晓岚书写了寿联：

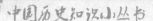

万卷编成群玉府，一生修到大罗天。

嘉庆九年（1804年）冬天，已升任协办大学士的朱珪，有感于老友都已进入暮年，计划于明年正月初四邀集四位老朋友到他的知足斋作"五老会"。到那时，这五个人的岁数加起来是四百零四岁。其中，体仁阁大学士刘墉八十六岁，礼部尚书纪晓岚昀八十二岁，东阁大学士王杰八十一岁，宗人府宗丞徐绩八十岁，协办大学士朱珪七十五岁。结果就在那年十二月，刘墉归天，先走了一步。

嘉庆十年（1805年）正月初六，朱珪剪蔬煮茗，邀纪晓岚、王杰、徐绩，到他家的知足斋相聚，因刘墉先逝，以七十八岁的吏部尚书德瑛替补，仍称"五老会"。

正月二十六日，纪晓岚被命以礼部尚书协办大学士，加太子少保，管理国子监事。这是他一生官职的最高衔。他立即上折谢恩，表示"不以薄暮之桑榆，稍存懈志"。

同一天，朱珪被任命体仁阁大学士。二月初四，纪晓岚和朱珪连骑入内阁，同上翰林院中堂就任。二月初七日，纪晓岚前往田村主持华妃的祭奠。那天受了风寒，痰喘病发作。他又带病去先医庙主持祭祀，之后告假休息。他似乎对自己的病并不在乎，十三日下午还对前来探视的老朋友朱珪说："我没有什么大病，不过就是嗓子里有点痰。"可是第二天酉时，纪晓岚离开了人世，享年八十二岁。

对于纪晓岚的辞世，故乡流传着一个催人泪下的故事。说是纪晓岚躺卧病榻，生命垂危，儿女们围坐身旁，个个愁云满面。纪晓岚对儿女们说："生死聚散，人所难免，我已经活了八十二岁，也算年到寿到了，你们不要过于悲伤。"儿女们听后，眼泪汪汪。这时家人给端来一碗莲子羹，纪晓岚说："都别闷着，我给你们出个上联，对个对子吧。"然后瞅着那碗莲子羹慢声慢气地说："莲子（怜子）心中苦。"

儿女们虽然素有才华，但此时此刻哪里还有心思和老人对对子呢。大家谁也没有吭声，只是小声抽泣。过了一会儿，纪晓岚又用眼瞟了瞟桌上摆的鸭梨，长叹一声："梨儿（离儿）腹内酸啊！"言罢，双眼一闭，静静地离了人世。

历史在嘉庆十年（1805年）二月十四日这一天定格，纪晓岚走完了他伟大学者的人生。这位在乾隆盛世文化学术事业上做出巨大贡献并对后世产生深远影响的朝廷重臣、学界耆宿寿终正寝。

二月十五日，嘉庆帝派散秩大臣德通带领侍卫十员前往纪家致奠，并赐赏给陀罗尼经被，并赏广储司库银五百两经理丧事。嘉庆皇帝在《恩纶》中写道：

协办大学士、礼部尚书纪昀，学问淹通。办理《四库全书'》始终其事，十有余年，甚为出力。由翰林洊历正卿，服官五十余载……遽闻溘逝，深为轸惜。

嘉庆皇帝又相继写了《谕祭文》和《御赐碑文》，对纪晓岚褒奖有加。七年之后，已经荣任体仁阁大学士的刘权之，为纪树馨编辑的《纪文达公遗集》作序。刘权之对他的恩师推崇备至，深情地写道：

从来大家之文，无意求工而机趣环生，总有成竹在胸，故能挥洒自如，所谓风行水上，自成文章也。虽庙堂著作，辞尚体要，而理足以贯之。吾师纪文达公，天资超迈，目数行下，掇巍科、入翰苑，当时即有昌黎北斗、永叔洪河之目……忆受知后，立雪程门时，多闻绪论。吾师是再来人，曾有未经目之书，即知书有某人序、某人跋，开卷丝毫不爽。是慧悟凤成，文其余事也。然才力宏富，绝不衿奇好异，总以清气运之，譬满屋散钱，逐手入串，李杜之光焰，燕许之手笔，尽归腕下，袞然一代文宗也。

自那以后，一代文宗成了纪晓岚尽人皆知的尊号。

纪晓岚卒后魂归故里，葬于北村新阡。北村在崔尔庄南六华里处，五代宰相冯道就葬于该村之东。纪晓岚墓地选在村南半里的枣林之中。下葬那天，从崔尔庄到北村搭起长棚，朝廷派员临穴致祭，葬礼庄严隆重。

今天，经历了二百余年的风风雨雨，纪晓岚墓地已经失去昔日的森严。但在数株高大的椿、榆、槐树掩映下，高矗的纪文达公茔墓仍显得威严肃穆。刻有嘉庆皇帝御赐碑文的墓碑依然耸立在墓前。碑体高（不含碑冠）268厘米，宽109厘米，厚38厘米。碑身正背两面的四周是精细的云龙浮雕，每一面雕有十二条游龙，上下边各二条，左右边各四条。碑体伤痕斑驳，字迹漫漶；摩挲细观，碑文依稀可见。文字为馆阁体楷书。全文如下：

御赐原任太子少保协办大学士礼部尚书纪昀碑文

朕惟春隆耆硕，树峻望于朝端；恩备哀荣，表遗徽于身后。典三礼已逾十载，掌故频征；赞百揆未及兼旬，履声遽杳。文披丰碣，色焕幽台。尔原任太子少保、协办大学士、礼部尚书纪昀，稽古淹通，致身靖献。求惟实事，河间家有藏书；举辄先登，日下名无虚士。阶基清贯，班历华资。遂荷先帝特达之知，独蒙学问素优之誉。一麾出守，剧任恐掩佳才；四品加衔，殊因特邀破格。嗣瑶华之远贡，正玉局之宏开；美富罗四库之储，编摩出一人之手。红梨照院，校雠夜逮于丙丁；青镂濡毫，品第月呈其甲乙。遍搜浩博，只字刊讹。别采菁华，片言扼要。似此集成今古，备册府之大文，皆其宣力始终，尽儒巨之能事。游叨异数，侪懋赏于内廷；不囿常资，预升庸于上列。讲帷甫侍，端尹旋跻。俄待制于西班，纶敷丹阙；继襄猷于南省，绶绾金章。乌署提纲，俨威棱以持霜简；青云晋秩，领俊采而值冰厅。凡国家典礼攸行，胥宗伯直清是矢。有嘉谟足资辰告，位称大仪；虽硕学难折辛卿，望孚金议。屡司文柄，三典春官。鉴秉虚公，市近而门如水；体崇雅正，耄及而眼无花。比者重简耆臣，与参政府。宣麻才下，方资翊赞之勤；遗疏倏闻，遽怆沦徂之速。询兹黄发，服官凤著成劳；鉴阙丹忱，轸旧宜盼殊赏。既饰终以赐祭，复褒美以易名。敏而好学可为文，固实华之并茂；授之以政无不达，刿齿德之兼尊。式被嘉称，用彰令范。

呜呼，池栖凤老，听鸣翔者有年；遽返鸿冥，惜羽仪于此日。回思风度，宛如趋省而垂绅；尚有典型，自合表阡而树石。俾贻奕祀，罔替钦承。

　　　　　　　　　　　　　　　　　　嘉庆十年二月谷旦

　　碑文把学问通达，威望崇高，忠诚朝廷的两朝元老纪晓岚与汉代搜集典籍，实事求是的河间献王相提并论。称赞他在四库馆里不辞辛劳，日夜校书，编纂之事尽出于他一人之手。所撰《总目提要》采集精华，简明扼要，堪称集成古今的大文章。同时对他署理都察院，主持科考，执掌礼部的政绩也予以肯定和表彰。因而"褒美以易名"追加谥号，以其"敏而好学可为文，授之以政无不达"，谥文达。

　　如碑文所言，纪晓岚卒后"文披丰碑，色焕幽台"，不但在碑石上留下文名，到阴间也焕发光彩，可谓备极哀荣。

　　纪晓岚故去已经二百余年，中国正出现空前盛世。人们回观历史，发现纪晓岚这颗盛世之星，依然熠熠生辉。纪晓岚的名字永远镌刻在中国文化史的丰碑上，也融入国人的记忆中。

附录一　纪晓岚年表

纪昀，字晓岚，一字春帆，晚号石云，又号观弈道人、孤石老人、三十六亭主人。世称茶星、纪河间、纪献县等。因谥"文达"，后世称"文达公"、"纪文达"等。

雍正二年甲辰1724年一岁（虚岁）

六月十五日午时出生于直隶河间府献县崔庄（今称崔尔庄，属河北省沧县）。

雍正三年乙巳1725年二岁

沧州大水，祖父天申捐米六千石，煮粥赈济灾民。

四月，岳钟琪署理川陕总督。

雍正四年丙午1726年三岁

九月，雍正帝认定礼部侍郎查嗣庭主考江西所拟试题，心怀怨望，讥讽时政，令将查下狱逮问。查死于狱中，次年戮尸。

雍正五年丁未1727年四岁

开蒙读书。第一位老师是交河老儒及孺爱。

雍正六年戊申1728年五岁

九月十四日，湖南曾静命其门生张熙往陕西策动川陕总督岳钟琪反清，事败。雍正帝大兴文字狱，株连已故理学家吕留良及其门人严鸿逵、沈再宽等人。

雍正七年己酉1729年六岁

三月，岳钟琪为宁远大将军，筹备出征准噶尔。

六月，雍正帝因西北即将用兵，设军机房，即后来之军机处。大学士张廷玉拟定军机处制度。

十月，雍正帝诏免曾静师徒死刑，令其去各省讲解御撰《大义觉迷录》。

雍正八年庚戌1730年七岁

父容舒参加会试不第。

雍正九年辛亥1731年八岁

四月，准噶尔部进犯吐鲁番。

雍正十年壬子1732年九岁

五月十四日，祖父天申卒。

十月，岳钟琪因用兵失误，被夺公爵，削职拘禁。

雍正十一年癸丑1733年十岁

二月，爱新觉罗·弘历（即后来之乾隆帝）被封宝亲王。

夏，随侍祖母于沧州上河涯别墅。

雍正十二年甲寅1734年十一岁

正月十五观灯贪玩。《阅微草堂笔记滦阳续录》卷四记载："雍正甲寅，余年十一，元夜偶买玩物，祥（老仆施祥）启张太夫人曰：四官今日游灯市，买杂物若干，钱固不足惜，先生明日即开馆，不知顾戏弄耶？顾读书耶？"

父容舒官户部，随父进京，住进虎坊桥原岳钟琪宅邸。

雍正十三年乙卯1735年十二岁

八月二十三日，雍正帝逝世，宝亲王弘历即位，次年改元乾隆。

乾隆元年丙辰1736年十三岁

三月，谕令颁《十三经》、《二十一史》于各省会及府州县学，又命将康熙帝御制《周易折中》、《性理精义》、《朱子全书》及《诗》、《书》、《春秋》各传、说，汇纂成书，存诸太学，刊示士子。

乾隆二年丁巳1737年十四岁

是年，听史松涛先生与父容舒讲一官员卖官鬻爵，虐杀奴仆的故事，后写入《滦阳消夏录》。

乾隆三年戊午1738年十五岁

与陈咏、窦光鼐、刘补山、蔡以台、刘西野、李应弦、陆青来等人同师事董邦达，在斯与堂读书。

夏，返乡与从兄纪昭、纪易读书于崔庄三层楼上。

乾隆四年己未1739年十六岁

与东光李云举、霍养仲就读于生云精舍，师事李云举之兄李若龙。

乾隆五年庚申1740年十七岁

自京师还乡应童子试。婚娶东光县马永图之女为妻。

乾隆六年辛酉1741年十八岁

正月，诏令各省督、抚、学政留心采访近世"研究六经，阐明性理"之著述，随时进呈，以广国家藏书。

十二月，左都御史刘统勋奏请裁抑大学士张廷玉势力。

乾隆七年壬戌1742年十九岁

在京师与诸才俊从师董邦达读书。

乾隆八年癸亥1743年二十岁

读书于岳父马永图家，学问日进。

十二月二十七日，长子汝佶生。注：此据《景城纪氏家谱生族谱》。《阅微草堂笔记》末尾附有纪汝佶笔记六则，纪晓岚在序言里称："亡儿汝佶，以乾隆甲子生。"当为误记。

乾隆九年甲子1744年二十一岁

仍就读于岳父马永图家，得见《马氏家乘》旧谱。

学使赵大鲸在河间府主持科试，擢晓岚为第一名秀才。

十月初四，诏令自明年起，会试由二月改为兰月举行。

乾隆十年乙丑1745年二十二岁

冬，在河间应岁试。

乾隆十一年丙寅1746年二十三岁

四月，介福由太仆寺卿迁内阁学士。介福，纪晓岚会试考官之一。

乾隆十二年丁卯1747年二十四岁

三月，路过天津，闻张烈女未嫁夫死，自溺以殉，次年作《张烈女诗》。

八月，应顺天乡试，名列第一，座师阿克敦、刘统勋，房师陈锷。从兄纪昭同年举于乡。

九月十三日，次子汝传生。

乾隆十三年戊辰1748年二十五岁

参加会试，落第。好友董元度作《酬纪晓岚同年》诗，予以鼓励。

是年，与秦大士、丁药圃、钱大昕及兄纪昭等一班文士结成文社，看花命酒，诗句唱和。

是年，纳侍姬郭彩符，郭时年十三。

乾隆十四年己巳1749年二十六岁

在京师准备应会试。

十一月，大学士张廷玉以原官致仕。

乾隆十五年庚午1750年二十七岁

四月十六日，母张氏卒。享年五十五岁。

旋丁母忧。

乾隆十六年辛未1751年二十八岁

在京师习制义，与田中仪、宋弼、董元度等过从甚密。

乾隆十七年壬申1752年二十九岁

七月，与聂际茂、法南野、田中仪、宋清远（宋弼之父）聚会于宋弼家，大谈狐仙故事。

聘聂际茂为西席。

乾隆十八年癸酉1753年三十岁

与钱大昕、秦大士等人在京准备应会试。

自云："三十以前，讲考证之学，所坐之处，典籍环绕如獭祭；三十以后，以文章与天下相驰骋，抽黄对白，恒彻夜构思；五十以后，领修秘籍，复折而讲考证。"（《姑妄听之序》）

乾隆十九年甲戌1754年三十一岁

四月，会试中第二十二名。时正考官为大学士陈世倌，副考官为礼部侍郎介福、内阁学士钱维城，房师孙人龙。殿试对奏策，列二甲第四名，赐进士出身，读卷官为杨锡绂。

改翰林院庶吉士。

祖母卒。父容舒离云南姚安知府任，回乡守母孝。

准噶尔部阿睦尔撒纳率众来降。次年春，清廷出兵西域，揭开彻底平定准噶尔的战幕。

乾隆二十年乙亥1755年三十二岁

与钱大昕、王昶、朱筠等折节结交戴震。聘戴震为西席。

春，清军平定伊犁，俘获准噶尔台吉达瓦齐。三月，在午门行献俘大礼，晓岚撰《平定准噶尔赋》。

是年，父容舒修《纪氏家谱》。家族中称此为"乙亥谱"。

编注《张为〈主客图〉》。

乾隆二十一年丙子1756年三十三岁

二月，阿睦尔撒纳复叛，清军再次西征。阿睦尔撒纳逃往哈萨克。

夏，刊印戴震《〈考工记〉图》，并为之序。

秋，因纂修《热河志》，与钱大昕一起扈从热河。作恭和诗十七首。和钱大昕一同受"天语嘉奖"。由此，馆中有南钱北纪之目。

乾隆二十二年丁丑1757年三十四岁

扈从乾隆帝二巡江浙，作《二巡江浙恭纪三十首》五言律诗呈进。

散馆，授编修，擢詹事府左春坊左庶子，充日讲起居注官。

从兄纪昭成进士。

撰《沈氏四声考》二卷，断定陆法言《切韵》"实窃据沈约而作"。

乾隆十三年戊寅1758年三十五岁

大考列二等第七名，充武英殿纂修。

五月十七日，三叔容雅卒。

仲冬，西域使臣入觐，皇帝在南苑举行大阅　纪晓岚作《西域入朝大阅礼成恭纪三十首》七律呈进。

乾隆二十四年己卯1759年三十六岁

充功臣馆总纂。

二月，撰《〈沈氏四声考〉序》。

六月，所注《唐人试律说》由外甥马葆善缮勒成卷。

业师董邦达招饮，为晓岚作《秋林觅句图》。

夏，审定史雪汀《风雅遗音》，与戴震参商讨为之作序。

七月，充山西乡试正考官。

八月，钱塘画家沈朗为在京探望儿子的纪容舒、戈锦绘《二老比肩图》二帧，纪、戈两家各藏其一，同时为晓岚画一小像，董邦达在画上添画竹林，补成《幽簧独坐图》。

乾隆二十五年庚辰1760年三十七岁

充任国史馆总纂。

充会试同考官，与诸考官赠诗明志。

九月，复阅《唐人试律说》，重为点勘增补，重自为序。

乾隆二十六年辛巳1761年三十八岁

以京察一等，道府记名，充庶吉士小教习、方略馆总校。

春，告假养病，天津北仓赵姓姻家请题主，奉父命前往，日宿于杨村。

七月，编定《庚辰集》。

十月十日，为《庚辰集》作序。

乾隆二十七年壬午1762年三十九岁

春，伴驾三巡江浙，献上《三巡江浙恭纪二百韵》二千余言。

闰五月二十四日，刊刻《庚辰集》，再为序。

六月，从座师钱维城处借阅《后山集》，开始钩稽缮录。

秋，充顺天乡试同考官。

十月初八，离京赴福建学政任。沿途作《南行杂咏》一百余首。

是年，删正《才调集》，点论李商隐、黄庭坚诗集，辑《唐人诗略》八卷。

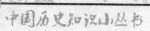

乾隆二十八年癸未1763年四十岁

在福建学政任上。

十月，按试汀州（今福建长汀县）。

十一月初六，补授翰林院侍读。

乾隆二十九年甲申1746年四十一岁

夏，父容舒至福建学政官署，不久返乡。

七月，于福建学政官署之镜烟堂编定《镜烟堂十种》。

八月二十五日，父容舒卒，奔丧还乡。

乾隆三十年乙酉1765年四十二岁

服丧里居。

四月，去东光县参加岳父的三叔元城公马雍葬礼，宿岳父家。岳父嘱为《马氏家乘》作序，七月遵嘱作《马氏重修家乘序》。

八月，长子汝佶中举。

于崔庄筑对云楼，并赋诗二首记之。

乾隆三十一年丙戌1766年四十三岁

评注《苏文忠公诗集》。

九月二十七日，三子汝似生。

乾隆三十二年丁亥1767年四十四岁

正月，服阕赴补。从兄作《送晓岚弟服补》诗相赠。

补授翰林院侍读，充日讲起居注官，擢左春坊左庶子。又任三通馆提调兼纂修，奉诏续修《通典》、《通志》，改订《文献通考》。裴日修以"夹漈草堂"古砚相赠。

是年，删削浦氏注《史通》本，名之曰《史通削繁》。

乾隆三十三年戊子1768年四十五岁

二月初九，补授贵州都匀知府。上以其"学问素优，予以外任，转恐不能尽其所长，著以四品衔，仍留庶子任"。

四月十四日，乾隆帝于太和殿亲试翰林等官，晓岚列二等十六名，授翰林院侍读学士。

六月，两淮盐引案发。谕令查封原盐运使卢见曾家产。晓岚为姻亲卢见曾漏言传信，获罪革职，着发乌鲁木齐效力赎罪。

八月，踏上西戍之路。

乾隆三十四年己丑1769年四十六岁

春天到达乌鲁木齐。乌鲁木齐办事大臣温福命任印务章京，主要负责草奏草檄。

二月，朱珪出任山西布政使。

七月，业师董邦达卒，谥文恪。

乾隆三十五年庚寅1770年四十七岁

在乌鲁木齐佐助军务。

夏，为办事大臣巴彦弼具稿上奏得准，将六千单身戍卒转籍为民。

八月，从兄纪昭卒。

十二月，奉命至吉木萨设营，考证出该地为唐北庭都护府故址。

传谕召晓岚还京。

乾隆三十六年辛卯1771年四十八岁

正月，流落俄罗斯多年的蒙古土尔扈特部启程东归祖国。

二月，治装东归。途中作诗一百六十首，名曰《乌鲁木齐杂诗》。三月初一，自为序。过山西，在朱珪官署留数日。

六月，至京师。因旧宅赁出未赎，暂住别处。同年钱大昕来访。钱为《乌鲁木齐杂诗》题跋。

六月初五，土尔扈特全部回归祖国，到达伊犁河畔。

八月，为多次点评的《苏文忠公诗集》写序作跋。

八月初六，评阅《文心雕龙》毕，记年月日于第十卷末。

十月初，乾隆帝自热河返京，晓岚迎銮于密云行宫。立成五言诗《御试土尔扈特部归顺诗》三十六韵呈进，颇得乾隆帝优奖，复授翰林院编修。

在玉井砚上作铭曰："万里从军鬓欲斑，归来重复上蓬山；自怜诗思如枯井，犹自崎岖一砚间。"

七十二岁高龄的老友聂际茂自山东长山骑驴到京师看望晓岚。晓岚感赋长句二百九十余言。

乾隆三十七年壬辰1772年四十九岁

重任庶吉士小教习。

三月三十日,侍姬郭彩符殁。

乾隆三十八年癸巳1773年五十岁

闰三月十一日,谕令成立办理《四库全书》处。大学士刘统勋等六大臣为首任总裁。刘统勋荐晓岚和陆锡熊二人《四库全书》任总纂官。

五月初三,业师裘日修卒,谥文达。

十一月,补翰林院侍读。

十一月十六日,座师刘统勋卒,谥文正。

乾隆三十九年甲午1774年五十一岁

正月初八,乾隆帝设诗宴于重华宫,晓岚以内廷翰林被召。从此,晓岚年年参与。

三月初三,与《四库全书》总纂官陆锡熊,纂修翁方纲、朱筠、林澍藩、姚鼐、程晋芳、任大椿、周永年、钱载等三十九人,出右安门十里,至草桥,且聚于曹学闵斋中,举修禊故事。

五月,因献书一百零五部,为北方藏书家之冠,赐内府初刊《佩文韵府》一部。

七月,奉旨编撰《四库全书简明目录》。

八月,谕令仿浙江宁波范氏天一阁规制。建文源、文渊、文津、文溯四阁,以备收藏《四库全书》。

九月,直隶盐山县民王珣献书案发,案中牵扯到晓岚,幸未获咎。

十二月,因长子汝佶与债家涉讼,吏部议处,降三级留任。

纳侍姬沈明玕,沈时年十三岁。

乾隆四十年乙未1775年五十二岁

吏部开呈翰林院侍读学士名单,本无晓岚之名。乾隆帝以其在《四库全书》馆尽心尽力准于一体列名。

十一月,任《胜朝殉节诸臣录》总纂官。

乾隆四十一年丙申1776年五十三岁

正月，擢侍读学士。

二月，调侍讲学士。

大金川首领索诺木降。至此，大、小金川全境平定。晓岚撰《平定两金川雅》、《平定两金川颂》。

九月，充文渊阁直阁事、日讲起居注官。

乾隆四十二年丁酉1777年五十四岁

正月初四，与曹学闵、曹文埴、王昶等小聚。

五月二十七日，挚友戴震卒，享年五十五岁。

十一月十九日，伯兄纪晫卒。享年七十二岁。

乾隆四十三年戊戌1778年五十五岁

在四库馆细心校书。

乾隆四十四年己亥1779年五十六岁

三月，擢詹事府詹事。

四月，擢内阁学士，总理中书科。至是，始出翰林院。

乾隆四十五年庚子1780年五十七岁

正月，乾隆帝南巡，晓岚撰《五巡江浙恩纶颂》。

六月，删削《明懿安皇后外传》。

八月十三日，乾隆帝七旬万寿庆典，晓岚撰《七旬万寿赋》。

是年，应献县日华书院讲席邵玉清之请，撰《日华书院碑记》。

乾隆四十六年辛丑1781年五十八岁

二月十六日，乾隆帝谕："《四库全书总目提要》现已办竣，呈览，颇为详核。所有总纂官纪昀、陆锡熊，着交从优议叙。"

十二月初六日，第一份《四库全书》告成。内阁奉上谕："《四库全书》第一份，现已办理完竣，所有总校、分校人员等，着该总裁查明咨部，照例议叙。"

乾隆四十七年壬寅1782年五十九岁

正月，第一份《四库全书》入贮皇宫文华殿后新建的文渊阁。

二月，以《四库全书》成，乾隆帝临幸文渊阁赐宴，赏赉有差。

四月，调补兵部右侍郎，仍兼直阁事。改任不开缺。

七月十四日，谕令纂修《河源纪略》，晓岚、彭元瑞、陆锡熊、陆费墀、吴省兰、任大椿、王念孙等皆预其役。

七月十九日，晓岚撰写的《钦定四库全书告成恭进表》以四库馆名义上奏。乾隆帝命军机处查明《表》为何人所撰，军机处回奏说是陆锡熊、吴省兰同撰，纪晓岚改定。次日，皇帝下谕，对三人予以赏赐。

秋，平原董元度辞京东归，翁方纲、方昂等在城南东湖柳村崇效寺为其饯行，晓岚亦前往参加。

《四库全书简明目录》二十卷勒成。

乾隆四十八年癸卯1783年六十岁

三月。转兵部左侍郎。

六月十五日，六十寿辰。翁方纲赠《纪晓岚少司马六十寿诗》二首。

乾隆四十九年甲辰1784年六十一岁

二月，乾隆帝南巡出发前，以御制《济水考》寄晓岚，命其据各经学家及舆地家之说详考之，文成后复奏。

三月，充会试副考官。洪亮吉应此次会试。该房编修祥庆阅卷最迟，至四月四日方将全部试卷呈递正、副主考。晓岚奇赏洪卷，必欲置第一。监试丰润郑澄因得卷迟而疑之，欲移至四十名外。晓岚坚执与争，胡高望调停其事，遂置不录。晓岚在洪亮吉卷尾赋《惜春词》六首寄意，又去洪之寓所相访。

秋，知武会试贡举。

十一月二十七日，四子汝亿生。

乾隆五十年乙巳1785年六十二岁

正月初六，乾隆帝在乾清宫设千叟宴，晓岚以兵部侍郎赴宴，赋《乙巳正月预千叟宴恭记八首》。

同日，擢左都御史。

四月，员外郎海升殴妻案发。晓岚因勘查不力交部议处。

乾隆五十一年丙午1786年六十三岁

四月十七日，长子汝佶卒。

六月，监察御史曹锡宝上本参劾和珅的家人刘全"恃势营私，衣服、车马、居室皆逾制"。乾隆帝怀疑为晓岚唆使。

乾隆五十二年丁未1787年六十四岁

正月，改任礼部尚书，充经筵讲官。

四月二十日，充殿试读卷官，管鸿胪寺印钥。

五月，乾隆帝驻跸热河，到文津阁翻阅《四库全书》，发现其中多有错误，于是，派扈从的皇子和军机大臣，再去认真查阅。和珅在《尚书古文疏证》一书内查出有引用钱谦益、李清观点的文字未经删去。令晓岚、陆锡熊挖补，以俸银分赔。

冬，为校勘文津阁《四库全书》，去承德避暑山庄。

乾隆五十三年戊申1788年六十五岁

秋，为校《四库全书》，复至避暑山庄。

王昶外迁江西布政使，离京前，晓岚邀同年夜集。

乾隆五十四年己酉1789年六十六岁

五月，为校文津阁《四库全书》，又去避暑山庄，成《滦阳消夏录》六卷。自云："乾隆己酉夏，以编排秘籍，于役滦阳，时校理久竟，特督视官吏，题签庋架而已，昼长无事，追录见闻，忆及即书，都无体例，小说稗官，知无关于著述。街谈巷议，或有益于劝惩，聊付抄胥存之，命曰：滦阳消夏录云尔。"

八月初九日，命在紫禁城内骑马。

九月二十日，充武会使正考官。

乾隆五十五年庚戌1790年六十七岁

三月十八日，遣三儿媳井氏还乡致祭四叔母亡灵，并撰《祭四叔母文》。

夏至，第三女卒，年仅十岁。

八月十三日，乾隆帝八十寿辰，举行隆重庆典。

十一月，内阁学士尹壮图参奏案发。

乾隆五十六年辛亥1791年六十八岁

正月，改任左都御史，刘墉任礼部尚书。

四月二十五日，侍姬沈明玕卒，年三十岁。

七月二十一日，撰《如是我闻序》。

乾隆五十七年壬子1792年六十九岁

三月二日，与刘墉等在朝房值班，自拟挽联示之众人，曰："浮沉宦海如鸥鸟，生死书丛似蠹鱼。"

四月，携从侄汝伦校书于避暑山庄文津阁，并为汝伦所撰《逊斋易述》作序。

五月，上疏为畿辅灾民请赈。

六月，《槐西杂志》四卷成书，自为序。

八月，复迁礼部尚书。仍署左都御史。

乾隆五十八年癸丑1793年七十岁

充殿试读卷官。应新科状元潘世恩之请，题《秋帆归兴图》绝句四首。

七月二十五日，《姑妄听之》四卷成书，自为序。

乾隆五十九年甲寅1793年七十一岁

五月，因礼部迟误祈雨祭典，被罚俸二年。

冬，朝鲜冬至兼谢恩正使洪良浩到京。结识洪良浩，冬，为其《耳溪诗集》、《耳溪文集》作序。

乾隆六十年乙卯1795年七十二岁

四月，以礼部尚书兼署左都御史。

九月初三，乾隆帝立第十五皇子颙琰为皇太子，定明年为嘉庆元年。

冬，结识朝鲜进贺副使徐有功，并为其《明皋文集》作序。

是年，领纂《八旗通志》，撰《月山诗集序》、《郭茗山诗集序》。

嘉庆元年丙辰1796年七十三岁

正月，乾隆帝传位，自称太上皇帝，皇太子爱新觉罗·颙琰即皇帝位，改元嘉庆。

正月再预千叟宴。

三月，充会试正考官。

四月初八，原配夫人马氏卒，享年七十六岁。

六月初一，调任兵部尚书。

十月十四日，调左都御史。

十一月，撰《伯兄晴湖公墓志铭》。

嘉庆二年丁巳1797年七十四岁

八月，迁礼部尚书。

嘉庆三年戊午1798年七十五岁

二月初八，与十五位五十岁以上的同僚小聚城南。

五月，扈从避暑山庄。

七月，《滦阳续录》六卷成书，初十于礼部直庐自为序。

八月，扈从避暑山庄。

嘉庆四年己未1799年七十六岁

正月初三，太上皇爱新觉罗弘历（乾隆帝）病逝，享年八十九岁。

正月初八，下和珅于狱。十五日，皇帝宣布和珅二十条罪状。十八日，赐和珅自尽。

二月，充高宗实录馆总裁。

四月，嘉庆帝诏尹壮图至京，赐给事中衔，令其回云南原籍侍母，他年再候旨来京供职。晓岚应尹壮图之请，为其母撰《尹太夫人八十寿序》，为尹壮图辩冤。

十月初六，充武会试正考官。

嘉庆五年庚申1800年七十七岁

八月，门人北平盛时彦刊《阅微草堂笔记》五种，并序。

嘉庆六年辛酉1801年七十八岁

十一月初八，充《大清会典》馆副总裁。

嘉庆七年壬戌1802年七十九岁

二月初四，充京师监粜大臣。

三月初六，充会试正考官。

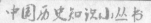

嘉庆八年癸亥1803年八十岁

春，偶见赵渭川新修《安阳县志》，赞其"体例谨严，考证详确"，欣然为之作序。

四月初二，嘉庆帝拟将乾隆帝御制诗文及续制《方略》、《纪略》等书，续缮于《四库全书》内，谕令晓岚详悉具明，开单具奏。初七日，晓岚列出应办事宜十条。上命庆桂、董诰、朱珪、潘世恩等会同经历。

六月十五日，八十寿辰。嘉庆帝特命上驷院卿常贵颁赐珍品。友朋戚谊，门生属吏，为之祝寿。门人沈德钺为作寿序一篇。

六月，署理兵部尚书，并教习庶吉士。

嘉庆九年甲子1804年八十一岁

十二月，体仁阁大学士刘墉卒，谥文清。

是年，次子汝传擢滇南知州，孙树馨任刑部陕西司郎中。

钱大昕卒。

嘉庆十年乙丑1805年八十二岁

正月初六，到朱珪知足斋参加五老会。

正月二十六日，命以礼部尚书协办大学士，加太子少保，管国子监事。

二月初四，与朱珪联骖入内阁，同赴翰林院中堂任。

二月初七，赐奠华妃于田村，晓岚主持其事，偶感风寒，喘病复发。又充先医庙承祭大臣，带病前往。

二月十三日下午，朱珪登门探视。

二月十四日酉时卒。

二月十五日，嘉庆帝命散秩大臣德通带领侍卫十名，往赐奠茶酒，赏银库五百两经理丧事。

嘉庆帝接连作《恩纶》、《御祭文》和《御赐碑文》，高度评价纪晓岚的一生。因其"敏而好学可为文，授之以政无不达"，予谥文达。

附录二　主要参考书目

纪昀系述：《景城纪氏家谱》，嘉庆七年版。

纪树馨编辑：《纪文达公遗集》，嘉庆十七年版。

纪晓岚：《阅微草堂笔记》，多种版本。

李浚之编印：《阅微草堂砚谱》，民国五年版。

张景南编：《晓岚先生诗稿》，乾隆五十七年版。

纪坤：《花王阁剩稿》，嘉庆四年刻本。

乾隆《献县志》，古本。

民国《献县志》，古本。

民国《南皮县志》，古本。

民国《东光县志》，古本。

民国《交河县志》，古本。

民国《沧县志》，古本。

《清实录》，台湾华文局影印本。

《清史稿》，中华书局1977年版。

孟森编著：《明清史讲义》，中华书局1981年版。

中国第一历史档案馆张书才主编：《纂修四库全书档案》，上海古籍出版社1997年版。

蔡冠洛编著：《清朝七百人传》，北京市中国书店1984年影印本。

昭梿：《啸亭杂录》，中华书局1980年版。

《西域图志校注》，钟兴麟、王豪、韩慧校注，新疆人民出版社1992年版。

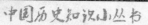

《钦定四库全书总目》（整理本），《四库全书》研究所整理，中华书局1997年版。

《清朝野史大观》，上海书店1981年影印本。

徐珂编撰：《清稗类钞》，中华书局1984年版。

李春光纂：《清代名人轶事辑览》，中国社会科学出版社2004年版。

冯尔康：《清代人物传记史料研究》，商务印书馆2000年版。

叶衍兰、叶恭绰编：《清代学人象传》，上海书店2001年翻印。

朱惠民：《隽思妙语》，百花出版社1985年版。

朱惠民编著：《纪晓岚联语寻踪》，白焕宗注释，天津古籍出版社1990年版。

《纪晓岚文集》，孙致中、吴恩扬、王沛霖、韩嘉祥点校，河北教育出版社1991年版。

卢锦堂：《纪昀之家世与年谱》，硕士论文，台北政大中文研究所。

周积明：《纪昀评传》，南京大学出版社1994年版。

孙广权、孙建：《大才子纪晓岚》，中国华侨出版社2001年版。

张德泽：《清代国家机关考略》，学苑出版社2001年版。

苏北海：《西域历史地理》，新疆大学出版社2000年版。

徐百成：《轮台丝路今觅处》，新疆大学出版社1996年版。

《乌鲁木齐县地名志》，乌鲁木齐县地名办编印，1986年。

满琳：《土尔扈特儿女》，农村读物出版社2004年版。

《新疆风物志》，新疆人民出版社2000年版。

余太山主编：《西域通史》，中州古籍出版社1996年版。

《德城文史》德州市德城区政协编印，1997—2001年。

王敏之：《纪晓岚遗物丛考》，人民日报出版社2003年版。

冯佐哲：《和珅评传》，中国青年出版社1998年版。

《纪晓岚研究》，沧州纪晓岚研究会编印，2003—2006年刊。

后 记

去年秋天，突然接到中国社会科学出版社王浩先生打来的电话，说他们出版社打算出版一套历史知识丛书，邀我写有关和珅与纪晓岚的两本书，我答应了。因为普及历史知识，让历史走近现实是我们史学工作者义不容辞的责任，也是老一代史学家们多年的夙愿。例如，郭沫若、翦伯赞、吴晗、顾颉刚、张荫麟诸先生都主张历史知识应该普及大众，让更多的国人了解自己的历史，热爱历史。因此，历史书籍应该尽量写得生动活泼、通俗易懂，雅俗共赏。可惜这一愿望并未完全实现，今天的史学工作者任重道远，责无旁贷，应该为完成这一光荣使命继续努力。可惜由于时间短暂，再加上多年糖尿病缠身，我感到有点力不从心；因此，我想到请友人李忠智先生与我一起完成这一写作任务。李先生是沧州纪晓岚研究会会长、中华楹联学会名誉理事、中华诗词学会会员、《纪晓岚研究》主编。他曾自费独自远赴新疆考察、探访有关纪晓岚的遗踪，搜集了大量历史资料，多年来对于故乡的历史文化更是情有独钟，几乎走遍了沧州及其周边地区，收集了大量地方文物和民间传说、故事，成为了沧州地方史专家。他曾编导了十集电视片《漫览沧州》，与人合作出版过《正说纪晓岚》、《纪晓岚故里》等书。

书撰写过程是：我与李忠智先生共同草拟了写作提纲，然后由李先生撰写初稿，最后由我斟酌内容，进行改定与润色文字，统稿、定稿。应该说李先生在本书写作过程中出力最多，功劳最著。

应该指出，本书在很多地方吸取了前辈史学家的一些研究成果，也吸收

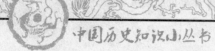
了不少近年来有关纪晓岚的研究成果，但是由于笔者理论修养与业务水平有限，错误之处在所难免，祈请方家、读者指正、批评。

本书在写作、出版过程中曾得到老友何兆武先生、王敏之先生，以及中国社会科学出版社王浩、王磊诸先生的帮助、支持，特此表示衷心谢忱。

笔者之一冯佐哲

2007年8月初于北京望京蜗牛斋